영국식 표준 영어, 퀸즈 잉글리시

| 바르고 정확한 여왕의 영어 사용법 |

영국식 표준 영어, 퀸즈 잉글리시

| 바르고 정확한 여왕의 영어 사용법 |

베르나드 C. 램(여왕의 영어 협회 회장) 지음

동글디자인

영국식 표준 영어, 퀸즈 잉글리시
| 바르고 정확한 여왕의 영어 사용법 |

c o n t e n t s

1장: 서문 _7
2장: 여왕의 영어란 무엇이며 왜 사용해야 하는가? _17
3장: 영어 실력을 향상하는 주요 방법 _29
4장: 비판적 독해와 단어 시험 훈련을 통한 글 검토 _31
5장: 필수 용어 훑어보기 _45
6장: 동사 _50
7장: 문장 제대로 알기 _77
8장: 명사와 대명사 _85
9장: 명사와 대명사 시험 _102
10장: 형용사와 부사의 수식 _106
11장: 전치사, 관사, 접속사, 감탄사 _116
12장: 명확한 의미 전달을 위한 구두점 사용 _121
13장: 글쓰기와 수정, 그리고 독자의 심리 _154
14장: 공식 서신 쓰기 _161
15장: 당신의 말은 모호한가? _164

16장: 관용구, 비유, 클리셰와 유명한 표현 _174

17장: 훌륭한 현대 영어의 문체와 예시 _181

18장: 철자 기억하는 법과 어원, 접두사, 접미사 사용 _192

19장: 헷갈리는 단어 _214

20장: Onyms, Homos, Heteros _227

21장: 비즈니스 글쓰기 _236

22장: 외국어 단어와 표현, 억양 사용 _253

23장: 새 단어, 새 의미와 변화 _259

24장: 유머와 재치를 위한 영어 사용 _268

25장: 연설: 설득과 열정, 말투 _279

26장: 즉흥적 말하기 _283

27장: 추가 자가 진단 _289

여왕의 영어 협회 _297

감사의 말 _303

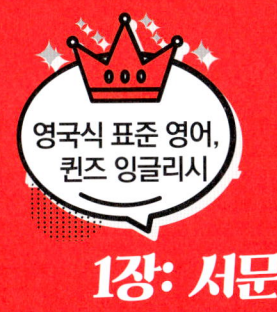

1장: 서문

 이 책의 목표

    이 책은 가장 수준 높으면서 영향력 있는 영어, 즉 **여왕의 영어**(*Queen's English*, 퀸즈 잉글리시)를 사용하도록 돕는 직접적이고 실용적인 책이다. 이는 명확하고 틀림이 없으며 전통적인 영국 영어로 쓰고 말한다는 의미이다. 여왕의 영어는 거창하거나 독점적인 형태의 영어가 아니라 가장 널리 사용되는 표준 영어이다. 직원이 문해력을 갖추고 좋은 이미지로 회사를 대표하기를 바라는 고용주들이 무척이나 가치 있게 여기는 영어이다.

    우리는 다섯 가지의 주된 목적, 즉 읽기, 쓰기, 말하기, 듣기, 그리고 거의 끊임없이 하는 생각하기를 위해 영어를 사용한다. 영어를 더 잘할수록 이것들 역시 더 잘할 수 있게 된다. 단어를 제대로 알고 문장에서 그 단어들을 조리 있게 사용하는 능력 없이는 의식적으로 할 수 없는 생각들이 있다.

    영어는 용어 혹은 어휘에 해당하는 **단어**, 그리고 의미를 만들기 위해 단어가 엮이는 방식인 **문법**으로 이루어져 있다.

    이 책을 처음부터 끝까지 차례대로 읽는 것이 가장 좋겠지만, 독자의 필요에 특별히 관련된 어느 부분이든 언제든지 찾아 봐도 상관없다. 각 장을 더욱 독립적으로 만들기 위해 장들 사이에 약간의 반복이 있다. 반복이야말로 아주 좋은 학습 방법이기 때문이다.

 **영어를 잘 하는 것은 왜 중요한가?**

훌륭한 영어 실력은 공과 사 모두에 필요하다. 마크스앤스펜서, 브리티시 텔레콤, 테스코와 같은 회사, 영국 산업 연맹과 관리자 협회 등의 조직, 그리고 많은 영리 회사와 대학교, 기타 교육기관의 대표들은 최근 많은 지원자들과 직원들의 영어 수준이 낮다며 불만을 토로했다.

한 온라인 취업 정보 회사의 대표는 좋은 대학에서 좋은 학위를 딴 대학교 졸업생 구직자 중 3분의 1이 형편없는 영어로 쓴 이력서와 자기소개서 때문에 즉시 탈락한다고 밝혔다. 이들의 실수는 세부적인 사항에 제대로 주의를 기울이지 못함과 무식함, 나쁜 태도였다.

문법과 철자 또는 구두점에서 큰 실수를 하는 이들을 얼마나 믿음직하게 여길 수 있을까? 비용 견적이나 건설 계획 등의 재정과 엔지니어링에서 이들의 계산을 믿을 수 있을까? 이들을 채용해 회사의 이미지를 깎아내리도록 하고 싶겠는가?

이 책은 가장 흔히 일어나는 실수, 그리고 그 실수를 잡아내어 고치고 피하는 법을 말한다. 왜 특정 사용이 옳거나 틀렸는지, 또는 용인되거나 용인되지 않는지를 설명한다. 실수를 찾아내고 바로잡기 위한 연습 문제도 제공한다.

영어에 관한 서로 다른 태도를 나의 이중 5행 희시로 표현해보았다.

FOOLISH AND WISE LITERATURE TEACHERS

A professor once told his tutees:
   'Write English just as you please.
   Grammatical rules
   Are simply for fools,
   And spelling is only for bees*.'

His colleague said: 'No. To excel
You've got to use English so well;
If you know how it works
You can cope with its quirks
And write books which can easily sell.'

바보 문학선생과 지혜로운 문학선생

한 교수가 어느 날 자기 학생들에게 말했다.
   '너희들 마음대로 영어를 쓰렴.
   문법 규칙은
   그저 바보들을 위한 것이고,
   스펠링은 벌들에게나 필요한 거야.'

그의 동료가 말했다. '아닐세. 성공하려면
영어를 아주 잘 사용해야 한다네.
어떻게 하는지 그 방법을 안다면
그 변덕스러움에 대처하여
잘 팔리는 책을 쓸 수 있다네.'

---

* 영미권에서 철자 맞추기 대회를 보통 'spelling bee'라고 부른다. 저자가 이 '스펠링 비'를 이용해 5행에서 말장난을 했다.

어휘 늘리기

　다른 사람이 사용하는 단어를 이해하기 위해서 그리고 자신이 쓰기 위해서, 어휘를 확장하는 것은 가치 있는 일이다. 상대방이 쓴 단어를 몰라 그 뜻을 파악하기 위해 애써야 할 때 우리는 부끄러움을 느끼기 마련이다. **어휘 지식**이 늘수록 개인의 말과 글쓰기 사용과 이해 모두 깊이 있고, 완전해지며 정확해진다. 이 책을 비롯해 책을 읽는 중에 모르는 단어가 나오면 사전을 찾아보길 강하게 권한다.

　건강 관련 조언이나 의학 보고서를 정확히 이해하는 것은 삶과 죽음의 문제가 될 수 있다. 의학 분야에서 사용되는 단어는 흔한 접두사나 접미사로 이루어진 경우가 많음에도 불구하고 일반인에게 어렵다. 이러한 이해 능력이 여기에서 특별히 강조된다.

　영어에서는 **다른 의견**이나 **수용 가능한 대안**이 존재하는 상황이 있다. 그 예로 '나이를 먹는'을 의미하는 *aging/ageing*, '불탄'을 의미하는 *burnt/burned*, '승인된'을 의미하는 *authorised/authorized*, '경기장들'을 의미하는 *stadiums/stadia* 등과 같은 철자가 있다. 저명한 문법학자들마저 문법과 어휘 분류 체계 전반을 두고 동의하지 않을 때가 종종 있다.

　여기에서 중요한 태도는 *whose*라는 단어를 한정사로 부를지 소유격 형용사로 부를지는 상관없다는 것이다. *whose*가 *who*의 소유격 형태이며 *who is*나 *who has*의 축약형인 *who's*와 착각해서는 절대 안 된다는 점이 중요하다.

'단어는 내가 의도하는 그 의미를 가진다'는 말이 있긴 하지만, 사람들이 같은 단어를 사용해 다른 의미를 전달하려 한다면 작은 오해에서부터 심각한 오해까지 발생할 수 있다. 만약 어떤 아이가 *My stepfather is really wicked*라고 말했다면, 새아버지가 끔찍하다는 의미일까, 아니면 끝내준다는 의미일까? 알 수 없다. 그래서 **상호 이해**의 필요성이야말로 그 무엇보다 중요하다.

영어의 일반적 규칙을 알아야 하는 이유

영어의 **일반적 규칙**을 배우는 것은 매우 유용하다. 이미 해왔던 것들에 관한 이유를 이해하는 데 도움이 되며, 의심과 불확실함을 해결하고 실수를 바로잡게 해준다. 언어를 위해 규칙이 필요하지만, 일부 규칙은 상대방을 놀라게 하거나 유머, 또는 극적 효과 등의 특수 효과를 위해 어길 수도 있다. 규칙을 더 잘 이해할수록 농담, 친구들과 주고받는 편지, 시 또는 드라마 속의 특수 효과를 더 잘 사용할 수 있다.

규칙을 아는 것이 무척 도움이 되는 세 가지 경우는 다음과 같다. 이 규칙들은 관련 장에서 설명할 것이다.
(i) 집합명사에 언제 단수형 동사 또는 복수형 동사를 사용하는가:
The committee(위원회) *has*인가, 아니면 *The committee have*인가?
(ii) '존과 나'를 의미하는 *John and I*, 또는 *John and me*에서 *I*와 *me*는 언제 사용하는가?
(iii) '벌레는 느리다'는 뜻의 *The worm was slow*와 *Worms are slow*는 옳게 들리는데, 왜 *Worm was slow*는 틀린 것으로 들릴까?

1장: 서문 **11**

문법 규칙과 용어 이해하기

규칙을 이해하기에 앞서 문법을 논의할 때 사용하는 몇몇 용어를 배워두는 것이 필수적이다. 오늘날 영국에서는 문법 대부분을 가르치지 않거나, 심드렁하게 혹은 잘못 가르친다. 학교에서 문법을 배운 이들도 대부분 잊어버리기 일쑤이기에 모두가 제대로 이해할 수 있도록 동사, 명사, 형용사, 부사, 전치사 등 **기본 사항**을 책에 실었다.

이 책에서는 필요한 용어들을 맥락에 따라 하나씩 소개한다. '명사', '주어', '형용사', '시제' 등 많은 용어가 이미 낯익을 것이다. 용어는 **볼드체**로, 예시는 *이탤릭체*로 소개한다. **정의, 규칙, 키워드**를 처음 소개할 때에도 **볼드체**로 표기할 것이다. 일부 문법 용어는 평소에 쓰는 단어와 같지만 특정한 의미를 갖고 있다. *simple sentence*(단문)와 *complex sentence*(복문)처럼 말이다.

이 책에서 다루는 문법 요소는 가장 현실적으로 적용할 수 있는 것들이다. 주어-동사 일치, 시제 맞추기, 복수형 맞게 쓰기, 불완전한 문장을 찾아내고 바로잡기, 문장을 연결하는 법 알기 등이 포함된다.

간단한 지식이 단어의 혼란을 어떻게 해결할 수 있는지 보여주는 예시가 있다. 글을 쓰려 하는데 *He was **formally** elected chairman*으로 써야 할지 *He was **formerly** elected chairman*으로 할지 헷갈린다고 가정하자. 부사는 보통 형용사에 *-ly*를 더해 만들어진다는 것을 안다면, 첫 번째 문장은 공식으로 수립된 절차를 따르는 *formal*(정식의) 선거를 가리켜 '그는 **정식으로** 의장에 당선되었다'는 뜻이 됨을 알 수 있다. 반면 두 번째 문장은 전에 있었던 *former*(예전의) 선거를 가리켜 '그는 ***이전에*** 의장에 당선되었다'는 뜻이 된다는 것을 알 수 있다. 이렇게 형용사와 부사에 관한 기본 지식으로 문제가 쉽게 해결된다.

단어의 **문법적 기능**은 의미와 발음에도 영향을 줄 수 있다. 동사 *to prune* 과 명사 *a prune*을 생각해보라. 동사일 때는 '나무를 전지하다'는 뜻이고 명사일 때는 '말린 자두'를 의미한다. '마법처럼 도취시키다'는 의미의 *to en*trance는 긴 두 번째 음절 -*ance*에 강세를 두고, '입구'를 의미하는 *the en*trance는 첫 번째 음절에 강세를 두어 -*ance*를 **짧게** 소리 낸다.

명확하고 쉽게 이해되는 영어를 구사하기 위한 구두점 사용

구두점(121-153쪽)에 관한 장에서 아포스트로피, 쉼표, 쌍점, 쌍반점의 사용에 관하여 명확하게 설명하고 있다. 이것들을 완전히 익히면 당신의 구두점 사용 수준은 평균을 훌쩍 뛰어넘게 될 것이다. 모든 구두점과 **볼드체**, *이탤릭체* 등 다른 식자 수단에 대해서도 다룬다.

철자의 중요성

철자는 상대에게 좋은 인상 또는 나쁜 인상을 남길 수 있다. **철자**에 관한 **유용한 규칙**과 까다로운 철자를 **기억하는 방법**을 다루었다. **접두사, 접미사, 어원**을 배우면 철자와 의미를 이해하는 데 아주 큰 도움이 된다. 철자를 다루는 장에서 접두사와 접미사 부분(192-213쪽)을 읽고나면, 지금까지 한 번도 보지 못한 단어일지라도 *gastritis*는 위의 염증(위염)이며 *pyromania*는 무언가에 불을 붙이고 싶어 하는 충동(방화벽)이라는 것을 알아낼 수 있을 것이다.

천성적으로 철자에는 무능하다고 생각할지라도 내가 30대에 해냈던 것처럼 당신도 그 약점을 고칠 수 있다. 한 외국인 연구 학생이 내 작업물에 철자 실수가 너무 많다고 공손하게 지적했다. 무척 부끄러웠지만 큰 도움이 되었다. 나는 이전보다 훨씬 자주 사전을 사용하였고 철자법을 배우기 시작했으며, 어원을 아는 것이 흥미롭고 유용하다는 점도 깨달았다.

 문장 제대로 쓰기

문장을 제대로 쓰기 위해서는 문법과 구두점을 사용하는 것이 핵심이다. 이 방법으로 대부분의 실수를 쉽게 알아채고 고칠 수 있다.

윈스턴 처칠 경은 해로우 학교에서의 생활에 관해 이렇게 썼다.

'가장 낮은 반에 이렇게나 오래 머물면서 나는 똑똑한 친구들을 상대로 엄청난 이점을 거머쥐었다. ……보통 영국 문장의 기본 구조를 내 머리에 익힌 것이다. 이건 훌륭한 일이다.'

 **문체와 글 잘 쓰기**

글을 잘 쓰려면 단어와 문장, 문단, 그리고 글 전체의 구조를 마음대로 다룰 수 있어야 한다. 일관적이고 논리적인 생각 혹은 **정보의 흐름**을 갖추는 것이 매우 중요하다. 단어 선택, 문장 구조, 문단 나누기 모두 문체에 영향을 준다. 이미 수립된 올바른 글쓰기 전통을 따라야겠지만, 글을 잘 쓰기 위해서 어떤 시험에 통과해야 하거나 다른 학문적 자격이 필요한 것은 아니다. 그저 지식과 노력만 있으면 된다.

일반 독자를 상대로 전문 용어를 사용하는 것은 옳지 않다. 예를 들어, AXA 프램링턴 유러피안 펀드의 한 보고서에 이러한 문장이 있었다.

We are primarily a bottom-up, active equity manager.

우리는 주로 *bottom-up*이고, 활동적인 주식 매니저이다.

위의 문장에서 *bottom-up*이라는 단어에 관한 부연 설명은 없었으며 짐작컨대 전문 용어일 것이다*. 이 사람들은 얼굴을 아래로 처박고 있는 걸까?

---

* bottom-up은 '거꾸로 뒤집혔다'는 의미도 있고 '세부적인 데서 출발하다'와 '상향식'이라는 의미도 있다.

 ## 시험이 배움에 도움을 준다

　이 책은 자가 진단 문제를 제공하며, 대부분 답이 같이 실려있다. 이 짧은 문제들을 풀어보라(각각 10-20분 정도). **실수 발견하기**를 통해 뇌를 자극하고, 본문에 주어진 정보를 강화할 수 있다. **단어 시험**을 통해서 각 단어의 뜻을 정확히 알고 있는지, 또는 두 개 혹은 그 이상의 단어들 사이의 의미 차이를 구별할 수 있는지를 확인할 수 있다.

　문제를 풀고 답을 읽어보며 영어 지식을 성장시키고 어휘를 늘려보자. 아주 재미있는 문제들로 몇몇은 친구들과 함께 풀어보자. 실수 발견하기 문제를 풀다보면 끔찍한 실수에 종종 폭소하게 될 것이다.

 ## 훌륭한 영어의 예

　형편없는 영어를 보여주는 많은 예와 반대로 다양한 문체로 쓰인 훌륭한 현대 영어의 예들을 실었다. 각자 자신만의 스타일과 문체가 있겠지만, 다른 사람들이 어떻게 각자의 스타일과 문체를 통해 특정한 효과를 이끌어내는가를 보는 것은 가치 있는 일이다. 직접적이고 담백한, 깊고 서정적인, 유머러스한, 설득하는, 다정한, 사과하는, 짧거나 긴, 공식적인 또는 비공식적인, 일반적이거나 전문적인, 소설 또는 비소설 등 각기 다른 때에 사용하고 싶을 만한 여러 종류의 글이 아주 많다. 모두 좋은 '여왕의 영어'를 사용함으로써 해낼 수 있다.

2장: 여왕의 영어란 무엇이며 왜 사용해야 하는가?

  여왕의 영어(The Queen's English)

여왕의 영어는 영국식 표준 영어를 의미하며 세계에서 가장 권위적이고 쉽게 이해되는 언어 형태이다. 비소설과 소설, 시에 쓰이고 교과서는 물론 신문, 경영, 정부 문서에 사용된다. 항공 교통 관제사 역시 여왕의 영어를 사용한다. 평범한 사람들이 업무를 할 때에도 사적인 시간에도 사용한다. 잘 쓰일 수도 있고 형편없이 쓰일 수도 있다. 이 책은 주로 **글을 위한 영어**를 다루지만 **회화 영어**를 위한 지침도 제공한다.

여왕의 영어는 다양한 **억양**으로 말할 수 있다. '표준 발음', '옥스퍼드 영어' 또는 'BBC 영어'라 불리는 억양으로 말하지 않아도 된다. 여왕의 언어는 실용적인 것으로 독점적이거나 엘리트를 위한 영어가 아니다. '여왕의 영어' 말하기 버전은 그 어떤 영어보다 명확하기에 널리 선호된다.

'여왕의 영어'라는 용어는 엘리자베스 1세 시대인 1592년 이래 계속되었다. 그 사용은 왕족이나 특정 계급, 집단, 지역과 나라가 가진 특권이 아니다. 《옥스퍼드 영어사전(Oxford English Dictionary)》은 여왕의 영어를 '여왕의 후견하에 있다고 여겨지는 영어, 즉 표준이자 옳은 영어'라고 정의한다. 본 책은 복잡한 언어학 논문이 아닌 실용적 매뉴얼로, 여왕의 영어를 의도적으로 그리고 잘 사용하기 위한 지침서이다.

여왕의 영어에 관한 **최초의 기록, 출판 참고 문헌**은 《옥스퍼드 영어사전》에 실려 있다. '그는 편지를 계속 써야 하고 동정이나 자비 없이 여왕의 영어를 오용해야 한다.'(1592, T. 내쉬, 《스트레인지 뉴스(Strange Newes)》) 군주의 영어에 관한 또 다른 초기 인용에도 '오용'에 대한 내용이 있다. 셰익스피어의 작품 《윈저의 즐거운 아낙네들(Merry Wives of Windsor)》 1막 4장에서 퀴클리 부인은 이렇게 말한다.

> "아니, 존 럭비! 부탁이니 여닫이창으로 가서 제 주인이신 카이우스 박사님이 오시는지 봐주세요. 만약 오신다면 하느님의 인내와 왕의 영어를 오랫동안 오용하게 될 거예요."

오늘날의 길고 비싼 학교 교육에도 불구하고 여왕의 영어 오용은 여전히 무척 심하다.

'왕의 영어'라는 표현은 토마스 윌슨이 1553년에 쓴 《수사학 기법(Arte of Rhetorique)》에 나온다. 그는 당시 영어가 기존의 영어에서 벗어났음과 화려한 외국어 사용에 감염된 점을 한탄했다. 특정 군주와 관련된 '왕의 영어' 혹은 '여왕의 영어' 구분은 하노버 출신으로 영어를 거의 하지 못했던 조지 1세(1660-1727)의 경우에서 나타났다.

'영어(English)'라는 단어의 적용은 사람들이 영어를 영어라고 부르기 이전 880년경의 글에서 먼저 나타난다. 15세기 초에 이르러서야 '시골 영어'

와 반대되는 '궁정 영어'가 부분적으로 정부의 사용을 위해 표준화되었다. 1476년 윌리엄 캑스턴이 웨스트민스터에서 인쇄 사업을 시작하며, 출판을 결정한 글들이 영어를 표준화하는 데에 도움을 주었다.

> 여왕의 영어를 더 잘 사용하고 이해하기를 장려하는 협회가 '**여왕의 영어 협회 (297-302쪽)**'이다. 협회의 웹사이트(www.queens-english-society.org)에 유용한 조언과 정보가 아주 많다.

여왕의 영어는 왜, 언제 사용해야 하는가?

영어는 섬세한 뉘앙스를 표현하는 것은 물론 생각을 간단하고 직접적으로 표현할 수 있는 미묘하면서도 강력한 언어이다. **표준 영어**를 잘 사용하는 사람은 정확함과 명확함이라는 이점을 갖게 된다. 이 둘은 다른 사람에게 사실과 생각, 감정을 전달하는 능력과 옳고, 설득력 있게 전달하는 능력을 돕는다. 표준이기 때문에 많은 사람이 자기가 여왕의 영어를 쓰고 있다는 사실을 의식하지 못한 채로 자연스럽게 사용하고 있다. 하지만 그 점이 흔한 실수에서 자유롭다는 의미는 아니다.

언어의 표준형은 출신이 어디이든 사용하는 모든 사람이 이해할 수 있어야 한다. **지역적 소통**을 위해서 지역적 형태를 선호할 수도 있지만, 일반적 소통을 해서는 표준 언어를 사용해야 한다. 다양한 **영국 영어의 변형**이 있으며 여기에는 영국의 지역적, 인종적 버전은 물론 인도나 미국 영어 등 외국의 '영어'도 포함된다.

외국인들은 서로의 언어나 사투리를 모를 경우 소통을 위해 표준 영어에 근접한 것을 종종 사용한다. 잉글랜드에서는 홍콩 출신의 학생들이 중국의 타 지역에서 온 학생들과 서로 영어로 말하는 것을 자주 들을 수 있다. 그들은 같은 문자 언어를 공유하지만 광둥어와 중국 표준어가 무척 다르기에 이렇게 대화하는 것이다.

여왕의 영어는 정확한 문법과 단어를 사용하여 인도나 캐나다 등 외국 억양, 버밍햄, 뉴캐슬, 글래스고 등지에서 쓰는 지역적 영국 억양 등 다양한 억양으로 말할 수 있다. 스리랑카와 인도에 여왕의 영어를 엄청나게 잘하는 사람이 있고, 런던, 캠브리지, 옥스퍼드에 사는 원어민 사이에서도 여왕의 영어를 무척 못하는 사람이 있다. 무지와 부주의함, 그리고 의도적인 '지나친 단순화'가 존재한다. 우리는 **구어체 영어**에서는 글로 썼다면 틀렸을 **불완전한 문장**을 자주 쓴다. *Got enough cake(케이크 충분)?*, *Want a cuppa(커피 한 잔)?* 또는 *Going out now(지금 나감)* 등이 그 예다.

사업용 서신, 에세이, 보고서, 입사지원서를 비롯한 모든 공식적 상황에서 표준 영어를 사용해야 한다. 대부분은 **표준 영어**를 거의 항상 자동으로 쓴다. 물론 영어의 다른 형태 또한 적절한 상황에서는 허용된다. 예를 들어 **강한 지역적** 또는 **인종적 사투리**를 쓰는 인물이 등장하는 연극에서 작가가 이 인물의 대사에 표준 영어를 쓰지는 않을 것이다. 이 인물의 다른 영어 사용이 인물 특징의 일부가 되는 것이다. 라디오 연극에서는 누가 누구인지 청취자가 알아차릴 수 있도록 같은 성별을 가진 다른 인물들이 다양한 억양으로 말하는 일이 흔하다.

비표준 영어는 *See you later(다음에 봐)*를 *c u l8er*로 쓰는 것과 같이 문자 메시지에 사용되는 축약형을 포함한다. 로버트 번스의 생동감 있는 시에는 스코틀랜드어 혹은 방언 단어, 그리고 표준 영어라고 할 수 없는 철자들이 너무 많다. 예를 들자면 *gaed(went, 갔다)*, *waefu'(woeful, 한심한)*, *walie(fine, 좋은)*, *nieve(fist, 주먹)*, *thrissle(thistle, 엉겅퀴)* 등이 있다. 비표준 영어를 사용하는 것은 혼란을 불러올 수 있다는 점에서 문제가 있다. 말레이시아에서 온 예시를 보자. '하루 휴가를 내다'는 의미로 쓴 *to have an off-day*는 '나쁜 하루를 보내다'로 이해됐으며, '내용 검토를 하지 않고 마구 도장을 찍다'를 의미한 *to chop a document*는 '문서를 자르다'로 이해됐다. 무지와 부주의함, '있어 보이는 척'하는 것에 대한 두려움 때문에 영국에서는 형편없는 영어가 많이 만들어졌다.

여왕의 영어에 어울리지 않는 **네 개의 예시**를 소개한다.

*'When I missed that penalty, I was **literally gutted**.'*
그 페널티킥을 놓쳤을 때 나는 말 그대로 처참한 기분이었다.

축구 선수는 무척 실망했지만 교수형을 당한 뒤 끌어내려져 몸이 네 토막 났던 수백 년 전의 범죄자들과 달리 내장이 제거되지는 않았다*. 이 사람은 '말 그대로'라는 단어 *literally*를 잘못 사용했다. 만약 무언가가 말 그대로 일어난다면, 실제로 일어난다는 의미다. *to be gutted*는 생선이나 다른 먹을 수 있는 동물에게 말 그대로 일어나는 일이지만, '실망했다'는 뜻으로 사용하는 흔한 은유 표현이 되었다.

---

* 동사 *gut*은 '(요리를 위해)내장을 제거하다'라는 뜻이다.

'I was literally gutted.'
(나는 말 그대로 처참한 기분이었다.)

'You don't know nuffin'
너는 아무것도 몰라.

이 문장에는 이중 부정이 일반 부정문, 즉 *You do not know anything*의 의미로 사용되었다. 아무것도 모르지 않는 사람은 무엇인가를 알고 있기에 이 문장은 논리적이지 않다. *nuffin* 또는 *nuffink*는 *nothing*의 잘못된 발음이다.

'Tis ternite, innit?'
오늘 밤이죠, 안 그래요?

It is 대신 *'Tis*를 사용하는 것은 말할 때는 용인되지만 글에서는 보기 어렵다. *Ternite*는 *tonight*의 잘못된 발음이며, *innif?*은 *isn't it?*을 대충 발음한 것이다.

'Me and him gets on great.'
나와 그는 잘 맞아.

기차에서 들은 말이다. 이 문장은 *He and I get on well*이 되어야 한다. 두 대명사는 목적어가 아닌 주어여야 하고, 주어가 둘이므로 동사는 복수형이어야 한다. 부사가 필요한데 *great*은 형용사다. 그리고 나열할 때는 자기 자신(*I*)이 마지막에 와야 한다.

나는 이러한 잘못된 영어를 '**저급 영어**(low English)'라고 한다. 문법에 맞지 않고, 발음이 잘못되었으며 명확하지 않은 데다 어휘가 극히 제한되었고 보통 욕으로 가득하다. 저급 영어는 이런 영어를 사용하는 사람들이 상스러우며, 제대로 배우지 못했고 지성과 거리가 멀다는 것을 보여준다.

사람들은 무지가 아닌 다른 이유들로 **오염된 영어**를 접하기도 하는데 특히 광고에서 볼 수 있다. 눈길을 끌기 위해 *lite*[*]와 *nite*[**]처럼 철자를 다르게 쓰기도 한다. *BeanzMeanzHeinz*[***], *Drinkapintamilkaday*[****]와 같은 슬로건이 그 예다. *Pick' n' mix*[*****]같은 표현도 있다. 이런 영어를 스스로 쓰진 말아야 한다.

헤드라인(제목)에서도 나쁜 영어를 볼 수 있다. 특히 구두점이 빠졌을 때 그렇다. 아래의 제목을 보자.

---

[*] '저칼로리의'라는 의미로 light를 달리 쓴 형태이다.

[**] night(밤)를 달리 쓴 형태이다.

[***] '콩은 곧 하인츠'라는 뜻을 가진 하인츠 회사의 콩 광고. 각 단어의 발음이 비슷하도록 유도했다.

[****] '하루에 우유 1파인트(0.568리터)를 마시자'라는 광고. 이 역시 비슷한 발음 유도를 위해 'Drink a pint of milk a day'를 일부러 붙여 썼다.

[*****] 특히 과자나 사탕 가게에서 많이 볼 수 있으며, 원하는 상품을 이것저것 골라 담을 수 있음을 알리는 광고. 눈길을 끌기 위해 and 대신 'n'만 썼다.

IS NO 10 HIDING THE DIRT

ask Jeremy Lane

정부는 좋지 않은 정보를 감추고 있는가

제레미 레인이 묻는다

질문 뒤에는 물음표가 있어야 한다. 또한 이 제목은 독자들이 NO를 $NO.$, 즉 '숫자(number)'로 해석해야만 말이 된다. $NO\ 10$은 다우닝가 10번지, 즉 정부를 의미한다.

국가적으로 중요한 회사들도 형편없거나 틀린 영어를 쓴다. 웨이트로즈(영국의 슈퍼마켓 체인)에서 본 한 라벨은 구두점이 없는 끔찍한 단어 덩어리였다.

BRITISH FREE RANGE DRY CURED MOLASSES

영국산 개방 건조 양생된 당밀

ROAST HAMPSHIRE GAMMON HAM

구운 햄프셔산 개먼 햄*

애매모호한 부분들이 있다. 복합형용사 *free-range*(방목한, 개방)에 붙임표(하이픈, -)가 없다면 쇼핑객은 이 제품이 공짜(free)였다고 주장할 수 있을까?

TESCO 4 WHITE HOT CROSS BUNS

테스코 4개의 흰 핫 크로스 번**

이 빵들은 흰색(white)일까, 아니면 백열(white-hot)일까? 이 빵들은 화가

---

* 개먼은 소금에 절이거나 훈제한 돼지 뒷다리/옆구리 살을 가리킨다.
** 테스코는 영국의 슈퍼마켓 체인이며, 핫 크로스 번은 십자 무늬가 들어간 빵을 말한다.

난(cross)걸까? 영어를 사용하는 모든 사람들은 붙임표와 복합형용사에 대해 알아야 한다(139-142쪽).

비표준 영어가 용인될 수 있는 경우도 일부 존재한다. 누군가가 사망했다는 사실이 확정된 뒤, **부고 기사**에서 문장의 주어가 사망한 사람의 이름일 경우 그 이름이 너무 많이 반복되는 것을 피하기 위해 이름을 쓰지 않을 때가 많다. 예를 들면 다음과 같다.

> *Postwar, ran the Geography Department at St Edwards School in Oxford and became master of Field House.*
> *전쟁 뒤 옥스퍼드의 세인트 에드워즈 학교에서 지리학과를 맡았으며 필드 하우스(학교 스포츠 프로그램 또는 실내 경기장)의 책임자가 되었다.*

이력서 역시, 그것이 누구에 관한 것인지 아주 명백하므로 *Went to Imperial College, 1998-2001*(임페리얼 대학 진학, 1998-2001)이라는 불완전한 문장을 쓸 수 있다.

 **영어 실력 향상하는 법 배우기**

원어민은 처음에 부모님과 친척, 선생님, 친구를 통해 영어를 배운다. 처음에는 다른 이들이 말하는 것을 듣다가 나중에는 글로 쓰인 단어를 접하고, 방송을 들으며 배운다. 일반적으로 아주 어렸을 때는 실수를 많이 하며 특히 문법 실수를 많이 하지만 지속적으로 교정을 받으면서 익힌다. 일부 문법 규칙은 경험을 통해 대체로 숙달되지만 적절한 연령이라면 명쾌하게 배움으로써 더 확실히 익힐 수 있다. 많은 성인들이 자신이 매일같이 사용하는 문법 규칙을 모른다. 그러나 규칙을 알면 더 잘, 더 자신감 있게 사용할 수 있다.

구두점과 철자는 명쾌하게 교정함으로써 가르쳐야 가장 잘 학습된다. 무턱대고 읽으면서 집어내는 것은 무계획적이다. 좋은 영어의 예시를 읽는 것도 훌륭한 연습이지만 아이나 성인이 스스로 바르게, 의미 있게 글을 쓰도록 가르치기에는 부족하다. 명확한 규칙을 가지는 것이 무척이나 도움이 되기 때문에 이 책에서는 문법과 구두점, 철자, 단어 선택을 위한 명확한 규칙을 제공한다. 많은 단어가 혼동되어 쓰이는 바람에 상당히 잘못된 의미를 전달할 때가 많다. 예를 들면 *affect*(영향을 주다)와 *effect*(영향, 효과), *complimentary*(무료의, 칭찬하는)와 *complementary*(상호보완적인)가 있다.

구두점은 가장 쉽게 이해되는 방식으로서 바른 의미를 전달하는 데 절대적으로 필요하다. 바른 구두점은 명확한 의미를 만든다. 여기에 문법과 구두점이 옳더라도 의도한 의미를 위해 옳은 단어를 선택하는 것이 여전히 필수적이며, 일반 **어휘**를 많이 알고 있어야 한다. **전문 분야-특정 어휘** 또한 필요할 수 있다.

단어가 의미를 만들어내기 위해 서로 만나는 규칙인 **문법**은 필수다. 이는 규칙과 배경 지식, 예시를 통해 배울 수 있다.

글쓰기에서 저자는 극도로 **명확**할 수도 있고 (많은 정치적 연설과 통상 교섭에서 그러하듯)의도적으로 **모호**할 수도 있지만 **애매모호함**은 의도적이어야 하지 부주의함이나 무지에서 와서는 안 된다.

회화에서 볼 수 있는 실용적인 여왕의 영어

'여왕의 영어'는 보통 글로 된 표준 영국 영어를 뜻하지만 '표준 발음', '옥스퍼드 영어', 'BBC 영어'로 알려진 회화에도 사용된다. BBC에는 영어 말하기에 있어 문법적으로도, 명확함으로도 형편없거나 때로는 다른 지역 청취자들이 이해하기 어려울 정도로 엄청나게 강한 지역 억양을 쓰는 직원들이 있다. 다행히도 BBC 라디오3의 아침 아나운서들을 통해 **훌륭하고 명확한 회화 영어**를 여전히 일상적으로 들을 수 있다.

2006년 **코파일럿 라이브 모바일 폰 위성 내비게이션**은 영국의 다양한 지역에 사는 사람들을 대상으로 **어떤 형태의 회화 영어를 위성 내비게이션** 장치 목소리에서 듣고 싶은지 조사한 결과를 발표했다. 보도 자료는 이런 결론을 내렸다.

> '우아하고 적절한 산문으로 말하는 것은 더 이상 왕실 사람이나 문법을 엄격히 지키는 사람만을 위한 것이 아니다. 우리가 가진 기계 또한 그런 언어를 쓰길 원한다. **여왕의 영어**는 위성 내비게이션을 위한 가장 인기 있는 영어로 평가되었으며 절반이 넘는 사람들(57%)이 다른 어떤 지역의 억양이 내리는 지시에도 따르지 않겠다고 말했다.
>
> ……여왕의 영어가 가진 상쾌하고 명확한 어조는 다른 지역 사투리와 비교해 크게 선호되었다. 영국 모든 지역의 사람들이 이 억양이 가장 좋다고 투표했으며, 심지어 북아일랜드와 스코틀랜드, 웨일즈도 마찬가지였다.'

준우승자는 아일랜드-더블린 억양으로 투표의 19%를 차지했다. 기사는 내 말을 '여왕의 영어 협회 대변인'이 한 말로 인용했다.

> '제대로 길을 찾는 것만큼이나 중요한 것은 명확함입니다. 가장 중요한 것은 가장 많은 사람들이 이해할 수 있는 형태의 영어입니다. 여왕의 영어는 발음이 가장 명확하며 문법 구조 역시 가장 정확합니다. 다른 말로 하면 일부 지역 억양이나 사투리가 가진 특이함이 없습니다. 여왕의 영어야말로 영국에서 가장 널리 이해되는 형태의 영어입니다.'

지역 억양도 향유될 수 있으며 폄하되어서는 안 된다고 생각한다. 지역 억양은 그 지역의 정체성을 확립하는 데 도움을 준다. 하지만 국가적, 국제적인 수준의 이해도를 위해서는 표준 여왕의 영어가 가장 적합하다. 외국 항공기에 탄 조종사가 낯선 지역 억양이나 사투리를 듣게 되어 착륙 지시를 오해하는 상황은 그 누구도 원하지 않을 것이다. 회화 영어에 관한 내용은 283-288쪽에 있다.

3장: 영어 실력을 향상하는 주요 방법

영어 실력을 향상하는 두 가지 주요 방법이 있다. 하나는 **실수**를 찾아내어 고치고 **피하는 법**을 배우는 것, 그리고 다른 하나는 **문체를 향상하는 것**이다.

훌륭한 표준 영어, 즉 여왕의 영어로 글을 쓰기 위해서는 다른 장에서도 다룰 다음의 사항들을 익혀야 한다.

- 말이 되는지, 정확한지, 간결한지 주의 깊게 확인하기
- 옳은 문법과 철자, 구두점과 단어 선택하기
- 폭넓은 어휘력
- 어울리는 문체
- 정보나 생각의 논리적 흐름

사전. 철자와 단어 선택, 의미와 발음을 위해서 각 단어의 **발음**과 **어원**을 제공하는 **종합 사전**을 사용할 것을 강력하게 권한다. 사전이 어떻게 구성되어 있는지 사전에 실린 설명을 보는 것이 유용하다. 사전이 단어의 소리와 강세 위치를 어떻게 나타내는지 보라. 예를 들어 명사인 *ínvalid*(병약자)는 첫 음절에 강세([ínvəlid])가 있지만 형용사 *inválid*(유효하지 않은, 효력

없는)는 두 번째 음절에 강세([invɑ́lid])가 있다.

> 사전에서 단어를 찾아볼 때는 **k**nack(재주), **w**rite(쓰다), **p**sychopath(사이코패스), **g**nat(각다귀), **ll**ama(라마)와 같은 단어에 있는 묵음에 주의하라. 철자는 서로 다르지만 '소리가 비슷한' 단어들을 제시하는 전자 사전이나 십자말풀이도 있다.

옳은 단어 선택은 *affect*(영향을 미치다)와 *effect*(영향)처럼 다른 의미를 가진 비슷한 단어를 혼동하지 않는다는 뜻이다(214-226쪽 참조). 비슷한 의미를 가진 단어를 찾으려면 《로제 유의어 사전(Roget's Thesaurus)》과 같은 **유의어 사전** 또는 **동의어 사전**을 사용하라.

어울리는 언어. 일반 청중에게 기술적 문제를 설명하거나 비전문가들이 사용할 장비를 위한 안내 매뉴얼을 쓸 때에는 전문 기술 용어가 아닌 대중이 알 만한 단어를 사용해야 한다. 깔보는 투가 되지 않도록 하며 필요한 용어를 가능한 한 간단하게 설명한다.

문체. 글을 쓰는 사람은 어울리는 단어는 물론 **어울리는 문체**를 사용해야 한다. 예를 들어 소설 속의 빠른 사건 전개 묘사는 보통 짧은 문단 안에 짧은 문장으로 쓴다. 한편 철학적 토의는 더 긴 문단과 더 길고 복잡한 문장으로 쓴다. **전문화된 문체**는 사업용 서신에 사용된다(236-252쪽 참고). 어떠한 종류의 글쓰기든 흥미를 더하고 단조로움을 피하기 위해 길이와 구조가 다양한 문장들을 사용하라.

영국식 표준 영어, 퀸즈 잉글리시

4장: 비판적 독해와 단어 시험 훈련을 통한 글 검토

 글 검토하기

　글의 사실이나 의미는 물론이고 영어에 집중해서 **자기가 쓴 글을 비판적으로 읽어보는 것**이 무엇보다 중요하다. 훈련을 통해 글을 읽으면서 내용의 타당성 여부와 함께 영어를 같이 살펴볼 수 있어야 한다. 아직은 이 둘을 동시에 하는 것이 어렵다면 먼저 글이 말이 되는지를 본 뒤 영어의 실수와 문제를 살펴보도록 하자. '완전히 집중'하고 있는지도 확인해야 한다.

　검토를 하지 못할 경우 심각한 결과를 초래할 수 있다. 또는 다음의 예시처럼 무척 민망해질 수 있다. 한 남자가 출판사에 교정자(proof-reader) 자리를 구한다고 글을 썼다. 교정자는 실수 발견의 전문가여야 한다. 하지만 이 남자는 편지에 poof*-reader에 지원한다고 썼으므로 그 일은 실패했다! 한 연구생은 박사 학위 논문을 제대로 검토하지 않았고, 외부 검사관에게 논문 세 부에서 180개나 되는 실수를 직접 손으로 수정하라는 요구를 받았다.

---

* poof는 '남성 동성애자'를 지칭하는 영국의 비속어이다.

고대 중국인들의 혼에 관한 한 신작 도서는 *Introdcution**이라는 단어로 시작된다. 펭귄(Penguin) 출판사의 한 도서 인쇄 부수는 제목 페이지의 출판사명이 *Pengiun*으로 표기됐기에 재생지 재료가 되고 말았다. 미국의 한 암 치료 기계 회사의 CEO는 발표 중, 슬라이드에 직원 수가 450명이고 회사의 연소득은 $233.6달러라고 보고했다. 아마도 '백만'이라는 단위가 빠진 것으로 이는 엄청난 차이다.

《더 데일리 텔레그래프 스포츠》의 2009년 12월 12일자 또한 검토가 부족했다. 올림픽 수영선수 레베카 애들링턴에 관한 기사에 이 엽기적인 설명과 함께 사진이 실렸던 것이다. **'Caption Nfficicis niii tiii Biiitish-bcckxd Siiirrc Liiinx.'**

같은 신문 2010년 1월 29일자에는 상식을 제대로 검토하지 못한 흔하고 고전적인 실수가 실렸다.

---

* '서문'이라는 뜻은 Introduction이어야 한다.

*I couldn't believe it when they sent me an email telling me that my Dad's Army board game could **insight** violence and hatred…*

그들이 나의 '아빠의 군대'라는 보드게임이 폭력과 증오를 조장한다[*] 는 이메일을 보냈을 때 믿을 수가 없었다.

*Incite*와 *insight*는 발음은 같지만 의미가 완전히 다르다.

> 자기가 쓴 글을 비판적으로 검토하는 것을 일상적으로 해야 한다. 글을 쓸 때, 때때로 not과 같은 중요한 단어를 빠뜨리거나, 잘못된 단어를 쓰거나, 불완전한 문장을 쓸 수 있다. 또한 머릿속에 있던 중요한 생각을 빼먹고 쓰지 않았을 수 있다. 우리의 뇌는 글을 읽을 때 빠진 단어를 가끔 채워 넣을 때가 있으며 반복적으로 그렇게 할 수도 있다.

이력서나 입사지원서, 계약서 등 **아주 중요한 서류**라면 친구나 동료에게 새로운 눈으로 읽어봐 달라고 하는 것이 좋다. 아내는 내 글을 읽을 때 내가 몇 번이고 검토했는데도 놓친 실수를 자주 발견한다. 같이 일하는 저명한 동료는 최종 학위 시험을 집필했을 때 저지른 실수에 당황했고, 영어와 글의 타당성 여부를 확인하기 위해 나에게 초안을 보내기 시작했다.

> 《인간의 굴레(Of Human Bondage)》에서 소머셋 모옴은 이렇게 썼다. '사람들은 비판해달라고 하지만 사실 칭찬만 원한다.' 이 말이 거의 맞기는 하지만 글의 경우 사람들의 의견을 들어보는 것이 도움이 된다. 그 사람들의 말에 동의하지 않더라도 말이다. 타인의 관점은 새 아이디어를 불러일으키고, 실수와 모순, 매끄럽게 읽히지 않는 부분을 고치도록 도와준다.

---

* '조장한다'라는 뜻의 incite를 써야 하는데, 실수로 '통찰'을 의미하는 insight를 썼다.

어떤 이들은 **컴퓨터 화면**으로 검토를 잘할 수 있다. 워드프로세스 프로그램에 내장된 문법-철자 확인 시스템이 실수일지도 모르는 것들에 다양한 색으로 **밑줄을 그어주기** 때문이다. 다른 이들은 종이로 **출력**해 검토하는 것을 선호한다.

워드프로세스 문서를 검토할 때에는 확인 시스템이 경고하는, 밑줄이 그어진 부분을 전부 확인한 뒤 출력해 다시 한 번 검토하는 것이 좋다. **문법 검토 기능**과 **철자 검토 기능**은 10년 전과 비교하면 훨씬 향상되었지만 절대 실수하지 않는다는 법이 없다. 그렇기 때문에 이것들의 수정 여부를 스스로 판단해야 한다. 글을 소리 내어 읽어주는 글-목소리 컴퓨터 프로그램도 있다. 특정 실수와 누락이 있는 문장을 들었을 때 이상함을 감지함으로써 틀렸다는 것을 알 수 있다.

 **비판적 독해와 실수 찾기 연습**

다음 글에서 철자, 문법, 구두점 혹은 단어 선택, 일관성에 어딘가 문제가 있다고 느낀다면 적어보라. 실수가 모두 설명된 38-40쪽에서 여러분이 발견한 실수 목록을 비교해볼 수 있다. 어떤 실수는 뻔히 보이지만 다른 것들은 좀 더 교묘하다.

> *It is raining as Sargeant Greene-Thomson begins to lead his soldiers into the at tack on the enemies out-post. The men, who's bravery was unquestionible, were lead behind the farmhouses cowshed. Its true that they were inwardly frightened, but they did'nt let it show.*
>
> *'Hey, Sarge. Did you hear that?" wispered private Higgs. 'Over their. Behind those trees. A low whaling, mowning sound, like a ghost. It's to spookey.'*
>
> *And owl flue low over his head and hooted loud. Frightening the*

highly tense soldiers quite badly.

'Quiet, Higgs, or the enemy will here us. Lets see if their coming closer. Have you're guns ready, men.'

They waited for what seamed an age, one of the men sneezed, spoiling any chance of surprising their foes. Because the noise and hooting had effected their nerves; the men were jumpy. Sergent Green-Thompson finaly decided to re-treat and regroup. He gestured to the soldiers to go back passed the farm house and it's cowshed, and then slowly walk back to bass. This was just tempory accomodation in a barn.

글을 다시 천천히 읽어보라. 더 많은 실수를 발견할지도 모른다. 약 40개의 실수가 있다. 이 책에 있는 관련 장들을 읽어본 뒤에는 훨씬 더 잘 발견할 수 있겠지만, 각각의 실수가 왜 틀렸는지 스스로에게 설명해보자.

 단어 시험

폭넓은 어휘력은 다른 이들이 사용하는 단어를 이해하는 데도, 자신이 쓰고 싶거나 말하고 싶은 적절한 단어를 고르는 데도 큰 도움이 된다. 영어는 거대하고도 흥미로운 어휘를 갖고 있다. 이 시험에 있는 단어들은 아주 흔한 단어들은 제외한 후, 많은 이들이 알고 있지만 어떤 이들은 알지 못할 수도 있는 단어로 선별했다.

그 단어를 전혀 모르는 사람에게 의미를 설명할 수 있을 정도로 충분히 잘 아는지 확인해보라. 만약 필요하다면 사전을 참조하라.

간단한 정의를 뒤에 제공하고 있지만 완전하지는 않다. 사전에 있는 대부분의 단어가 하나 이상의 의미를 갖고 있으며 다른 의미까지 여기에서 모두 제시할 수는 없기 때문이다.

한 단어와 짧은 구, 그리고 슬래시(/)이 사이에 있는 두 개 이상의 단어들을 섞었다. 뒷부분은 단어들 사이의 의미 차이를 생각해보라. 예를 들어 *prognosis/diagnosis*는 *diagnosis(진단)*가 문제가 무엇인지(예: 질병이나 조직의 문제)에 대한 판단인 반면 *prognosis(예후)*는 시간이 지나 일어날 결과를 예측한다. 만약 진단이 폐암이면 예후는 종양을 치료하지 않을 경우 6개월 내에 사망하는 것일 수도 있다.

혼자서 하는 것도 좋지만 답을 함께 논의할 수 있는 사람들과 보는 것이 더 재미있다.

acme
adipose
androgynous
anodyne
antediluvian
anthropomorphism
archetype
arrogate
attenuation
avuncular
bowdlerised
buss
caesura
cerebrate
coincide
collocation
cornucopia
corpulent
diurnal
effulgent

epistolatory
epitome
erudition
exegesis
expletive
farinaceous
fissiparous
fractious
heuristic
homogenisation
hyperbole
hyperthermia
impugn
interdict
kleptomaniac
lambent
laudatory
malleable
matrilineal
monoglot

neonatal
nuance
oenophile
oleaginous
orotund
overt
oxymoron
patricide
persiflage
photochromic
pleonastic
postprandial
predation
preternatural
prolix
pyromaniac
riparian
rubicund
ruminant
schism
scintillating
sinistral
symposium
tendentious
theocracy

acrophobia/agoraphobia

advent/Advent
annual/annular
axillary/auxiliary
bovine/ovine/porcine
canned/caned
comestible/combustible
corolla/corollary
cosseted/corseted
dissemble/disassemble
erroneous/erogenous
erupt/eruct
extra marital/extra-marital
fortuituous/fortunate
hoar/haw/whore
humorous/humerus
lapsed/prolapsed
meter/metre
mooted/muted
mural/murine/marine
prodigal/prodigious
radiate/irradiate
rational/rationale
sacrum/sacristan
secret/secrete
senile/sessile
suit/suite
volt/vault

 **실수 찾기 해석 및 정답**

그린-톰슨 병장이 자기 군인들을 적들의 전초 기지 공격으로 이끌기 시작했을 때는 비가 오고 있다. 의심할 여지없이 용감한 이 군인들은 농장 외양간 뒤로 갔다. 마음은 두려움에 질린 게 사실이었지만 드러내지는 않았다.

'병장님, 들으셨습니까?" 힉스 이등병이 속삭였다. '저쪽 말입니다. 저 나무들 뒤입니다. 작게 흐느끼고 신음하는 소리, 유령 같은 소리 말입니다. 소름 끼칩니다.'

부엉이 한 마리가 그의 머리 위로 날아가 크게 부엉 부엉 울어댔다. 무척 긴장해 있던 군인들을 꽤나 놀라게 했다.

'힉스, 조용히 하지 않으면 적들이 우리 소리를 들을 거야. 더 가까이 오는지 보자. 모두들 총 쏠 준비해.'

그들은 무척이나 오래 느껴지는 시간 동안 기다렸는데 한 명이 재채기를 해서 적을 급습할 모든 기회는 수포로 돌아갔다. 이상한 소리와 부엉이 울음소리가 군인들의 신경을 곤두세운 것이다. 그린-톰슨 병장은 결국 퇴각하여 부대를 재정비하기로 했다. 그는 농장과 외양간 뒤를 지나쳐 천천히 기지로 걸어가자는 제스처를 했다. 이곳은 그저 헛간 안의 임시 거처였다.

- 글 대부분이 과거형으로 쓰였으므로 첫 번째 문장의 동사 두 개는 과거형이 되어야 한다. *was raining*, *began*이 맞다.
- *sergeant*(병장)의 철자는 첫 번째 줄과, 마지막 문단의 네 번째 줄 두 번 모두 틀렸다.
- *attack*(공격)은 *at*와 *tack* 사이에 빈칸이 있어서는 안 된다.
- *enemies*(적들)는 소유격이 되어야 한다. *enemy's*가 옳다.
- *outpost*(전초 기지)에는 붙임표(하이픈)가 들어가면 안 된다.
- *who's*는 *whose*로 고쳐야 한다.
- *unquestionable*이지 *-ible*이 아니다.
- *led*이지 *lead*가 아니다.
- *farmhouses*는 *farmhouse's*로 수정해야 한다.

- *Its true*는 *It is true*의 축약형인 *It's true*로 고쳐야 한다.
- *did'nt*는 틀렸다. 생략된 글자가 *not*의 *o*이므로 *didn't*가 되어야 한다.
- 첫 번째 대사가 등장하는 'Hey, Sarge. Did you hear that?" wispered private Higgs를 보자. 작은따옴표(')로 시작했는데 큰따옴표(")로 끝난다. 큰따옴표를 써도 되고, 작은따옴표를 써도 되지만 글 내에서 이것들을 하나로 통일해야 한다. 또한 *whispered*(속삭였다)에는 *h*가 필요하며 *private*은 계급을 나타내는 단어로서 첫 글자를 대문자로 써 *Private*(이등병)이 되어야 한다.
- *Over their*가 아니라 *Over there*가 맞다.
- '소리'는 *whaling*이 아니라 *wailing*이다.
- *mowning*은 *moaning*으로, *to*는 *too*로 고쳐야 한다. *spooky*(으스스한)는 *spookey*라고 쓰지 않는다.
- 부엉이가 *flue*(연통)한 것이 아니라 *flew*(날았다)했다.
- 부엉이가 부엉 소리를 낸 것은 부사 *loudly*(큰 소리로)가 있어야 하며 형용사 *loud*(큰, 시끄러운)가 있어서는 안 된다.
- *Frightening the highly tense soldiers quite badly*는 주어와 주동사가 없는 불완전한 문장이다. *frightening*은 정동사가 아니라 현재분사다(64-66쪽 참고). 짧은 불완전 문장으로 만들어진 대사들이 있기는 하지만 이는 대화에서나 종종 있는 일이다.
- *the enemy will hear us*가 맞다. *here*가 아니다.
- *Lets*는 *Let's*(*let us*)로 수정해야 한다.
- *if there*는 *if they're*로 수정하자.
- *you're*는 *you are*의 축약형이다. *your guns*가 맞다.
- *seamed*는 '솔기가 있는'이라는 뜻이다. *seemed*(~인 듯했다)가 되어야 한다.
- *They waited for what seamed an age, one of the men sneezed, spoiling any change of surprising their foes*라는 문장은 두 개의 완전한 문장으로 만들어졌으며 각 문장에 주어와 정동사가 있다. 이 문장은 콤마의 오용, 즉 무종지문의 예이다 (83-84쪽 참고). 두 개의 분리된 문장으로 바꾸거나 첫 번째 콤마 뒤에, 예를 들어

then을 쓰는 방법으로 연결해야 한다.

- 신경에 영향을 준 것으로 *affected*가 맞다. *effected*(결과가 일어났다는 의미)가 아니다.
- *nerves* 뒤의 쌍반점(;)은 의미의 흐름을 방해하므로 틀렸다. 쉼표(,)가 옳다.
- *Green-Thomson*이라는 이름은 앞에 언급한 *Greene-Thompson*과 다르게 쓰였다.
- *finaly*는 틀렸다. 형용사 *final*과 접미사 *-ly*가 합쳐진 것으로 *finally*가 맞다.
- *re-treat*은 다시 *treat*한다는 의미로 '재취급하다, 재처리하다'는 뜻이다. *go back*(돌아간다)의 의미로 사용하기 위해서는 붙임표를 빼고 *retreat*(후퇴하다)으로 써야 한다.
- *passed*(지나가버린)가 아닌 전치사 *past*(~을 지나서)가 되어야 한다.
- *farm house*와 *farmhouse*는 둘 다 용인되는 단어이지만 글 안에서 하나로 통일되어야 한다.
- *it's cowshed*는 *its cowshed*(그 외양간)로 고쳐야 한다.
- *bass*(저음)가 아니라 *base*(기지)다.
- *tempory*는 *temporary*(임시의)로, *accomodation*은 *accommodation*(거처)으로 고쳐야 한다.

대부분의 요점과 문법 용어는 이 책의 다른 부분에서 더 세부적으로 설명하고 있다.

 **단어 시험 정답**

이곳에서 다루는 짧은 정의는 완전하지 않으며 각 단어의 모든 의미를 담고 있지 않다. 공간을 아끼기 위해 아주 간단하게 제공했다.

acme 업적의 정점

adipose 지방질의

androgynous 남성과 여성의 특징을 둘 다 가진

anodyne 고통과 괴로움을 완화해주는, 진정하는, 자극적이지 않은

antediluvian 구식의, (성서에 나오는)홍수 전의

anthropomorphism 인간의 특징을 동물에게 부여하는

archetype 원형 또는 완벽한 모델

arrogate 정당한 이유 없이 주장하거나 점유하다

attenuation 약화하는, 감소하는

avuncular 삼촌처럼 친절한

bowdlerised 연극이나 책에서 불온한 부분이 제거된

buss 키스

caesura 시의 한 절에 있는 중간 휴지

cerebrate 생각하다, 고려하다

coincide 동시에 일어나다

collocation 서로 근처에 있는 단어들이 함께 모임

cornucopia 풍요의 뿔, 풍부한 원천

corpulent 덩치가 큰, 비대한

diurnal 낮에 일어나는

effulgent 눈부신, 빛나는

epistolatory 서한문의, 서간체의

epitome 흔한 예, 전형

erudition 박식함

exegesis 주해, 해설

expletive 비속어

farinaceous 녹말질의

fissiparous 분열의

fractious 괴팍한, 짜증을 잘 내는

heuristic 배우거나 가르치게 돕는

homogenisation 융합하는, 균일하게 하는, 균질화하는

hyperbole 과장

hyperthermia 이상 고열

impugn 폄하하다

interdict 금하다, 막다

kleptomaniac 도벽이 있는

lambent 희미하게 빛나는

laudatory 칭찬하는

malleable 쳐서 늘일 수 있는, 휘거나 주형을 떠서 모양을 만들 수 있는, 영향을 받을 수 있는

matrilineal 모계의

monoglot 한 언어만 아는 것

neonatal 신생아의

nuance 미묘한 차이

oenophile 와인 애호가

oleaginous 기름이 묻은

orotund 당당한, 울리는

overt 공공연한

oxymoron 모순어법(예: smart dumb blonde(smart=똑똑한, dumb blonde=머리가 나쁜 금발 여성))

patricide 부친 살해 혹은 부친 살해범

persiflage 조롱, 희롱

photochromic 선글라스처럼 광색성의

pleonastic (단어가)중복된

postprandial 점심이나 저녁 뒤

predation 한 동물 종이 다른 동물을 먹는 포식

preternatural 기이한, 초자연적인

prolix 말이 많고 장황한

pyromaniac 방화광

riparian 강가의

rubicund 혈색 좋은, 불그레한

ruminant 되새김 동물

schism 분립

scintillating 빛나는, 재기 넘치는, 재미있는

sinistral 왼편의

symposium 학술 토론회나 학술 저서 모음

tendentious 편향적인, 간주하는

theocracy 신권 정치

acrophobia 고소공포증 / agoraphobia 광장공포증

advent 도래, 출현 / Advent 크리스마스 전의 강림절

annual 연간의 / annular 고리 모양의

axillary 겨드랑이의, 식물 엽액의 / auxiliary 보조의, 예비의

bovine 소의 /ovine 양의 /porcine 돼지의

canned 캔에 넣어진 / caned 매로 맞은

comestible 식품 / combustible 가연성의

corolla (꽃의)꽃부리 / corollary 자연적 결과 또는 필연적 귀결

cosseted 애지중지되는, 애정을 받는 / corseted 코르셋을 입은

dissemble 속이려 하다, 숨기다 / disassemble 분해하다

erroneous 잘못된 / erogenous 성적으로 민감한

erupt 분출하다, 분화하다, 분노를 갑작스럽게 표출하다 / eruct 트림하다

extra marital 결혼(안)에서 추가의 / extra-marital 혼외의

fortuitous 우연한 / fortunate 운 좋은

hoar 서리 / haw 산사나무 열매 / whore 매춘부

humorous 웃긴 / humerus 위팔뼈(상완골)

lapsed 만기된, 타락한 / prolapsed 벗어난, 가라앉은, (의학에서)탈출증의

meter 계량기 / metre 100cm, 음보

mooted 제기된 / muted 소리를 죽인, 조용한

mural 벽화 / murine 쥣과의 / marine 바다의

prodigal 낭비하는, 방탕한 / prodigious 엄청난, 거대한, 강력한

radiate 방출하다, 내뿜다 / irradiate 방사능 처리를 하다

rational 합리적인, 이성적인 / rationale 근거

sacrum 엉치뼈 / sacristan 교회의 성구 관리인

secret 비밀 / secrete 분비하다

senile 나이가 많은, 망령이 든 / sessile 고착의, 착생의

suit 옷 혹은 카드 한 세트 / suite 가구 세트, 수행원

volt 전압을 이야기할 때의 볼트 / vault 지하의 방, 아치형 구조, 저장실, 뛰어넘다

5장: 필수 용어 훑어보기

영어에서 어떻게 실수가 일어나고, 그 실수를 어떻게 발견해 고칠지를 이해하기 위해 필수 용어 몇 개를 살펴보도록 하자. 이들 대부분은 나중에 더 자세하게 다룰 것이다. 학교에서 공부할 때 문법을 무척 싫어했거나, 아예 배운 적이 없거나, 배웠지만 잊어버렸더라도 이 장은 어렵지 않으며 도움이 될 것이다.

다음 문장을 살펴보자.

Jack offered her a shiny gold ring, and she accepted it immediately.
잭은 그녀에게 빛나는 금반지를 건넸고, 그녀는 즉시 그것을 받았다.

위 문장은 대문자 알파벳으로 시작해 완전하게 끝을 맺으며 스스로 명확한 의미를 가지는 한 **문장**이다. 또한 두 개의 **단문**이 **접속사** *and* 로 합쳐진 **중문**이다.

Jack offered her a shiny gold ring. [and] She accepted it immediately.
잭은 그녀에게 빛나는 금반지를 건넸다. (그리고) 그녀는 즉시 그것을 받았다.

각 문장은 **주어**(*Jack, She*)와 과거형으로 쓰인 **정동사**(*offered, accepted*)를

가진 문법적으로 완전한 문장이다. 동사는 특정 시제와 인물이 있음으로써 제한될 때, 정형된다(제한된다)(1인칭 I offered, 3인칭 he offered 등). To offer와 같은 동사원형은 시제나 인물에 제한되지 않는다. Offering과 같은 **분사**는 정동사가 아니다. 인물이 없기 때문이다. 이렇게만 쓰인 문장이 있다고 가정해보자.

Offering her a shiny gold ring.
그녀에게 빛나는 금반지를 건네는

주어와 정동사가 없고 그저 현재분사만 있기 때문에 완전한 문장이 아니다. **불완전한 문장**은 무척 흔하며 틀린 문장이다.

Jack *offered her a shiny gold* ***ring***에는 사물의 이름을 나타내는 **명사**가 두 개 있다. 하나는 *Jack*이고 하나는 *ring*이다. *Jack*은 고유한 사람에게 이름을 붙이는 **고유명사**다. 고유명사의 첫 글자는 항상 대문자로 쓴다. 반대로 *ring*은 **보통명사**이며 보통명사는 문장의 맨 처음에 오지 않는 이상 첫 글자를 대문자로 쓰지 않는다.

She *accepted it immediately*에서 주어 *She*는 명사를 대신하는 **대명사**이다. 이 문장만으로는 여성의 이름이 무엇인지 알 수 없다.

동사는 *offered*처럼 행동을 보여주며, (동사 *to be*를 써서)상태, 소유, 감정, 추측 등을 나타낸다. 주어, (단수든 복수든)숫자, 시제, 태, 서법으로 정동사가 될 수도 있고 부정사가 될 수도 있다. 동사의 **태**는 **능동**(*he hit her*, 그가 그녀를 때렸다) 또는 **수동**(*she was hit*, 그녀는 맞았다)이 될 수 있다. 동사는 행동을 받는 **직접 목적어**를 가질 때 **타동사**가 된다. *He hit her*에서 *hit*은 타동사, *he*는 주어, *her*는 직접 목적어이다. *He meditated*(그는 명상했다)에서와 같이 동사는 행동을 받는 목적어가 없는 **자동사**가 될 수도 있다. **간접 목적어**도 있다. *She threw* ***her shoe*** *at* ***him***(그녀는 그에게 신발을 던졌다)에서 여자가 던진 것은 직접 목적어인 *shoe*이며, 그것을 던진 대상은 간접 목적어인 *him*이다.

> 동사의 **서법**에는 서술문에서 쓰이는 **직설법**, 명령문에서 쓰이는 **명령법**, 의심이나 추정을 표현하는 **가정법**이 있다.

She threw her shoe at him.
(그녀는 그에게 신발을 던졌다.)

일부 동사는 '돕는 동사'라는 의미로 **조동사**라고 불린다. 조동사는 주동사로도 기능할 수 있지만 조동사로 기능할 때는 시제와 서법, 태를 형성하기 위해 다른 동사와 합쳐진다. 여기에는 *to be*, *to have*, *to do*, *can*('할 수 있다'는 의미의 동사 *to be able*의 일부이자 자체의 부정사가 없음), *will*(*can*과 마찬가지로 조동사일 때 부정사가 없음)이 포함된다. 예를 들어 동사 *to go*와 합쳐져 *will go*(갈 것이다, 미래), *did go*(갔다, 과거), *have gone*(가버려서 없다, 과거) 등의 조합을 얻게 된다.

명사는 묘사하는 **형용사**로 수식될 수 있다. 45쪽의 첫 번째 문장에서 명사 *ring*은 *shiny*와 *gold*라는 두 형용사로 수식되었다. 그냥 오래된 반지가 아니라 반짝이는 금반지였다. 단어 *gold*는 때로는 명사이지만 여기서는 형용사이다. 이것은 같은 단어가 하나 이상의 **품사**(part of speech)가 될 수 있음을 보여준다. **주요 품사**는 명사, 대명사, 동사, 형용사, 부사, 접속사, 전치사와 감탄사이다.

부사는 동사를(그리고 형용사와 부사도) 수식하며, 무슨 일이 일어났는지 더 자세히 말해준다. *She accepted it* **immediately**라는 문장에서 **부사** *immediately*는 여자가 언제 반지를 받아들였는지를 말해준다.

전치사는 이름이 말해주듯 보통 적용되는 명사나 대명사 앞에 와서 그 단어를 문장의 다른 부분과 연결해준다. *at*(~에서), *for*(~위한, ~의), *from*(~에서), *in*(~에서), *on*(~위에), *to*(~로), *up*(위로), *upon*(수와 양이 아주 많을 때 강조하는 의미로 씀) 등이 있다. *She threw her shoe* **at** *him*에서 *at*이 전치사이며 뒤에 따라오는 대명사 *him*을 연결했다.

접속사는 단어, 구, 문장을 연결한다. *and*(그리고), *but*(그러나), *or*(혹은), *although*(~이긴 하지만), *because*(~때문에), *if*(~면), *since*(~한 이후로)와 같은 것들이 있다. 예문을 보자.

> *Jack* **and** *Jennifer,* **but** *not Toby* **or** *Jill, went by train,* **although** *it was expensive.*
>
> 잭과 제니퍼가, 그러나 토비 혹은 질은 아니고, 비싸지만 기차로 갔다.

감탄사는 보통 문장의 나머지 부분과 문법적 관련이 거의 없다. 혹은 아예 혼자서 있는 감탄으로 단어나 구가 될 수 있다. *my goodness*(맙소사), *oh*(오), *alas*(아아), *blast*(제기랄)를 비롯한 다양한 욕설을 예로 들 수 있다. **Damn!** *I forgot my wallet*(빌어먹을! 지갑을 잊어버렸어)처럼 느낌표가 뒤에 자주 따라온다.

구는 관련된 단어들의 묶음이다. 단어와 절 사이의 단계로 구에는 정동사가 없다. **절**은 주어와 정동사를 포함하지만 반드시 완전한 문장을 만드는 것은 아니다. 앞서 *Jack offered her a shiny gold ring, and she accepted it immediately*라는 문장을 보았다. 여기에는 접속사 *and*로 연결된 두 개의 절이 있다. *Jack offered her a shiny gold ring*이 주어와 정동사를 갖고 있는 한 절이고, *she accepted it immediately* 또한 주어와 정동사를 갖고 있는 하나의 절이다. *a shiny gold ring*은 정동사가 없으므로 절이 아닌 명사구가 된다.

> **구의 종류**에는 명사구 외에 형용사구, 부사구, 전치사구, 동사구가 있다.
>
> He bowled **very quickly and accurately**.
> 그는 매우 빠르고 정확하게 공을 굴렸다.
>
> 위의 문장에서 **very quickly and accurately**는 남자가 어떻게 볼링을 했는지 묘사하는 부사구이다.

절에는 **두 종류**가 있다. **주절**은 스스로 완전한 의미를 가진다. 반면 **종속절**은 그렇지 못하며 의미를 완전하게 만들기 위해 주절에 의존한다.

We went to the cafe because we were hungry.
우리는 배가 고팠기 때문에 카페에 갔다.

주절은 스스로 의미를 갖는 *We went to the cafe*이다. *because we were hungry*는 종속절로 카페에 간 이유를 설명하지만 스스로는 말이 되지 못한다.

6장: 동사

 **서론**

동사(Verbs)는 **행동** 또는 **상태**를 묘사한다.

[**행동**] He **wrestled** with the crocodile.
　　　그는 악어와 씨름했다.

[**상태**] He **was** afraid.
　　　그는 두려웠다.

be(있다), *seem*(~처럼 보이다), *know*(알다), *want*(원하다) 등 상태를 묘사하는 동사를 **상태 동사**(stative verbs)라고 하며 *throw*(던지다), *hold*(잡고 있다)와 같이 행동을 묘사하는 동사를 **비상태 동사**(nonstative verbs)라고 한다.

많은 **문장 오류**가 정동사가 없거나, 분사만 있거나 또는 현수분사가 있어서 일어난다(65쪽 참고). 극히 일반적인 실수는 두 단수 주어들이 *and*로 연결되어 있는 **복합 주어에 단수 동사**를 사용하는 것이다. 다음 문장이 그 예다.

*Agriculture **and** industry **is** very important to this country.*

이 나라에는 농업과 산업이 매우 중요하다.

위 문장은 맞는 말이지만 문법적으로 틀렸다. 수학에서 1+1=2이듯이 문법에서도 두 개의 단수 주어는 복수 주어가 된다.

동사의 형태를 잘못 쓰는 것은 무지함을 보여주는 것이지만 때로는 허구의 인물이 단순하거나 어리다는 사실을 보이려고, 또는 유머를 위해 일부러 이용하기도 한다. 《*The Goon Show(더 군 쇼)**》에 등장하는 '블루바틀'은 순진한 인물이다. 그는 He **falled** *in the water*(그는 물에 빠졌다)나 He **hitted** *me*(그가 나를 쳤다)와 같이 잘못된 동사 형태를 사용했다. 불규칙 동사 *fall*과 *hit*을 마치 규칙 동사인 것처럼 취급한 것이다(이들의 과거형은 *fell*과 *hit* 이다). 이 인물은 He *killed me*(그가 나를 죽였다) 대신 *deaded*(죽었다)를 쓰는 등 틀린 단어를 쓰기도 했다.

> 동사로 인칭, 시제, 태, 어법을 나타낼 수 있다. 동사는 규칙적 또는 불규칙적인 방식으로 굴절(변화)하며, 주어와 **수 일치**(단수 또는 복수)가 되어야만 한다.

동사는 시제, 인칭, 숫자, 태, 어법에 제한되지 않았을 때 **원형**(infinitive)이 될 수 있다. 예를 들면 *to go*(가다), *to hate*(몹시 싫어하다)와 같다. 반대로 동사의 **정형 형태**(finite form)는 이 요인들에 의해 제한을 받는다.

*He **goes**.*

그는 간다.

---

* 1951년부터 1960년대 송출된 영국의 라디오 코미디 프로그램.

*We **went**.*

우리는 갔다.

*She was **punched**.*

그녀는 주먹으로 맞았다.

***punch**!*

때려!

동사는 행동이 주어에서 목적어로 옮겨지는 **타동사**(transitive verb)나 목적어가 없는 **자동사**(intransitive verb)가 될 수 있다. 어떤 동사는 어떤 때에는 타동사이고 어떤 경우에는 자동사이다.

다음의 동사는 **타동사**이다.

*The bull **charged** the farmer.*
황소가 농부에게 달려들었다.

*He **wrote** a poem.*
그가 시를 썼다.

*The Arctic cold **froze** his nose.*
북극의 추위가 그의 코를 얼어붙게 했다.

다음의 동사는 **자동사**이다.

*He **meditated**.*
그가 명상했다.

*She **sneezed**.*
그녀가 재채기했다.

*They **froze** at the sound of the sentry.*

그들이 보초의 소리에 얼어붙었다.

*froze*는 *his nose*라는 목적어가 있는 문장에서는 타동사이지만 *They froze*~ 라는 문장에서는 자동사가 된다. 일부 동사는 통상 타동사이다.

예: *distract*(집중이 안 되게 하다), *find*(찾다), *close*(닫다).

일부 동사는 보통 자동사다.

예: *arrive*(도착하다), *sneeze*(재채기하다), *meditate*(명상하다), *die*(죽다).

일부는 둘 다 될 수 있다. 예: *pause*(잠시 멈추다(자), 정지시키다(타)), *cook*(요리하다).

타동사와 자동사의 차이점이 점점 모호해지는 경향이 있다. 내 사전은 *to enjoy*(즐거워하다)를 타동사로 설명한다. 누군가 무엇을 즐긴다는 의미로 직접 목적어를 취하는 것이다. 하지만 레스토랑 직원은 마치 이 동사가 자동사인 것처럼 음식을 서빙하며 종종 '*Enjoy*(맘껏 즐겨요)'라고 말한다.

인칭(Person)

인칭은 동사가 가진 주어의 종류를 가리킨다. 동사는 **1인칭**(주어로서의 *I* 나 *we*), **2인칭**(단수 또는 복수의 *you*), **3인칭**(*he, she*나 *it, they* 또는 명사)이 될 수 있다. 규칙 동사는 현재 시제에서 다음처럼 **활용**(변화)한다.

[단수]

I <u>punch</u>, you <u>punch</u>, he, she, or it (또는 the kangaroo 등 명사)<u>punches</u>.

내가, 네가, 그가, 그녀가 또는 그것이 (또는 캥거루와 같은 명사가) 주먹으로 쳤다.

[복수]

we punch, *you* punch, *they* (또는 *the kangaroos* 등 **복수 명사**) punch.
우리가, 당신들이, 그들이 (또는 캥거루들 등 복수 명사가) 주먹으로 쳤다.

현재 시제에서는 3인칭 단수일 때만 굴절*이 일어난다. 과거형에는 굴절이 없다.

I, you, he, she, it, the kangaroo, we, you, they, the kangaroos punched.
내가, 네가, 그가, 그녀가, 그것이, 캥거루가, 우리가, 당신들이, 그들이, 캥거루들이 주먹으로 쳤다.

 ## 시제(Tense)

시제는 현재, 과거, 미래와 같은 활동의 시점이나 상태를 나타낸다. *punch*(현재 시제)와 *punched*에서, 끝의 *ed*는 이 동사가 과거 시제라는 것을 보여준다. 일부 **불규칙 동사**는 **현재**와 **과거** 시제가 같다.

read(읽다), *read*(읽었다)
hit(때리다), *hit*(때렸다)

이는 혼란스러울 수 있다. 서로 다른 시제를 정확하게 사용하는 것이 문법적 이름을 아는 것보다 훨씬 더 중요하다.

동사는 *punch, punched*처럼 **현재**와 **과거**라는 두 가지 시제만 가지지만,

---

* 굴절이란 어미, 어형의 변화를 가리키는 용어이다.

will, shall, have, am, do, go 등의 **조동사**(auxiliary verbs, 돕는 동사)를 사용해 미래 시제를 비롯해 다른 시제를 만들 수 있다. 조동사가 있으면 hit의 현재와 과거 시제를 구분할 수 있다.

I am hitting.
나는 때리고 있다.

I was hitting.
나는 때리고 있었다.

영어에 몇 개의 시제가 존재하는지, 그리고 그것들을 어떻게 불러야 할지에 관해 문법학자들 간에 서로 의견이 다르다. 주요 시제는 **현재, 과거, 미래**지만 이것들 역시 세분화될 수 있다. **세분화**함으로써 행동이나 상황이 지금 어떤지, 과거에 어땠는지, 미래에 어떨지 정확히 명시할 수 있다. 바로 **단순**(simple), **진행**(continuous), **완료**(perfect), **완료 진행**(perfect continuous) **시제**이다. 예시가 모든 것을 명확히 설명해주므로 이 용어들로 인해 겁먹지 않아도 된다. '완료'는 '끝났다, 완료되었다(완수되었다)'라는 의미로 이해하자.

현재와 과거 시제

단순 시제는 한 단어로 이루어져 있으며, 행동이 끝났는지 아닌지 확실하지 않기 때문에 때때로 '부정(indefinite)' 시제라고 불리기도 한다.

[단순 현재]   *I punch.*
나는 주먹으로 때린다.

[단순 과거]   *I punched.*
나는 주먹으로 때렸다.

단순 시제는 단일 행동일 수 있기에 분명하게 규정되지 않은 것, 즉 부정으로 간주한다. *I punched John once on the jaw*(나는 존의 턱에 한 번 주먹을 날렸다)가 될 수도 있고 *I punched John for several minutes*(나는 존을 몇 분 동안 때렸다)처럼 진행형이 될 수도 있다.

진행 시제는 조동사를 이용해 행동이 여전히 계속되고 있다는 점을 보여준다.

[현재 진행]   *I am punching.*
　　　　　　 나는 주먹으로 때리고 있다.

[과거 진행]   *I was punching.*
　　　　　　 나는 주먹으로 때리고 있었다.

같은 개념을 단순 시제와 진행 시제로 전달할 수 있다. 다음의 예를 보자.

*I **drew** the nude model for three hours.*
나는 그 누드모델을 세 시간 동안 그렸다.

*I **was drawing** the nude model for three hours.*
나는 그 누드모델을 세 시간 동안 그리고 있었다.

다음으로 **완료 시제**가 있다. 진행 시제와 마찬가지로 조동사를 사용하여 행동이 끝났다는 것을 보여준다.

[현재 완료]   *I have punched.* (조동사 *have*의 현재 시제를 주목하라.)
　　　　　　 나는 주먹으로 때려왔다.

[과거 완료] *I had punched.* (조동사 *have*의 과거 시제 *had*를 주목하라.)
나는 주먹으로 때렸었다.

완료 진행 시제에서 행동은 멈추기 전까지 지속되고 있었다.

[현재 완료 진행] *I have been punching.*
나는 주먹으로 때려오고 있다.

[과거 완료 진행] *I had been punching.*
나는 주먹으로 때려왔었다.

다음 차이는 다양한 형태의 **과거 시제** 의미에 영향을 준다.

I punched him when the police arrived.
나는 경찰이 도착했을 때 그에게 주먹을 날렸다.
[단순 과거] 경찰이 도착하기 전까지는 치지 않았다.

I was punching him when the police arrived.
나는 경찰이 도착했을 때 그에게 주먹을 날리고 있었다.
[과거 진행] 내가 그를 때리고 있을 때 경찰이 도착했다.

I had punched him when the police arrived.
나는 경찰이 도착했을 때 그에게 주먹을 날렸었다.
[과거 완료] 나는 아마 단 한 번, 경찰이 도착했을 때 그를 때렸다.

I had been punching him when the police arrived.
나는 경찰이 도착했을 때, 그를 주먹으로 때려오고 있었다.
[과거 완료 진행] 경찰이 도착했을 때 나는 한동안 그를 치고 있던 상태였다.

미래 시제

미래 시제를 만들기 위해서는 조동사, 특히 *shall*과 *will*을 이용해야 한다. 미래 시제는 세분화될 수 있다.

부정 미래에서는 행동이 언제 끝날지 확실하지 않다.

I will punch.

나는 주먹을 날릴 것이다.

미래 진행에서 행동은 계속된다.

I will be punching.

나는 주먹을 날리고 있을 것이다.

미래 완료에서 행동은 미래의 어느 시점에 끝날 것이다.

I will have punched.

나는 주먹을 날렸을 것이다.

미래 완료 진행에서 행동은 지속되어 왔지만 미래에 끝났을 것이다.

I will have been punching.

나는 주먹을 날리고 있었을 것이다.

다른 시간 표현

조동사 외에도 *going*을 비롯해 **미래 사건에 관해 쓸 수 있는** 다른 방법들이 있다.

I am meeting Rebecca tomorrow.

나는 내일 레베카를 만난다.

*I **will be** meet**ing** Rebecca tomorrow.*

나는 내일 레베카를 만날 것이다.

*I **am going to** meet Rebecca tomorrow.*

나는 내일 레베카를 만날 것이다.

신기하게도 현재나 미래를 나타내기 위해 현재 진행 시제를 사용할 수 있다.

[현재] *Right now I **am** cook**ing** lunch for the family.*

나는 지금 가족을 위해 점심을 만들고 있다.

[미래] *I **am** cook**ing** lunch for the family next Saturday.*

나는 다음 주 토요일에 가족을 위해 점심을 만들 것이다.

태(Voice)

행동을 전달하는 동사는 주어가 직접 목적어에게 무언가를 하는 **능동태**(active voice)와 행동이 주어에 **의해** 행해지는 것이 아니라 주어**에게** 일어나는 **수동태**(passive voice)가 될 수 있다.

이 예시들은 **능동태**를 보여준다.

*James **swindled** Robert.*

제임스가 로버트에게 사기를 쳤다.

*The farmer **milks** the cow.*

농부가 소의 젖을 짠다.

*She **had painted** a portrait.*
그녀가 초상화를 그렸었다.

다음 예시들은 **수동태**를 보여준다.

*Robert **was swindled** <u>by</u> James.*
로버트는 제임스에게 사기를 당했다.

*The cow **is milked** <u>by</u> the farmer.*
소는 농부에게 젖을 짜였다.

*The portrait **had been painted** <u>by</u> her.*
초상화는 그녀에 의해 그려졌다.

수동태에서 위 예문의 *was, is, had been*과 같은 조동사 *to be*의 사용을 눈여겨보라.

작성자의 의향이나 글의 내용에 맞게 능동태와 수동태를 사용해야 한다. 소설에서 내용이 빠르게 진행된다면 수동태보다는 능동태가 더 적합하다.

*He **was shot dead by** the gangster.*
그는 깡패에 의해 총살당했다.

*The gangster **shot** him **dead**.*
그 깡패가 그를 사살했다. (능동태 문장을 쓰는 것이 더 좋다.)

과거에는 과학에서 항상 수동태를 쓰라고 했다.

The solution was heated to 60°C.

용액이 *60*도로 가열되었다.

The rabbit's breathing was studied at different oxygen concentrations.

토끼의 호흡은 각기 다른 산소 농도에서 연구되었다.

하지만 이제는 능동태를 더 장려한다.

We heated the solution to 60°C.

우리는 용액을 *60*도까지 가열했다.

I studied the rabbit's breathing at different oxygen concentrations.

나는 토끼의 호흡을 각기 다른 산소 농도에서 연구했다.

학술 저널에 기고할 때에는 그 저널에서 출간된 글들을 확인하여 능동태와 수동태에 관한 규정을 확인하라. 단, 실험 보고를 위해 능동태를 쓸 경우 대명사 *I*나 *we*를 너무 많이 써서는 안 된다.

 서법(Mood)

동사에는 **직설**(indicative), **명령**(imperative), **가정**(subjunctive) 세 가지 **서법**이 있다. **직설법**은 보통의 말과 질문에 사용된다.

I owe John money.

나는 존에게 돈을 빚지고 있다.

The train was late.

기차가 늦었다.

What is your motive?

당신의 의도는 뭐죠?

명령법은 퉁명스럽든 공손하든 명령을 포함하며 보통 주어 *you*가 내포되어 있다.

Go to hell!

지옥에나 가!

Keep off the grass.

잔디밭에 들어오지 마시오.

Please fetch me another beer.

맥주 한 잔 더 갖다 주세요.

가정법은 불확실하다. 크리스티나 로제티의 캐롤 혹은 시 《Mid-Winter(한겨울)》를 듣거나 읽어봤다면 이 부분을 알 것이다.

If I were a shepherd
I would bring a lamb,
If I were a wise man
I would do my part.

내가 목자였다면
양 한 마리를 드릴 텐데
내가 현자였다면
내 몫을 할 텐데

화자는 목자도 현자도 아니었기에 직설법인 *I was*를 사용하지 않았다. 대신 자신이 목자나 현자일 경우 무엇을 하겠다는 **가정**을 위해 **가정법**을 썼다. 가정 앞에 놓인 *if*에 주목하라.

가정법은 가설이나 가정, 소원, 희망, 상상, 의심, 제안 등의 **불확실한 상황**에 쓰인다. *if*가 가정을 나타내며 *may*, *be*, *were*와 같은 동사가 올 수 있다. 가정법은 동사의 형태가 직설법과 다르다면 알아차릴 수 있다. 가정법에서는 3인칭의 현재 시제 동사가 *s*로 끝나지 않는다. 또한 동사 *to be*는 *is*, *am*, *are* 대신 모든 사람에게 그냥 *be*가 된다. 가정법 과거에서 동사 *to be*는 모든 사람에게 *were*다(*I was*가 아니라 *I were*다). 예문을 보자.

> May you **be** happy always.
> 당신이 항상 행복하기를. (소원이나 희망)
>
> She wishes that she **were** taller.
> 그녀는 키가 더 컸더라면 하고 바란다. (소원)
>
> If I **were** you, I would accept today.
> 내가 당신이라면 오늘 받아들일 거예요.
> (가정, Suppose that I were you(내가 당신이라고 가정한다)를 의미한다.)
>
> He proposed that she **go** skiing with him.
> 그는 그녀에게 같이 스키를 타러 가자고 제안했다.
> (제안, goes가 아니라 go다.)
>
> Imagine if I **were** king and you **were** my queen.
> 내가 왕이고 당신이 내 여왕이었다고 상상해보세요. (상상)

사실을 이야기할 때는 가정법을 쓰면 안 된다.

> When I **was** young, I did not chat up girls.
> 나는 어렸을 때 여자애들을 꾀지 않았다.

가정이나 상상, 가설일 경우에 가정을 사용하라.

*If I **were** young again, I would chat up girls.*
내가 다시 어릴 때로 돌아간다면 나는 여자애들을 꾈 것이다.

 **분사(Participles)**

동사에는 **분사**가 있다. *to snow*(눈이 오다)를 예로 들면 현재분사는 *snowing*, 과거분사는 *snowed*이다. *It has snowed*(눈이 왔었다)처럼, 조동사와 함께 사용되어 동사를 만들기 때문에 분사라고 불린다. 혼자 있을 때 **분사는 정동사가 아니며**, 시제는 있지만 인물도, 숫자도, 태나 서법도 없다.

현재분사는 *drinking, being*처럼 보통 -ing로 끝나며 조동사 *to be*를 제외한 현재 진행 시제에서 나온다. 현재분사는 *It was snow**ing***(눈이 내리는 중이었다)과 같은 과거 진행 시제를 비롯해 모든 진행 시제에 사용된다. *I am* **drinking**(나는 마시고 있다), *I am* **being**(나는 ~인 중이었다)에서 각각 현재분사 *drinking*과 *being*을 찾을 수 있다.

과거분사는 조동사 *to have*를 뺀 과거 완료 시제에서 얻을 수 있다. *I had* **drunk**(나는 마셨었다)에 과거분사 *drunk*가 있다. 많은 과거분사가 *look**ed**, mat**ed**, pass**ed***처럼 규칙 동사에서 왔을 경우 *-ed*로 끝난다. 일부는 *be**en**, writt**en**, froz**en***처럼 *-en*으로 끝난다. 과거분사는 대부분 *-ed, -d, -t*(*burnt*), *-en, -n*으로 끝나지만 *dug*(*dig*의 과거분사), *gone*(*go*의 과거분사)처럼 다른 것들도 있다.

현재분사와 과거분사는 *his* **biting** *sarcasm*(그의 날카로운 풍자), *her* **broken** *pen*(그녀의 부러진 펜)처럼 **형용사**로도 사용된다.

현재분사는 **명사**로 사용될 수 있다. 이를 **동명사**(gerund)라고 부른다. 동명사 앞에는 관사나 형용사가 올 수 있다. 예: ***The running*** *of the deer*(사슴의 달리기)..., their **silly giggling**(그들의 멍청한 킥킥거림).

동명사 앞에는 대명사가 아닌 **소유격 형용사**를 써야 한다. *The committee praised **him** braving the danger*는 틀린 문장이다. 아래 문장이 맞다.

*The committee praised **his** braving the danger.*
위원회는 위험을 무릅쓰는 그의 용감함을 칭찬했다.

많은 **문장 오류**가 정동사 없이 분사만 있는 불완전한 문장에서 일어난다. 아래의 문장을 보자.

***Identifying** racial origins from **sequencing** a person's DNA*
사람의 DNA 염기를 통해 인종적 기원을 밝혀내는

위의 문장에는 두 개의 현재분사만 있고 정동사는 없다. 하나의 문장으로 만들어야 하는데, 정동사가 없는 문장과 문장 조각으로 나누는 경우가 자주 있다. 아래의 예시를 보자.

He spent ages reading his newspaper on Sundays.
Looking to see the Premier League and Championship football results.
그는 일요일에 신문을 읽으며 오랜 시간을 보냈다.
프리미어 리그와 챔피언십 축구 결과를 보려고.

정동사나 주어가 없는 **현수분사**, 또는 **매달린 분사**는 자주 실수를 야기하고 때로는 아주 웃긴 실수를 만들어낸다.

***Looking down the microscope**, the water fleas performed a dance-like movement.*
현미경을 내려다보면서, 물벼룩이 춤추는 듯한 동작을 선보였다.

아니다. 물벼룩이 현미경을 내려다보고 있었던 것이 아니다.

***Driving my Ferrari at 90 miles an hour**, the rabbit stood no chance.*
내 페라리를 시속 *90*마일로 운전할 때, 토끼는 기회가 없었다.

토끼는 차를 몰지 않았다.

 **구동사(Phrasal verbs)**

구동사는 동사가 하나 이상의 부사나 전치사, 또는 둘 다 가진 **여러 단어의 조합**이다. 의미가 있는 완전한 세트로서, 그 뜻은 각 요소가 가진 의미와 다를 수도 있다. 예를 들면 '속이다'라는 뜻을 가진 *to take in*, 밀어내다(타동사)가 아니라 '가버리다(자동사)'라는 의미를 가진 *to push off*, '회복되다'는 뜻의 *to get over*, '확인하다, 찾아보다'는 뜻의 *to look up* 등이 있다.

전치사는 앞에 온다는 이름(pre-position)이 말해주듯 대체로 명사 앞에 오기 때문에 **문장을 전치사로 끝내서는 안 된다고 하는 경우가 때때로 있다**. 하지만 전치사로 문장을 끝맺는 것이 완전히 용인되는 경우가 많으며, 특히 그 전치사가 구동사의 일부라면 더욱 그렇다.

*Fed up with the prolonged discussion, Bert **pushed off**.*
장기화된 논의에 신물이 나서 버트는 떠나버렸다.

*Because of Fred's cunning lies, Jane was completely **taken in**.*
프레드의 교활한 거짓말 때문에 제인은 완전히 속아 넘어갔다.

*The country's prospects are **looking up**.*
그 나라의 전망은 나아지고 있다.

윈스턴 처칠 경은 문장을 전치사로 끝내는 일을 어색하게 피하려는 행위를 다음 문장으로 조롱했다.

This is the sort of English up with which I will not put.
이는 내가 참지 못하는 종류의 영어다.

*to put up with*는 두 전치사를 포함하는 구동사이며, *I **put up with** him*(나는 그를 참고 견딘다)과 같이 목적격이 뒤에 따른다.

 동사와 주어의 수 일치

주어와 그 주어의 동사 사이에 오는 단어들은 동사와 주어의 일치에 영향을 주지 않는다.

*The **teacher** of the worst pupil<u>s</u> in the most dilapidated classroom<u>s</u> **was** brilliant.*
가장 낡아 빠진 교실에 있는 최악의 학생들을 가르치는 교사는 매우 훌륭했다.

두 개의 단수 명사가 *and*로 연결되어 이루어진 **복합 주어**는 복수 동사를 가진다.

Physics **and** *chemistry* **are** sometimes considered difficult.
물리와 화학은 때때로 어렵다고 여겨진다.

하나의 세트로 취급되는 특정한 전통적 조합일 경우에는 예외다.

Whisky and soda **is** refreshing.
소다수를 넣은 위스키는 상쾌하다.

Bread and butter **is** a tea-time staple.
버터 바른 빵은 티타임의 주요 요소다.

Health and safety **is** important.
건강과 안전은 중요하다.

*each*나 *every*로 묶인 **복합 주어**는 단수로 생각한다.

Every thief, swindler and murderer in this town **is** afraid of our 'zero tolerance' policy.
이 도시의 모든 도둑과 사기꾼, 살인자는 우리의 '무관용' 정책을 두려워한다.

Each man, woman and child **is** afraid of the overhanging rock.
각 남자와 여자, 아이는 돌출된 바위를 두려워한다.

*Either...or*나 *neither...nor*를 포함한 문장 구조의 경우 두 명사가 단수이면 단수 동사를, 두 명사가 복수이면 복수 동사를 사용한다.

Either Joe **or** Peter **is** going to drive you there; **neither** Elaine **nor** Amy **is** free then.
조나 피터가 운전해서 당신을 그곳에 데려다줄 거예요. 그 때에 일레인도 에이미도 시간이 안 되네요.

***Neither** banana<u>s</u> **nor** apple<u>s</u> **are** for long keeping.*

바나나도 사과도 오래 보관할 수 없다.

명사 하나는 단수이고 다른 하나는 복수라면 동사가 바로 앞에 있는 명사와 수 일치되어야 한다.

***Either** one mango **or** <u>three bananas</u> **are** enough for a light meal.*
***Either** three bananas **or** <u>one mango</u> **is** enough for a light meal.*

가벼운 식사를 위해 망고 하나 또는 바나나 세 개로 충분하다.
가벼운 식사를 위해 바나나 세 개 또는 망고 하나로 충분하다.

one in ten is(열 명 중 한 명이)...와 같은 집합 명사의 주어 동사 일치와 격에 대해 알고 싶다면 88-89과 93쪽을 참조하라.

 규칙 동사와 불규칙 동사

규칙 동사의 3인칭 단수 현재 시제는 동사원형에 *-s*를 붙여 만든다. *to jump*(뛰다)는 *he jumps*(그가 뛴다)가 된다. *s, x, z, ch, sh*로 끝나는 동사 뒤에는 *-es*가 붙는다. *to push*(밀다)는 *he pushes*(그가 민다)가 된다. 과거 시제와 과거분사는 (*to*가 없는) 동사원형에 *-ed*를 붙여 만든다. *he pushed*(그가 밀었다), *pushed*가 된다. 현재분사는 동사원형에 *-ing*를 붙여 만들며 *pushing*이 된다. 만약 동사원형이 자음+*e*로 끝난다면 *-ed*나 *-ing*을 붙이기 전에 *e*를 뺀다. 즉 *to date*(날짜를 적다)는 각각 *dated*와 *dating*이 된다.

대부분의 조동사는 **불규칙**하며 규칙 동사보다 굴절이 많거나 과거분사를 만드는 방법이 다양하다. *to be, to do, can*의 변화를 보자.

I am, you are, he is, we are, they are
do, did, done
can, could

동사가 불규칙 동사인지 규칙 동사인지, 그리고 그 동사가 어떻게 달라지는지 확신하지 못할 경우에는 사전을 참조하라.

좋은 사전은 3인칭 단수의 현재 시제, 현재분사, 과거 시제, 과거 시제와 다를 경우 과거분사, 그리고 다른 불규칙한 점들을 열거한다. 예를 들어 *do*라는 표제어의 경우 *does, doing, did, done*이 있어야 한다. *be*라는 표제어에는 다른 불규칙한 점들, 즉 1인칭, 2인칭, 3인칭 단수 현재 시제인 *am, are, is* 등이 열거되어 있어야 한다.

동사 **shall**과 **will**의 경우 이상하게 비논리적인 불규칙함이 존재한다. **보통 미래 시제**의 경우 활용은 *I shall, you will, he will*이 된다. **결심, 명령, 의무**를 보여야 할 경우 활용은 *I will, you shall, he shall*이다.

[보통 미래 시제]

I **shall** go to work tomorrow as usual.

나는 내일 평소처럼 일하러 갈 것이다.

You **will** go to work tomorrow as usual.

당신은 내일 평소처럼 일하러 갈 것이다.

[특별한 결심이나 명령]

In spite of your entreaties, I **will** cross the strikers' picket line tomorrow.

당신의 간청에도 불구하고 나는 내일 노동 쟁의에 합세하지 않을 것이다.

You **shall** marry him, even though you detest him.

그를 혐오하더라도 당신은 그와 결혼해야 한다.

분리 부정사(Split infinitive)

2009년 《더 데일리 텔레그래프》에서 **분리 부정사**를 매도하는 편지를 내보냈을 때 그에 대한 답변의 3분의 2는 특정한 상황에서의 분리 부정사 사용을 옹호하는 여왕의 영어 협회 회원들이 보낸 것이었다. **어색하게 들린다면 사용을 피해야 하지만, 분리 부정사를 피하기 위해 쓴 완곡한 표현이 더더욱 이상하게 들린다면 분리해야 한다!** 분리 부정사는 특별한 이유가 있지 않은 한 피하는 것이 가장 좋다. 부사 하나로 분리하는 것이 가장 용인되는 방법이다. 아래 문장을 보라.

> I want **to quickly check** the figures.
> 나는 그 수치를 빨리 확인하길 원한다.

부사 외의 방법으로 부정사를 분리할 경우 종종 무척이나 어색해 보인다.

> I was about **to** just very carefully and extremely skillfully - with my new set of needles, which I bought by mail order - **stitch** up a torn dress.
> 나는 아주 조심스럽게 그리고 무척이나 솜씨 좋게 - 통신 판매로 구입한 새 바늘 세트로 - 찢어진 드레스를 기우려던 참이었다.

위의 예문을 보면 처음에 *to stitch*가 아닌 *to just*가 동사라고 예상할 것이다.

  다양한 동사 활용

창작에서는 동사 선택에 상상력을 더할 수 있다. 하지만 위원회 회의록의 경우 주로 사람들이 한 말을 보고하게 된다. 누구도 문학적 걸작 같은 회의록을 기대하지는 않겠지만, **동사를 다양하게 활용하면** 지루함을 피할 수 있다.

각 화자의 이름이나 이니셜 뒤에 그냥 *said(말했다)*라고 붙일 수도 있다.

JV said … RS said … MM said … BL said …
JV는 말했다, RS는 말했다, MM은 말했다, BL은 말했다.

하지만 동사를 다르게 사용하면 덜 지루해진다.

JV said … RS told us … MM commented that … BL explained that …
JV는 말했다, RS는 우리에게 말했다, MM은 ~라고 언급했다, BL은 ~을 설명했다.

상황에 맞추어 *say(말하다)* 대신 사용할 수 있는 동사들은 다음과 같다.

add 덧붙이다
admit 인정하다
offer 제안하다
advise 충고하다
assert 주장하다
inform 알리다
rejoin 응수(답변)하다
report 알리다
declare 선언하다
mention 언급하다
proffer (충고, 설명 등을)해주다
respond 대답하다
testify 증언하다
complain 항의하다

estimate 추정하다
point out 지적하다
elucidate (더 자세히)설명하다
recommend 권고하다
volunteer 자진해서 말하다
contradict 부정하다, 반박하다
aver 단언하다
agree 동의하다
opine 의견을 밝히다
affirm 단언하다
demand 요구하다
insist 고집하다, 주장하다
relate ~에 대하여 이야기하다
reveal 폭로하다

exclaim 외치다
observe (논평, 의견을)말하다
propose 제안하다
suggest 제안하다
venture 조심스럽게 말하다
conclude 결론을 내리다
indicate 내비치다
question 질문하다
emphasise 강조하다, 역설하다
reiterate (이미 한 말을)반복하다
calculate 추정하다
acknowledge 인정하다
urge 충고하다
imply 암시하다
reply 대답하다
answer 대답하다

enjoin 명하다
reckon 예상하다
remark 언급하다
comment 논평하다
enquire 문의하다
predict 예측하다
request 요청하다
surmise 추측하다
announce 발표하다
describe 말하다, 서술하다
maintain (다른 이들이 동의하거나 믿지 않는데도 계속)주장하다
elaborate 자세히 말하다
pronounce 표명하다
speculate 짐작하다
conjecture 추측하다

이러한 대안들은 **십자말 사전, 동의어 사전** 또는 **유의어 사전**에서 쉽게 찾을 수 있다. 매번 다른 동사를 쓸 필요는 없지만 단조로움은 피하도록 하자.

능동태와 수동태, 즉 **태**를 바꿔 가며 다양함을 꾀할 수도 있다.

[**능동태**] *JV discussed the accounts and cash flow.*
JV가 신용 거래와 현금 유동성을 논의했다.

[수동태] *The expenditure **was listed** under six headings.*
지출은 여섯 개의 주제로 나열되었다.

가정법과 같이 **어법**을 다양하게 사용할 수도 있다.

*If our balance **were to fall** below ￡50,000, we **would have to close** our office.*
만약 잔고가 5만 파운드 아래로 떨어지면 사무실 문을 닫아야 한다.

시제를 표현하는 방법도 다양하게 쓸 수 있다. '우리는 다음에 만날 것이다'라는 의미를 다음의 예문들처럼 다양하게 쓸 수 있다.

We are next going to meet...
We will next meet...
We will next be meeting...
We shall meet next...
We next meet...
We are next meeting...

-ise인가, -ize인가?

끝에 오는 *-ise*와 *-ize*는 때때로 동사의 의미에 영향을 준다. 예: *prise*(비틀다)와 *prize*(소중하게 여기다). 하지만 많은 경우 영향을 주지 않는다. *authorise*와 *authorize*는 모두 '재가(인가)하다'는 뜻이며 둘 다 옳다. 무엇을 선택해야 하는가? 《파울러의 현대 영어 관용법(The New Fowler's Modern English Usage)》에서 버치필드의 말에 따르면, *-ise*는 *advise*(충고하다), *arise*(발생하다), *chastise*(꾸짖다), *despise*(경멸하다), *exercise*(운동하다), *surprise*(놀라다)와 같은 프랑스어 어원의 동사에는 필수이지만 다른 대부분의 동사는 어떤 형태로든 사용할 수 있다고 한다. 그리스어 어원의 단어라면 -*ize*가 그 어원을 더 잘 나타낸다.

버치필드는 이렇게 썼다.

> '영국에서 옥스퍼드 대학 출판사(그리고 최근까지 《타임스(The Times)》)는 이러한 모든 단어를 –*ize*로 썼다. 미국의 저자들과 출판사도 마찬가지다. 그러나 캠브리지 대학 출판사를 포함한 많은 영국 출판사들이 관련 단어에 –*ise*를 사용한다는 점을 염두에 둬야 한다.'

각자 선택하면 되지만 통일성이 있어야 한다. 나는 -*ise*를 선호하며, 여왕의 영어 협회 회의에서 비공식 투표를 한 결과 10대 1로 사람들이 -*ise*에 찬성했다.

 and일까 to일까 with일까?

*I am going **to try and go** to Paris.*
나는 파리에 가려고 한다.

이 문장에서 *try*와 *go*는 *to Paris*라는 구에 따로 적용되는 두 동사가 아니다. 논리적으로는 *I am going **to try to go** to Paris*라고 해야 하지만, 이러한 이상한 사용은 그 역사가 오래되었다.

*to*는 목적을 암시하는 한편 *and*는 딱히 의도적이지는 않지만 추가적인 무언가를 암시한다. 다음 문장들을 비교해보라.

*I went for a medical check-up **to see** a gynaecologist.*
나는 부인과 전문의를 만나려고 의료 검진을 하러 갔다.

*I went for a medical check-up **and saw** a gynaecologist.*
나는 의료 검진을 하러 가서 부인과 전문의를 만났다.

후자는 나의 경험담이다. 나의 의료 검진을 담당한 의사가 마침 부인과 전문의였고, 이 사람의 전문 분야는 내가 남자이기 때문에 나와는 관련이 없었다.

to를 사용해 누군가를 무언가에 비교하는 것은 이 둘이 닮았다는 의미이다. ***with***를 사용해 누군가를 무언가에 비교하는 것은 이 둘이 닮기도 하고 다르기도 하다는 의미이다.

*When I compare you **to** Ghengis Khan, I find that both of you are ruthless, aggressive and successful.*
당신을 징기스 칸에 비교한다면, 당신과 그 둘 다 무자비하고 공격적이며 성공적이라고 생각합니다.

*When I compare you **with** your brother, I find that you are more intelligent but less handsome.*
당신을 당신 형과 비교하면, 당신이 더 똑똑하지만 덜 잘생겼다고 생각합니다.

7장: 문장 제대로 알기

 문장의 종류

문장과 관련된 흔한 실수와 그 실수를 피하고 고치는 법을 알기 위해서 문장의 특성을 살펴보고 몇 가지 기술적 용어를 알아두자. 문법 용어(45-49쪽)와 함께 동사에 관한 장(50-76쪽)에 중요한 배경 정보가 있다.

- 문장이란, 하나의 대문자 알파벳으로 시작해서 평서문의 경우 마침표(.), 의문문의 경우 의문 부호(?), 감탄이나 명령의 경우 감탄 부호(!)로 완전히 끝맺음되는 **관련된 단어의 배열**이다.
- 혼자 있어도 뜻이 이해 가능한 주제와 정동사가 있는 **완전한 의미를 가진 구성단위**이다.
- 'Yes'처럼 한 단어로 이루어질 수도 있지만 이는 질문에 대한 답변 나머지가 이미 이해된 상태인 것으로 'Yes'는 'Yes, I am coming now.'의 줄임 표현일 수 있다. 'Go to hell!'의 경우 주어 you가 이미 이해된 상태이다.

서로 다른 종류의 문장을 보자.

He moves.

그가 움직인다.

*He*는 주어가 무엇을 하고 있는지 알려주는 **동사** *moves*의 **주어**(subject)이다. 이 문장은 완전한 문장으로 혼자 있어도 의미가 성립된다. 또한 **단문**(simple sentence)이며, 단수 동사가 단수 주어와 **일치한다**.

He moves **the piano**.
그가 피아노를 옮긴다.

이 문장에서는 남자가 옮기는 대상, 즉 직접 목적어인 *the piano*가 존재한다. 피아노가 어디로 옮겨졌는지 보여주는 부사구를 더할 수 있다.

He moves the piano **into the dining room**.
그가 피아노를 식당으로 옮긴다.

이 문장은 여전히 스스로 완전한 의미를 갖는 단문이다.

논리적이지 않아 보이지만, 완전한 문장에 무언가를 추가하여 불완전한 문장으로 만들 수 있다.

When he moves the piano into the dining room.
그가 식당으로 피아노를 옮길 때

이것은 **종속절**(subordinate clause)이다. 완전한 의미를 갖기 위해서는 **주절**(main clause)이 필요하다.

When he moves the piano into the dining room, **he often hits the door frame**.
피아노를 식당으로 옮길 때, 그는 자주 문틀에 박고는 한다.

　이렇게 하면 종속절 뒤에 주절이 따라와 완전한 의미를 갖게 된다. 주절은 혼자서도 완전하지만 종속절은 아니다. 적어도 한 개 이상의 종속절을 가진 문장을 **복문**(complex sentence)이라고 한다.

　종속절은 복문의 처음, 중간, 끝에 올 수 있다. 보통 *although*(~이긴 하지만), *after*(~한 후에), *whereas*(~하지만), *unless*(~하지 않는 한), *since*(~한 이후로), *because*(~때문에), *when*(~한 때에), *while*(~하는 동안/~이긴 하지만), *if*(~하면)와 같은 **종속접속사**(subordinating conjunction) 뒤에 따라온다.

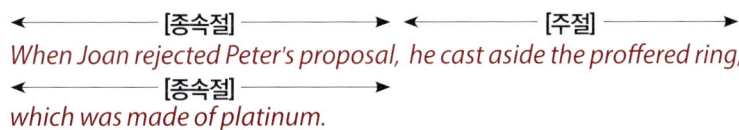

When Joan rejected Peter's proposal, he cast aside the proffered ring, which was made of platinum.

조앤이 피터의 프로포즈를 거부했을 때, 그는 백금으로 만든, 내밀어진 그 반지를 버렸다.

　종속절은 *who*, *which*, *that*이나 *whose* 등의 관계대명사로 시작될 수 있다.

◄──────[종속절]──────►
*The car **which** had the racy spoiler was stolen.*
　　　↑
　　관계대명사

레이스하기 좋은 스포일러를 단 그 차는 도난당했다.

중문(compound sentences)은 같은 자격의 주절을 적어도 두 개 포함하며 흔히 접속사와 쉼표, 쌍반점(;)이나 쌍점(:)으로 합쳐진다. 예를 보자.

◄──────────[주절]──────────►
*He moves the piano into the dining room **and*** ◄── 접속사

◄──────────[주절]──────────►
he turns it with its keyboard facing the window.

그는 식당으로 피아노를 옮기고 건반이 창문을 향하도록 돌린다.

중문 안의 각 절은 분리된 문장으로서 홀로 존재할 수 있지만, 하나 혹은 그 이상의 주어(위 문장에서는 he)가 생략될 수 있다.

***He** **moved** the piano into the dining room, turned it to face the window, **set up** his music on the stand, and **played** a Chopin sonata very badly.*

그는 식당으로 피아노를 옮겨 창문을 향하게 돌렸고, 스탠드에 악보를 놓고, 쇼팽 소나타를 아주 형편없이 연주했다.

문장의 배열

문장에서 가장 흔한 **배열**은 주어, 동사, 목적어 등 뒤에 따라오는 모든 것들이다. 하지만 이 순서는 특정한 목적이나 다양함을 위해 변할 수 있다. 질문일 때에는 주어와 동사의 순서를 바꿔 *She is mad*(그녀가 미쳤다)가 *Is she* *mad(그녀가 미쳤어)?*가 될 수 있다.

문장 처음에 단어나 구를 놓아 그 단어나 구를 강조할 수도 있다.

Lateness in a man *was something she could never abide.*

남자의 지각은 그녀가 절대 참을 수 없는 것이었다.

 **문장 구조 다양하게 하기**

짧고 단순한 문장을 연속적으로 쓰면 읽을 때 지루하고 끊기는 느낌을 주며, 글쓴이가 단순하다는 인상을 줄 수도 있다.

John likes cricket. He is mainly a batsman. Sometimes he bowls. Once he hit a big six. It broke a window in the pavilion. He had to pay for it.

존은 크리켓을 좋아한다. 그는 주로 타자다. 때로는 그가 투수도 한다. 어느 날은 홈런을 치기도 했다. 공은 파빌리온의 창문을 깼다. 그가 돈을 지불해야 했다.

이 글은 일부 문장을 연결하고 단어를 바꿈으로써 보다 생동감 있게 만들 수 있다.

John likes cricket; although he is mainly a batsman, he also bowls. Once he hit a big six which broke the pavilion window, and he had to pay for its repair.

존은 크리켓을 좋아한다. 주로 타자이지만 투수도 한다. 어느 날은 파빌리온 유리창을 깬 홈런을 치기도 했고 수리를 위해 돈을 지불해야 했다.

6개의 문장을 2개로 줄였으며, 구조적으로 더 다양하고 정보의 흐름 역시 더 자연스럽다. 이상적으로는 글을 쓸 때 단문, 중문, 복문을 **섞어** 쓰는 것을 목표로 해야 한다.

 **문장에서 일어나는 흔한 실수**

정동사나 주어가 없는 단편 문장

문장이 되었어야 하는 것에 동사원형이나 분사만 있고 스스로의 주어를 가진 정동사가 없다면 틀린 것이다.

To go bowling in Streatham on Sunday.
일요일에 스트리담에서 볼링을 하러 가기 위해.

His driving too fast.
그의 너무 빠른 운전.

동사가 아예 존재하지 않는 경우도 틀렸다.

A stupid complaint.
어리석은 불평.

단편 문장은 정동사나 주어 둘 중 하나가 없거나 둘 다 없으며, 연결되어야 하는 완전한 문장 바로 옆에서 발생하는 경우가 많다. 단편 문장을 볼드체로 나타냈다.

*They are filthy rich. **Unlike us.***
그들은 엄청나게 부자다. 우리와 다르게.

합쳐지면 괜찮다.

They are filthy rich, unlike us.
그들은 우리와 달리 엄청나게 부자다.

종속절만 있고 주절은 없는 '문장'

다음의 예시에서 무언가가 빠졌다는 느낌을 받을 것이다. 바로 주절이 빠졌다.

When we grow old together.
우리가 같이 나이를 먹으면.

Because they think we are stupid.
왜냐하면 그들은 우리가 바보 같다고 생각하니까.

Although she had several injections of Botox.
그녀는 보톡스 시술을 몇 번 받았지만.

쉼표 오용(무종지문)과 문장 연결을 위한 구두점

쉼표 오용은 두 개의 분리된 문장을 쉼표로 연결하는 것이다. 예문을 보자.

We were starving in the jungle, it was unbearably hot.
우리는 정글에서 굶고 있었다, 참을 수 없이 더웠다.

문장을 연결하려면 보통 쉼표+접속사나 쌍반점(;), 쌍점(:)이 필요하다.

*We were starving in the jungle, **and** it was unbearably hot.*
우리는 정글에서 굶고 있었고, 참을 수 없이 더웠다.

We were starving in the jungle; it was unbearably hot.
우리는 정글에서 굶고 있었다. 참을 수 없이 더웠다.

위의 예문은 뒤에 오는 문장이 앞 문장의 내용을 추가하는 것일 뿐 의미를 확장하거나 설명하지는 않기 때문에 쌍점(:)은 적당하지 않다. 쌍반점(;)

은 쉼표와 접속사를 대체할 수 있으며 마침표(.)로 쌍반점을 대체할 수도 있다.

만약 절들의 길이가 아주 짧거나 글투가 격식에 얽매이지 않는 경우라면, 쉼표만으로 절을 연결할 수 있다.

Man proposes, God disposes.
인간은 제안하고 신은 처리한다.

두 문장을 연결해 한 문장을 만들 때 *however*(그러나), *moreover*(게다가), *nevertheless*(그렇기는 하지만), *consequently*(그 결과), *hence*(이런 이유로) 등의 단어는 앞에 보통 쌍반점(;)을 필요로 한다.

Their marriage was initially happy; **however**, *their different personalities gradually caused friction.*
그들의 결혼은 처음에 행복했다. 그러나 그들의 서로 다른 성격은 서서히 마찰을 빚었다.

8장: 명사와 대명사

명사(Nouns)는 사물, 사람, 장소, 개념, 그 외의 것들에 이름을 붙이는 데 사용한다. 앞서 명사와 대명사에 대해 간단히 살펴보았다(46쪽). **대명사** (Pronouns)는 명사를 대신하며, 반복을 피하기 위해서, 그리고 간결함을 위해 사용한다.

 명사의 종류

고유명사(proper nouns)나 표현은 대문자로 시작한다. 무엇보다도 개인과 도시, 강, 행성, 건물, 기관, 조직과 같은 특정한 지리적 특징에 이름을 붙인다. 예를 들면 *Janet Smith*(자넷 스미스), *Sydney Opera House*(시드니 오페라 하우스), *the Queen's English Society*(여왕의 영어 협회) 등이다.

책, 연극, 일부 신문 제목에서 주요 단어는 고유명사로 취급된다. 제인 오스틴의 《*Persuasion*(설득)》, 《*The Importance of Being Earnest*(진지함의 중요성)》, 《*The Times*(타임스)》 등이 그 예다.

한 주의 요일과 달 역시 고유명사다. *Wednesday*(수요일), *March*(3월), *May*(5월)를 예로 들 수 있다. 대문자를 씀으로써 *March*와 *May*를 *to march*(

행진하다)나 *a march*(국경), 또는 동사 *may*(~일지도 모른다)나 꽃 *may*(산사나무의 꽃)와 구분할 수 있다.

The beautiful River Rhine(아름다운 라인 강)처럼 고유명사를 수식할 수 있다. 그러나 그것이 유일한 것이라면 복수형으로 만들면 안 된다. *River Thames*(템스 강)는 보통 런던을 관통해 흐르는 강물을 가리킨다. 영국에는 *Avon*(아본)이라는 이름의 강이 다수 있으며 세계에는 *Richmond*(리치몬드)라고 불리는 도시가 많다. 이럴 경우에는 *the Richmonds* 또는 *the Avons*라고 부를 수 있다. 모든 *Smith*(스미스) 가족을 *the Smiths*라고 부를 수도 있다.

보통명사(common nouns)는 고유명사로 이름 붙여진 것들 외의 모든 명사에 이름을 붙이며, 문장 맨 앞이 아닌 이상 대문자로 시작하지 않는다. 보통명사는 이들이 속한 부류에서 일반적으로 유일한 예가 아니다. 예로는 *a queen*(여왕), *rubber*(고무), *a rubber*(지우개), *roses*(장미), *a road*(길), *thought*(생각), *ocean*(대양) 등이 있다.

보통명사는 주로 두 가지로 분류한다. '구상' 명사와 '추상' 명사 또는 '가산' 명사와 '불가산' 명사다. 이 분류는 우리가 이 명사들을 처리하는 방식에 영향을 주기에 언급하는 것이다. 이 명사들은 우리의 영어 사용에 영향을 미친다.

- **구상 명사**는 추상적이지 않은 모든 것, 즉 물질적으로 존재하는 것과 관련 있다. 예: *mud*(진흙), *John*(존), *rabbit*(토끼).

- **추상 명사**는 만질 수 없는 것이다. 예: *wickedness*(사악), *truth*(사실), *thought*(생각), *sleep*(잠), *terror*(두려움).

- **가산 명사**는 숫자로 수식될 수 있다. 예: *four rubbers*(지우개 4개), *six tigers*(호랑이 6마리), *thirty mosquitoes*(모기 30마리). 보통은 단수형과 복수형이 다르다. 예: *a rubber, four rubbers*(지우개 1개, 지우개 4개); *a child, three children*(

어린이 1명, 어린이 3명).

단수일 때에는 가산 명사 앞에 a, the, this, that 등의 **한정사가 필요하지만 복수일 때에는 (가질 수도 있지만)한정사가 필요 없다.** 따라서 *Worm moves slowly*는 단수 가산 명사인 *worm* 앞에 한정사가 없기 때문에 틀린 문장이다. **Worms** *move slowly*(벌레들이 느리게 움직인다) 혹은 **This worm** *moves slowly*(이 벌레는 느리게 움직인다)가 맞다.

- **불가산 명사**는 *beauty*(아름다움), *poverty*(가난)와 같은 추상 명사를 포함하며 *water*(물), '지우개'가 아닌 원자재로서의 *rubber*(고무), *flour*(밀가루) 등의 물질도 포함한다. 하나의 단어가 가산 명사와 불가산 명사로 각각 사용될 수 있다. 불가산 명사로 사용될 경우 앞에 숫자가 올 수 없으며 복수형이 될 수도 없다. 불가산 개념에서는 한정사 역시 필요 없다.

Beauty is transitory.
아름다움은 덧없다.

Truth is absolute.
진실은 절대적이다.

Rubber is used in tyres.
타이어에 고무가 사용된다.

같은 단어가 가산 명사로 사용되는 경우 단수일 때에는 한정사가 필요하며, 복수일 때에는 숫자가 필요하다.

There were **six beauties** present.
그 자리에는 여섯 명의 미녀가 있었다.

The **seven waters** from different lakes tasted different.
각기 다른 호수에서 온 일곱 개의 물은 모두 맛이 달랐다.

집합 명사에는 *team*(팀), *quartet*(4중주단, 4인조), *committee*(위원회), *government* (정부) 등이 있다. *school*이 학생과 교사들을 집합적으로 가리키는 '학교, 전교생'을 뜻할 때에는 집합 명사에 포함된다. 사람들은 집합 명사를 단수로 봐야 할지 복수로 봐야 할지 혼란스러워 할 때가 많다. *The committee is*인가, *The committee are*인가?

이 점은 영국 영어에서 매주 직관적이다. **만약 무리 내의 일원이 각기 활동하고 있으면 다수의 사람들이 복수의 주어를 만드는 것이기 때문에 집합 명사가 복수형 동사를 가진다.**

The committee **have gone** *to their various homes in the countryside.*
위원회는 시골에 있는 다양한 집으로 갔다.

그러나 만약 자주 그러듯 하나의 개체로서 활동하고 있으면 동사는 단수형이 되어야 한다.

The committee **has decided** *to fire you.*
위원회는 당신을 해고하기로 결정했습니다.

일반적으로 집합 명사는 '*the members of*(~의 구성원)'를 의미하지 않는 경우 단수 동사를 취한다.

집합 명사 **number**(수)는 단수도 복수도 될 수 있다. 다른 집합 명사들처럼 복수 형태에서는 복수, 즉 numbers이다.

A number of trees **are** *dying in the park.*
다수의 나무들이 공원에서 죽어가고 있다.
➡ 나무들이 각자 죽고 있으므로 'number'는 복수이다.

The number of dying tree is 257.

죽어 가는 나무의 숫자는 *257*이다.

➡ 이는 하나의 숫자이므로 단수 동사를 가진다.

*The numbers of dying trees in successive years **were** counted.*

누년 죽어 가는 나무들 숫자가 집계되었다.

➡ 하나 이상 숫자를 세므로 복수 동사를 취한다.

수식어로서의 명사. 명사는 형용사로 기능할 수 있으며, 이러한 경우 다른 명사의 의미를 수식하기에 한정사라고 부를 수 있다. *university lecturer*(대학 강사)의 경우 명사 *university*(대학)가 명사 *lecturer*(강사)를 수식한다. 다른 예로 *cotton shirt*(면 셔츠), *car wheel*(자동차 바퀴)이 있다.

 **명사는 어떨 때 달라지는가?**

격(Cases)

영어는 명사의 격이 몇 개 없기에 다수의 다른 외국어들보다 간단하다. 라틴어에는 6개의 격이 있지만 영어에는 명사의 격이 2개뿐이다. 하나는 (따로 주격이나 대격이 없는)**일반격**이고 다른 하나는 **소유격**이다. 예를 들어 *assassin*(암살자)이라는 명사는 **주어**이든, **직접 목적어**이든 **간접 목적어**이든 그대로 있지만 소유격인 *assassin's*에서는 유일하게 달라진다.

[주어] *The assassin threw his dagger.*

암살자가 단검을 던졌다.

[직접 목적어] *The wounded man punched **the assassin**.*

상처를 입은 그 남자는 암살자를 주먹으로 쳤다.

[간접 목적어] *The judge gave a long sentence to **the assassin**.*
판사가 암살자에게 긴 선고를 내렸다.

[소유격] ***The assassin's** accomplice was a criminal.*
암살자의 공범은 범죄자였다.

단수와 복수 만들기

대부분의 가산 명사는 **복수형을 만들기 위해 끝에** -*s*를 붙인다.

boy(소년) *boy**s***
ocean(대양) *ocean**s***

cattle(소), *series*(연속), *sheep*(양), *deer*(사슴), *information*(정보), *debris*(잔해)를 비롯한 일부 단어는 따로 복수형이 없다. 어떤 단어는 대안 복수형이 있다. *fish*(물고기)의 복수형은 *fish* 혹은 *fishes*이며 *helix*(나선)의 복수형은 *helixes* 혹은 *helices*이다.

*medium*의 경우는 다르다. 복수형 *mediums*(영매, 무당)는 심령론자와 천리안을 가진 사람을 위해 쓰인다. 언론과 TV, 라디오와 같은 '매체'나 미생물을 키우는 영양분인 '배양, 배지'를 의미할 때의 복수형은 *media*이다.

*The **media is** over-influential.*
매체는 지나치게 영향력 있다.

위의 문장처럼 *media*가 단수로 취급받는 것을 종종 본다. 하지만 이것은 틀렸다, 틀렸다, 틀렸다! 심지어 *The medias are . . .*와 같은 말도 안 되는 이중 복수형까지 볼 때도 있다. 으!

*s*로 끝나지만 단수로 취급되는 단어가 있다. *economics*(경제학), *physics*(물

리학), *genetics(유전학)*, *tennis(테니스)*, *measles(홍역)* 등이 그렇다. *The police are(그 경찰들은)*...처럼 *s*로 끝나지 않지만 복수로 취급될 수도 있다. 일부 단어는 항상 복수형이며 *amends(배상)*가 예다. 비논리적으로 보이겠지만 **수량은 보통 단수형으로 취급하며** '*an amount of(~라는 액수/수량의)*' 라는 의미가 이미 내포되어 있는 것처럼 다룬다.

£ 300 *is* too much.
300 파운드는 너무 많다.

100 *tons of concrete is* arriving tomorrow.
콘크리트 100 톤이 내일 도착한다.

-one, *-body*, *-thing*으로 끝나는 단어는 보통 단수이며 *each* 역시 마찬가지다.

Everybody *is* here now.
이제 모두 다 왔다.

Each *is* entitled to his or her opinion.
각 사람이 그 또는 그녀의 의견에 관한 권리를 가진다.

복수형을 만드는 다른 많은 방법들이 있다. 단어의 끝과 언어가 어디에서 유래했는가에 따라서 복수형을 만든다. *s*, *x*, *z*, *ch*, *sh*로 끝나는 대부분의 명사는 *-es*를 붙여 복수형을 만든다.

loss*(분실)* los*ses*   sex*(성)* sex*es*
waltz*(왈츠)* waltz*es*   church*(교회)* church*es*
splash*(방울)* splash*es*   quiz*(퀴즈)* quizz*es*

자음+*y*로 끝나는 명사의 복수형은 *y*를 *i*로 바꾸고 *es*를 붙여 *-ies* 형태가 된다.

economy(경제) *economies*   *enem*(적) *enemies*

모음+*y*로 끝나는 단어들은 그냥 *s*만 붙인다.

monkey(원숭이) *monkeys*   *Sunday*(일요일) *Sundays*

*-o*로 끝나는 단어들은 보통 *es*를 붙인다.

potato(감자) *potatoes*   *tomato*(토마토) *tomatoes*
mosquito(모기) *mosquitoes*

일부 단어들은 흔치 않은 복수형을 가진다.

goose(거위) **geese**   *mouse*(쥐) **mice**
basis(근거) **bases**   *crisis*(위기) **crises**
child(어린이) **children**   *ox*(황소) **oxen**
foot(발) **feet**

라틴어에서 유래한 복수형을 가진 단어들이 실수를 유발한다. 다음을 참고하라.

bacterium(세균) **bacteria**   *fungus*(균류) **fungi**
alga(조류) **algae**

*a bacteria*나 *a fungi*라고 쓴 신문 기사를 볼 때마다 움찔하곤 한다. 이러한 명백한 실수를 피해야만 한다. 일부 단어는 라틴어 복수형과 평범한 복수형 둘 다를 가진다.

stadium(경기장) **stadiums** 혹은 *stadia*

hippopotamus(하마) **hippopotamuses** 혹은 *hippopotami*

복합 표현들의 복수형에 주의하라. *brother-in-laws*가 아니라 *brother**s**-in-law*(시동생들)이며 *trade unions*가 아니라 *trade**s** unions*(노동조합)이다.

> '열 명의 10대들 중 한 명은~'이라는 뜻으로 One in ten teenagers is . . .라고 쓰겠는가, 아니면 One in ten teenagers are . . .라고 쓰겠는가? 각각을 지지하는 사람들이 있지만, 나는 이런 상황에는 *is*를 쓴다. 그 이유는 동사의 주어가 *one*이고, *in ten teenagers*는 형용사구이기 때문이다.

 대명사와 한정사

대명사(Pronouns)는 명사를 대신하지만 직접 이름을 대지는 않는다.

Jenny and Terry bought a cat; they took it home carefully.
제니와 테리는 고양이를 샀다. 그들은 그것을 조심스럽게 집으로 데려왔다.

위 문장에서 *they*는 *Jenny and Terry*를 대신하는 대명사이며 *it*은 *cat*을 대신한다.

대명사에는 *I, you, him, whom, theirs* 등이 있으며 *I*는 유일하게 항상 대문자로 쓴다.

한정사(determiners)는 명사나 명사구 앞에 와서 이들의 의미를 제한한다. 숫자, 관사, 지시형용사, 소유형용사가 한정사에 포함된다.

예: *three, the, this, my, whose*.

선행사(antecedent, 라틴어 *ante-*(~전의), *cedere*(가다)라는 뜻에서 옴)는 먼저 오는 단어를 위해 쓰이며 선행 명사는 보통 이를 가리키는 대명사 앞에 오지만 항상 고정된 것은 아니다. 대명사 It의 경우 선행 명사가 없을 수도 있으며 그저 모호하게 암시만 할 뿐이다.

It was raining heavily.
비가 많이 오고 있었다.

Salome planned a career as a stripper, based on the Dance of the Seven Veils, but it was a one-off event.
살로메는 일곱 베일의 춤을 기반으로 스트리퍼로서의 커리어를 계획했지만 이는 일회성 행사였다.

인칭에는 **1인칭** *I*(단수)와 *we*(복수), **2인칭** *you*(단수 또는 복수), **3인칭** *he*(남성형), *she*(여성형), *it*(중성 또는 무생물)이 있다. 이들은 **주어격**(주격)이며, **소유격**도 있고, 명사와는 달리 **목적격**(직접과 간접 목적격이지만 서로 차이는 없음)이 있다.

주격, 소유격, 한정사(소유격 형용사)와 목적격으로 **인칭대명사**를 나열하면 다음과 같다.

[1인칭 단수] *I, mine, my, me*
[2인칭 단수와 복수] *you, yours, your, you*
[3인칭 단수] 남성형 *he, his, his, him*
　　　　　　여성형 *she, hers, her, her*
　　　　　　중성 또는 무생물 *it, its, its, it*
[1인칭 복수] *we, ours, our, us*
[3인칭 복수] *they, theirs, their, them*

다음은 대명사와 한정사가 실제 문장에서 쓰인 예다.

I own **my** book; **it** is **mine**, so give **it** to **me**.

나는 내 책을 소유한다. 그건 내 것이니 그것을 나에게 줘.

She makes **her** clothes; **they** are **hers**, so return **them** to **her**.

그녀는 그녀의 옷을 만든다. 그것들은 그녀의 것이므로 그것들을 그녀에게 돌려줘라.

We have **our** friends, **you** have **yours**.

우리는 우리의 친구가 있고 당신은 당신의 친구가 있다.

Your friends all praise **you**.

당신의 친구들이 모두 당신을 칭찬한다.

It has **its** foibles, but use **it** for long enough and **you** get used to **them**.

그것은 그것의 단점이 있지만, 당신이 충분히 오래 그것을 사용하면 그것들에 익숙해질 것이다.

각 대명사는 위의 예시처럼 격과 수량에 따라 다른 방식으로 **굴절**(변화)한다. *you*라는 단어는 한 사람이나 그 이상의 사람을 가리킬 수 있지만 항상 복수 동사를 취한다.

<u>*you*</u>, my only friend, **are** invaluable.

나의 유일한 친구, 네가 너무 소중해.

*You is*나 *we be*같은 변형을 가끔 볼 때도 있다. 이는 대부분 실수이거나 방언 형태이다.

흔한 실수는 대명사의 격을 잘못 쓰는 것이다. 특히 대명사가 명사 뒤에 올 때 그렇다.

*Jenny and **I** swam without clothes in the river.*

제니와 나는 강에서 옷 없이 수영을 했다.

위의 문장에서 *I*는 주격이다.

*The police arrested Jenny and **me**.*

경찰이 제니와 나를 체포했다.

위 문장에서는 *Jenny*와 *me*는 둘 다 목적격이다. 이 문장을 대신해 *The police arrested* **us**(경찰이 우리를 체포했다)라고 쓸 수 있다. 가장 큰 실수는 대명사가 목적격이어야 하는데 *I*를 쓰는 것이다. *The police arrested Jenny and* ***I***는 틀렸다!

대명사의 격을 옳게 쓰는 쉬운 방법은 앞에 오는 명사가 없을 때, 대명사가 무엇이 될지 생각해보는 것이다. *The police arrested I*는 *The police arrested Jenny and I*보다 더 명백하게 틀려 보인다. *My husband and I*라는 구를 쓸 경우 *my husband and me*라고 써야 할 때가 있지는 않은지 확인해보라.

*My husband and **I** went to Paris.*

남편과 나는 파리에 갔다.

*The landlady greeted my husband and **me** very warmly.*

집주인 아주머니가 내 남편과 나에게 아주 따뜻하게 인사했다.

둘 다 옳은 문장이다. *John is richer than I*(존은 나보다 더 부자이다)라는 문장은 대명사 뒤에 암시된 동사를 생각해보면 옳은 대명사를 넣기가 더 쉽다. *John is richer than I* **am**.

대명사가 주격인지 목적격인지 확인하자.

*He hit the man **who** insulted him.*
그는 그를 모욕했던 남자를 때렸다.

위 문장의 경우 *whom*이 아니라 *who*가 맞다. *who*가 *insulted*라는 동사의 주격이며 *hit*이라는 동사의 목적격이 아니기 때문이다.

또 다른 흔한 실수는 **모호하거나 틀린 대명사 인용**이다. **단수 대명사는 가장 최근에 쓰인 단수 명사를 가리켜야 하며, 복수 대명사는 가장 최근에 쓰인 복수 명사를 가리켜야 한다.**

He sold her a necklace and two bangles. It was very beautiful.
그는 그녀의 목걸이와 팔찌 두 개를 팔았다. 그것은 매우 아름다웠다.

단수 명사는 *necklace*이기 때문에 *it*은 목걸이를 가리키는 것이다. 팔찌들을 가리키지는 않는다.

The destroyer crashed into the merchant ship. It sank.
파괴자는 상선에 난입했다. 그것은 가라앉았다.

어떤 배가 가라앉았는가?

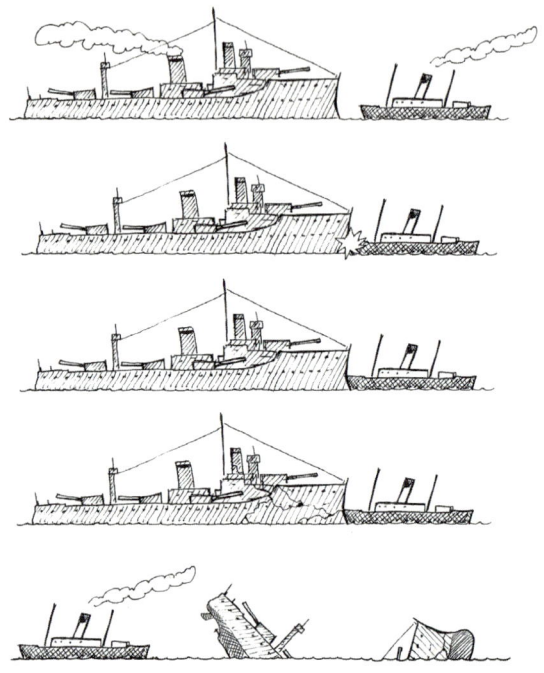

이 마지막 예시에서 대명사로 인한 모호함을 볼 수 있다.

소유격 대명사는 '아포스트로피 + *s*' 형태의 **축약형과 자주 혼동된다**. 예를 들면 *its*와 *it is*나 *it has*의 축약형인 *it's*를 바꿔 쓰는 경우가 있다. *whose*와 *theirs*는 소유격이며 절대 *who is*나 *who has*, *there is*나 *there has*를 뜻하는 *who's*나 *there's*와 혼동해서는 안 된다.

There's a bottle of beer which is <u>**theirs**</u>.
그들의 것인 맥주 한 병이 있다.

***Who's** asking about **whose** car goes fastest?*

누가 누구의 차가 가장 빠른지 묻는가?

영어에는 일치된 **일반 성별의 3인칭 단수 대명사**, 즉 *he*와 *she*, 또는 이것들의 파생어를 가리킬 단어가 없다. *He or she*, *his or hers*, *him or her*를 계속 쓰는 것은 지루하다. *s/he*를 사용하는 것은 서툴러 보이며 *his or hers*나 *him or her*에 잘 맞지 않는다. 만약 양식을 위한 안내서를 작성한다면 *Each applicant must put **his or her** name*(각 지원자는 그 또는 그녀의 이름을 반드시 써야 한다)라고 쓰는 대신 복수형 또는 2인칭을 쓸 수 있다.

***All** applicants must put **their** names.*

모든 지원자가 이름을 써야 한다.

***You** must put **your** name.*

이름을 쓰시오.

다른 종류의 대명사들도 있다.

재귀대명사(reflexive pronouns)에는 *myself, yourself, himself, herself, itself, ourselves, themselves* 등이 있다.

*We shall do it **ourselves**.*

우리 스스로 그것을 할 것이다.

재귀대명사가 강조를 위해 쓰일 수도 있다.

*I **myself** will take responsibility.*

내가 스스로 책임을 져야 한다.

관계대명사(relative pronouns)는 문장의 각자 다른 부분을 연결해준다. *who*(주격), *whom*(목적격), *whose*(소유격), *which, that, what* 등이 있다.

*The men **who** are in the rugby team, **whose** songs can be filthy, are those to **whom** your complaint should be addressed.*
부르는 노래가 지저분할 수 있는 럭비팀의 그 남자들이 당신이 불만을 제기해야 할 사람들이다.

요즘에는 *The man,* **who** *I know well, is very poorly*(내가 잘 아는 남자가 매우 몸이 좋지 않다)와 같이 관계대명사 *who*가 동사(*know*)의 직접 목적어일 때, *whom* 대신 *who*를 쓰는 경향이 있다. 이는 틀렸지만 아주 흔하게 쓰인다. 어떤 사람들은 이를 용인하며, 특히 말할 때 그렇다.

전치사 바로 뒤에는 목적격 관계대명사를 쓴다. *The man* **to whom** *I gave money*(내가 돈을 준 그 남자)는 괜찮지만 *The man* **to who** *I gave money*는 들리는 것도 보이는 것도 그냥 아예 틀렸다. 책을 위한 주요 독자층을 논의할 때 우리는 '*Whom is it for*(누구를 위한 것인가)?'라고 물어야 한다. *whom*이 전치사 *for*에 지배되기 때문이다.

who(누가), *whose*(누구의), *whom*(누구를), *which*(어느 것, 어느 사람), *what*(무엇)과 같은 **의문대명사**(interrogative pronouns)는 질문을 돕는다.

Who *is going to Glasgow today, with* **whom**, *and in* **whose** *car?*
누가 오늘 누구와 함께, 누구의 차로 글래스고에 가는가?

다시 말하지만, *whose*와 *who's*를 혼동하지 말라.

지시대명사(demonstrative pronouns)는 특정한 사람들이나 사물들을 가리킨다. 더 가까이 있는 사물을 가리키는 *this*(이것), *these*(이것들), 더 멀리 있는 사물을 가리키는 *that*(저것), *those*(저것들)가 있다.

This *is mine; would you like* **those**?
이건 제 거예요. 그것들로 하시겠어요?

여기서 *this*와 *those*는 지시대명사이며 아마 앞서 이미 언급되었을 명사들을 대신한다. 같은 단어이지만 지시대명사가 아닌 지시형용사가 될 수 있다.

This man and **those** women are Turkish.
이 남자와 저 여자는 터키인이다.

부정대명사(indefinite pronouns)는 각자가 아니라 한 무리나 무리의 일부로서 사물이나 사람을 가리킬 때 쓰인다. *each(각각), any(아무것), some(몇몇), several(몇의)* 등이 있다.

These peaches are delicious. I have already eaten **several**.
이 복숭아들은 맛있다. 나는 이미 몇 개를 먹었다.

9장: 명사와 대명사 시험

 **명사의 단수, 복수, 소유격**

이 목록에서 어떤 명사는 단수이고 어떤 명사는 복수이다. 대부분은 일반격이지만 어떤 것들은 소유격이다. 원래의 격을 유지하며 **단수 명사는 복수로 바꾸고, 복수 명사는 단수로 바꿔보라.** 어떤 명사는 항상 복수로만 쓰여야 하는 등 변화가 불가능하다면 그 점을 쓰라.

예: church, churches; albatross's, albatrosses'; police(항상 복수형으로 다룸)

시험: tomato; thesis; crux; cross's; cattle; ox; brethren; foxes'; mice's; gentleman's; sheep; donkey; nappy; family's; bus; buss; fungus; virus's; bureau; château; curiosities'.

Penny; mother-in-law; colony's; maze's; death; breath; peach; pox; boxes'; bacterium; data; strata; alumni; anomaly; crisis; taxis; brother-in-law's.

대명사: 주격 인칭대명사를 단수로 열거하라. 복수로도 열거하라. 그 다음 목적격과 소유격으로도 열거하라.

I, she, it, you, they, one에 알맞은 소유격 형용사는 무엇인가?

다음 문장에서 XXX를 대체할 1인칭 단수 대명사나 소유격 형용사는 무엇인가?

He gave John and XXX a roasting.
그는 존과 **XXX**를 꾸짖었다.

John and XXX hit him hard.
존과 **XXX**가 그를 세게 때렸다.

As I own it, it is XXX.
내가 갖고 있으므로 그것은 **XXX**이다.

I can call it one of XXX possessions.
나는 그것을 **XXX**의 소유 중 하나라고 부를 수 있다.

their와 they're, it's와 its를 구별하라.

정답

tomato(토마토) – tomatoes
thesis(학위논문) – theses
crux(가장 중요한 부분) – cruxes
cross's(X표의) – crosses'
cattle(소) – 복수형만 있음
ox(황소) – oxen

brethren(교우들) - brother

foxes'(여우들의) - fox's

mice's(쥐들의) - mouse's

gentleman's(신사의) - gentlemen'

sheep(양) - 단수와 복수가 같음

donkey(당나귀) - donkeys

nappy(기저귀) - nappies

family's(가족의) - families'

bus(버스) - buses

buss(키스, 화물선) - busses

fungus(균류) - fungi

virus's(바이러스의) - viruses'

bureau(책상) - bureaux*

château(대저택) - châteaux*

curiosities'(진기한 것들의) - curiosity's

Penny(페니) - pennies 또는 pence

mother-in-law(시어머니, 장모) - mothers-in-law

colony's(식민지의) - colonies'

maze's(미로의) - mazes'

death(죽음) - deaths

breath(숨) - breaths(breathes가 아님에 주의)

peach(복숭아) - peaches

pox(두창) - poxes

boxes'(상자의) - box's

bacterium(세균) - bacteria

* 일부 사전에서 bureaus와 châteaus를 허용하지만 대부분은 프랑스어 버전을 선호한다.

data(자료) - datum(data가 복수형이다)

strata(층들, 계층들) - stratum

alumni(졸업생들) - alumnus

(alumnus는 남자 졸업생, alumna는 여자 졸업생을 가리킨다.)

anomaly(변칙) - anomalies

crisis(위기) - crises

taxis(택시들) - taxi(cab) 그러나 자극제와 관련한 생물의 움직임을 의미하는 단수형 taxis, 복수형 taxes라는 단어 또한 있다.

brother-in-law's(시동생의) - brothers-in-law's

인칭대명사 주격: 단수 1인칭 I; 2인칭 you; 3인칭 he, she, it
　　　　　　　　복수 1인칭 we; 2인칭 you; 3인칭 they

목적격: Me; you; him, her, it; us; you; them

소유격: Mine; yours; his, hers, its; ours; yours; theirs

소유격 형용사: My; her; its; your; their; one's

XXX: Me; I; mine; my

Their = 소유격 형용사, 3인칭 복수 / They're = they are

It's = it is 또는 it has / its = 그것의

10장: 형용사와 부사의 수식

 **형용사(Adjectives)**

형용사가 하는 일

형용사는 **명사**와 **대명사**만을 **수식**한다. 명사 *bird*는 엄청나게 광범위한 새들을 가리킨다. 이 명사를 형용사와 형용사구로 수식하면 좀 더 구체적으로 표현할 수 있다. *a nocturnal, predatory, mouse-eating, hooting bird with long, tufted ears*(야행성의, 포식성, 쥐를 잡아먹는, 촘촘한 털의 긴 귀를 가진 부엉대는 새)라는 표현으로 칡올빼미를 나타낼 수 있다. *nocturnal*과 같이 한 단어로 된 형용사가 있고, *with long, tufted ears*와 같은 형용사구도 있다. 형용사는 설명을 더 구체적으로 만든다. 때로는 *Silly me(*이런, 바보같이*)!* 에서처럼 대명사를 수식하기도 한다.

형용사는 한 개 이상의 명사가 붙을 경우 **모호함**을 초래할 수도 있다. *The brown bird's nest*(갈색 새 둥지)와 *black cab driver*(검정 택시 운전사)를 보라. 갈색인 것은 둥지인가, 새인가? 택시와 운전사 중 어느 쪽이 검은가(사람일 경우 흑인)? 모호함을 해소하기 위해 붙임표를 사용할 수 있다. *The brown bird's-nest* 또는 *the brown-bird's nest*, *the black-cab driver* 또는 *the black cab-driver*라고 쓰는 식이다.

형용사를 나열할 때에는 *and*의 개념이 들어가는 곳에서 형용사 사이에 쉼표를 사용하라.

He was a large, fierce, beetle-browed Scotsman.
그는 몸집이 크고 강렬하며 검고 짙은 눈썹을 한 스코틀랜드 사람이었다.

위의 문장은 아래 문장과 같다. 마지막 형용사와 명사 사이에는 쉼표가 필요 없다.

*He was a large **and** fierce **and** bettle-browed Scotsman.*

형용사가 한 개일 때에는 쉼표가 필요 없다.

He was a serial adulterer.
그는 몇 번이나 간통을 저지른 사람이었다.

위치

형용사는 *scary face*(무서운 얼굴)와 같이 보통 수식하는 명사 앞에 오지만 뒤에도 올 수 있다. 특히 동사 *to be* 뒤에 오는 것이 가능하다.

*Daniel's face was **scary**.*
다니엘의 얼굴이 무서웠다.

형용사는 **부사로 수식될** 수 있다.

*He was a **little** scared.*
그가 약간 겁먹었다.
*She was **very** rich.*
그녀는 매우 부자였다.

여기서 *little*과 *very*가 형용사를 수식하는 부사이다.

비교급(Comparatives)과 최상급(Superlatives)

짧은 형용사의 경우 **기본 형태**에 -*er*을 붙여 **비교급**을 만들고 -*est*를 붙여 **최상급**을 만든다. 예: *old*(나이 많은), *older*(더 나이 많은), *oldest*(가장 나이 많은). 긴 형용사의 비교급은 앞에 *more*를 붙이며 최상급에는 *most*를 붙인다.

The beautiful girl
아름다운 소녀

*the **more** beautiful girl of the two*
둘 중 더 아름다운 소녀

*the **most** beautiful girl in the school*
학교에서 가장 아름다운 소녀

*beautifuler*와 *beautifulest*는 보기에도 듣기에도 틀리다.

일부 형용사는 **불규칙한 비교급과 최상급**을 가진다.

Good, better, best
좋은, 더 좋은, 최고의
bad, worse, worst
나쁜, 더 나쁜, 최악의
little, less, least
작은, 더 작은, 최소의
He has little charm/less charm/the least charm
그는 매력이 적다 / 더 적다 / 제일 적다.
much, more, most
많은, 더 많은, 가장 많은
many, more, most
많은, 더 많은, 가장 많은

일부 형용사는 비교급과 최상급을 위한 접미사를 붙이기 전 마지막 자음을 하나 더하기도 한다. 예: *thin*(얇은), *thinner*, *thinnest*. *e*로 끝나는 형용사는 *blue*(파란), *bluer*, *bluest*처럼 그냥 -*r*이나 -*st*를 붙인다. -*y*로 끝나는 형용사는 *y*를 *i*로 바꾼 후 접미사를 붙여 *woolly*(털이 뒤덮인), *woollier*, *woolliest*라고 쓴다.

형용사의 종류

영어에서 **국가를 나타내는 형용사**는 *an American city*(미국의 도시), *Scotch whisky*(스코틀랜드의 위스키)에서 볼 수 있듯 맨 앞 글자를 대문자로 쓴다. *A Parisian cafe*(파리의 카페), *Darwinian evolution*(다윈 혁명)과 같이 고유명사에서 유래한 형용사 역시 맨 앞 글자를 대문자로 쓴다.

일부 **지시형용사**는 *that book*(저 책), *this word*(이 단어)와 같은 단수와 *these fireworks*(이들 소방관들), *those rockets*(저들 로켓들)와 같은 복수가 있다. **소유격 형용사**에는 *my*(나의), *your*(너의), *his*(그의), *her*(그녀의), *its*(그것의), *our*(우리의), *their*(그들의), *one's*(사람들의)가 포함된다. *three hens*(암탉 세 마리)처럼 **숫자**도 형용사 역할을 할 수 있다. **의문형용사**는 질문을 돕는다.

Which crocodile is fiercest?

어떤 악어가 사나울까?

What foods do they eat?

그들이 먹는 음식이 뭐지?

복합형용사

구두점에서 언급하겠지만(140쪽) **복합형용사**는 한 단어 이상이 모여 만들어진 것으로 명사에 각각 적용되는 것이 아닌 하나의 의미로 적용될 때에는 보통 붙임표를 써야 한다. *fund-raising activities*(기금모금 활동)에서 *fund-raising*은 *activities*라는 명사에 *fund*와 *raising*이 따로 적용되지 않는 복합형용사이다. 만약 *a very hard exam*(매우 어려운 시험)처럼 첫 번째 단어가 부사라면 보통 붙임표는 필요 없다. 그러나 *a multiple**-*choice question*(선다형 문제)에는 붙임표가 필요하다.

---

* multiple이 부사이지만 붙임표를 붙이는 경우다.

UNIQUE

'유일무이한, 고유의, 특유의'라는 뜻을 가진 형용사 **unique**는 절대로 수식하면 안 된다는 말이 있다. 무언가가 유일무이하거나 그렇지 않기 때문이다. *very unique*라는 표현은 절대 쓰지 말아야 한다. 단 사물이 아주 소수만 있다면 이것들을 *almost unique*라고 설명하는 것은 용인된다.

부사(Adverbs)

부사와 부사구, 부사절은 동사, 형용사, 다른 부사를 수식할 수 있지만 명사와 대명사는 수식하지 않는다. 부사는 자주 *How*(어떻게)? *When*(언제)? *Where*(어디에)?, *Why*(왜)?라는 **질문에 대답한다**. 아래 문장을 보자.

> **Today** [when] I <u>kicked</u> the ball **hard** [how] **into the goalkeeper's stomach** [where, 부사구] **because I disliked him** [why, 부사절].
>
> 오늘 (언제) 나는 내가 그를 싫어했기 때문에 (왜) 골키퍼의 배로 (어디에) 공을 세게 (어떻게) 찼다.

부사와 부사구, 부사절이 전부 동사 *kicked*를 수식한다.

전부는 아니지만 대부분의 부사가 형용사에 -*ly*가 붙은 형태이다. 예: *bad*(나쁜), *badly*(잘못, 몹시); *normal*(정상의), *normally*(정상적으로). 그래서 *normally*에는 *l*이 두 개다. 위의 예문에서 *hard*는 -*ly*로 끝나지 않지만 부사로서 역할을 하며 *kicked*를 수식한다. *hard*는 *The hard problem*(어려운 문제) 과 같은 문장에서는 형용사이다. -*ly*로 끝나는 모든 단어가 부사인 것은 아니다. *anomaly*는 '변칙'이라는 뜻의 명사이고, *prickly*(가시로 뒤덮인)와 *friendly*(친절한)는 형용사이다. 그런 형용사에 -*ly*를 더해 부사로 만들려고 하지 말자. *friendlily*는 이상해 보인다. 이것은 *In a friendly fashion*(친절한 방식으로)과 같이 부사구로 대체할 수 있다.

흔한 실수: 부사 대신 형용사 사용하기

부사가 필요한 곳에 형용사를 쓰는 실수를 피하기 위해 어떤 단어가 형용사이고 부사인지 알아야 한다. 다음 문장들은 틀렸다.

The medicine worked **real quick**.
그 약은 아주 빠르게 들었다.

He painted **good**.
그는 그림을 잘 그린다.

The clock struck **loud**.
시계가 크게 울렸다.

여기에 들어가야 할 **부사**들은 *really*(부사 *quickly* 수식), *quickly*(동사 *worked* 수식), *well*(동사 *painted* 수식), *loudly*(동사 *struck* 수식)이다.

까다로운 단어 only의 위치

'유일한, 오직, ~만의'를 뜻하는 **only**는 영어에서 가장 자주 위치를 틀리는 단어이다. 이 단어는 형용사(*my* **only** *love*, 나의 유일한 사랑), 부사(*he cheated* **only** *once*, 그는 단 한 번 속였다), 강의어(*she was* **only** *too happy*, 그녀는 너무 행복했다), 접속사(*I would have hit you,* **only** *I was afraid to mark your face*, 나는 너를 때렸을 거야. 오직 나는 네 얼굴에 흔적을 남기는 것이 두려웠을 뿐이야) 모두가 될 수 있다. 보통 수식하는 단어 바로 앞에 와야 한다.

Only I ran to the house.

오직 나만 집을 향해 뛰었다.

(다른 사람들은 집으로 뛰지 않았다.)

I ***only*** ran to the house.

나는 집을 향해 오직 뛰었다.

(나는 뛰었다. 걷거나 한 발로 뛰거나 팔짝팔짝 뛰며 가지 않았다.)

I ran ***only*** to the house.

나는 오직 집을 향해 뛰었다.

(나는 공원이나 울타리로 뛰지 않았다.)

I ran to the ***only*** house.

나는 유일한 집을 향해 뛰었다.

(다른 집들은 없었다.)

*only*의 위치는 아주 흥미로운 **의미의 범주**를 가지며 이를 아래의 예문에서 볼 수 있다. *only*의 위치로 인해 **모호함**을 야기할 수 있다. 다음 문장에서 모호함이 느껴지는지 보라.

He ***only*** drinks port in the evening.

그는 저녁에 포트와인을 오직 마셨다.

이 문장은 그가 저녁에 위스키나, 맥주나, 다른 술이 아닌 포트와인만 마신다는 의미일 수도 있고 포트와인을 마시는데 저녁에만 마신다는 의미가 될 수도 있다. 엄격한 문법적 접근은 *only*가 바로 뒤에 오는 단어, 즉 *drinks*를 수식한다는 것이므로 저녁에 포트와인을 마신다면 그저 마실 뿐이지 뱉어내거나 포트와인으로 목욕을 하지 않는다는 뜻이다. 분명히 다음과 같이 쓰는 것이 훨씬 낫다.

*He drinks **only** port in the evening.*
그는 밤에는 포트와인만 마신다.

*He drinks port **only** in the evening.*
그는 밤에만 포트와인을 마신다.

*only*의 위치를 잘못 쓰는 일은 극히 흔하다. 대부분이 말할 때 *only*가 다른 단어를 수식하더라도 동사 앞에 쓴다. 다음을 보라.

I only hit her once.
나는 오직 그녀를 한 번 때렸다.

이는 보통 말하는 영어이지만 엄격하게 보면 '쓰다듬거나, 인사하거나, 키스하는 게' 아니라 '때리기만' 한다는 의미가 된다. 엄밀히 따지면 한 번만 때렸다는 의도였을 경우 *I hit her only once*라고 해야 한다. 지나치게 규칙에 얽매여야 할까? 틀린 버전으로 말하는 것이 옳은 의미로 널리 받아들여지기 때문에 나는 이 정도는 용인할 만하다고 본다.

연습 문제 (답은 제공하지 않음)

이 문장에서 only를 가능한 위치에 모두 놓아보고 의미를 생각해보자.

The psychologist gave the baboon the banana.
심리학자는 개코원숭이에게 바나나를 주었다.

*only*의 위치는 존재와 부재, 다른 연구자와 동물, 과일의 숫자, 그리고 *gave*의 대체 표현 등에 영향을 미친다.

11장: 전치사, 관사, 접속사, 감탄사

 **전치사(Prepositions)**

전치사는 일반적으로 명사와 대명사의 앞에 와서 그들을 문장의 다른 부분과 연결해주는 짧은 단어 또는 단어 묶음이다. *on*(위에), *under*(아래에), *up*(위로), *above*(~보다 위에)와 같이 위치를 보여준다. 예로 든 단어들은 *He looked **up** as she climbed **down***(그는 그녀가 내려올 때 올려다봤다)과 같은 문장에서처럼 부사 역할을 하기도 한다. 뒤에 오는 명사나 대명사에 관해 말해준다면 전치사, 동사에 관해 말해준다면 부사이다.

*He looked up as she climbed **down** the ladder*(그는 그녀가 사다리를 타고 내려올 때 올려다봤다)라는 문장에서 *down the ladder*라는 구는 *climbed*라는 동사와 관련해 '어디?' 라는 질문에 답하므로 부사구이지만 *down*은 *the ladder*와 관계된 전치사이다.

전치사 뒤에는 **목적격**이 따라온다. 명사에는 영향을 주지 않지만 따로 목적격이 있는 대명사에는 영향을 준다.

*She sang to **him**.*
그녀는 그에게 노래를 불러주었다.

옳은 전치사를 사용하는 것이 중요하다. 예를 들어, *reduced to one tenth*(10분의 1로 감소했다)와 *reduced by one tenth*(10분의 1이 감소했다) 사이에는 엄청난 차이가 있다. 전치사와 관련된 단어 혼란은 214-226쪽에서 다루고 있다. 문장을 절대 전치사로 끝내지 말아야 한다는 의견에 대한 반박은 66-67쪽에 나와 있다.

> 사람들은 때때로 **부적절한 전치사**를 사용한다. 무언가가 다를 때 *differ away*라고 쓰고, 서로 비슷할 때 *similar towards*라고 한다(이는 틀렸다). ***different from***(~와 다른)은 논리적이며 선호되는 쓰임이지만 *different to*는 아니다. *different than*은 미국 영어에서 흔히 쓰인다. ***similar to***(~와 비슷한)라고 해야 하며 절대 *similar from*이라고 쓰지 않는다. 흔한 실수는 **불필요한 전치사**를 쓰는 것이다. *I met **up with** him*은 단어를 낭비할 뿐이다. 그냥 *I met him*(나는 그를 만났다)이라고 하면 충분하다.

관사(Articles)

정관사 *the*는 특정 사물(단수, 복수)을 가리키며, **부정관사** *a*와 *an*은 항상 단수형으로, 규정되지 않은 무언가를 가리킨다. ***The*** *book on the chair*(그 의자 위의 그 책)에서 책은 특정한 책이지만 ***A*** *book on the chair*(그 의자 위의 한 책)에서 책은 그 의자에 놓인 어떤 책이 될 수도 있고 단 하나의 책이 될 수도 있다. 관사는 '한정사'라고도 불린다. 명사에게 한정사가 필요할 때의 규칙은 87쪽에서 설명하고 있다. 흔한 실수는 '많은'을 뜻하는 *a lot (of)* 대신 *alot*이라고 쓰는 것이다.

 **접속사(Conjunctions)**

유형과 사용

접속사는 단어, 구, 절과 문장을 연결하며 **등위접속사**와 **종속접속사**를 구별해 사용한다.

등위접속사는 대등한 지위를 가진 부분을 연결한다.

They liked <u>bread</u> **and** <u>butter</u>.
그들은 버터를 바른 빵을 좋아했다.

We <u>went to the theatre</u> **but** <u>did not enjoy the play</u>.
우리는 극장에 갔지만 연극을 즐기지는 못했다.

The enemy plane could be flying <u>high</u> **or** <u>low</u>.
적의 비행기는 높게 또는 낮게 날고 있을 수 있다.

등위접속사로 연결된 같은 지위의 두 문장은 분리되어도 각자 의미가 성립된다.

Rufus rode a skewbald horse **and** Rebecca rode a palomino.
루퍼스는 얼룩말을 탔고 레베카는 팔로미노를 탔다.

Rufus rode a skewbald horse. Rebecca rode a palomino.
루퍼스는 얼룩말을 탔다. 레베카는 팔로미노를 탔다.

종속접속사는 문장에 **주절**과 **종속절**이 올 수 있도록 (78-80쪽) 종속절을 소개한다. 종속절은 주절에 의존하며 혼자서는 문장이 될 수 없기 때문에 의존한다는 뜻을 가진 의존절(dependent clause)이라고도 불린다.

종속접속사에는 *although*(~이긴 하지만), *after*(~후에), *whereas*(~반면), *unless*(~하지 않는 한), *since*(~부터, ~때문에), *because*(~때문에), *when*(~때에), *while*(~하는 동안), *if*(~면) 등이 있다.

*You will be in danger **if** you take that route through the jungle.*
정글을 그 루트를 통해 간다면 위험에 처할 것이다.

이 문장에서 주절은 *You will be in danger*이며 이 절은 분리된 문장이 될 수 있다. 종속절인 *if you take that route through the jungle*은 종속접속사 *if*에 의해 등장했지만 혼자서는 의미가 성립되지 않는다.
흔한 실수는 종속절을 완전한 문장으로 쓰는 것이다.

Whereas he preferred Sally.
그가 샐리를 선호한 반면

Since we are going to Italy on Tuesday.
우리가 화요일에 이탈리아로 가기 때문에

If you go down to the woods today.
당신이 오늘 숲에 간다면

주절이 빠졌기에 어느 것도 혼자서는 제대로 의미를 가지지 못한다.

등위접속사(예: And, But)로 문장 시작하기

등위접속사로 문장을 시작하는 것은 문체와 선택의 문제다. 나는 특별한 효과를 위해서가 아니라면 이런 사용을 피한다. 다수의 훌륭한 작가들이 때때로 이런 방식을 썼지만, 연결해주지 못하는 연결 문장을 무엇 하러 쓰는가. 등위접속사로 문장을 시작하면 글이 끊어지는 효과가 나며 때로는 급박함, 다정함, 비격식적 분위기를 전달한다. 저널리스트들이 이러한 방식을 자주 쓴다. 긴 문장 하나보다 짧은 문장 두 개를 써서 문장의 평균 길이를 줄이기 위해서다.

그리고 분명히 지나치게 많이 쓰일 소지가 있다. 2009년 고든 브라운이 쓴 《더 데일리 텔레그래프》의 한 기사에서 31개 문장 중 9개 문장이 *And*, *But*, *So*로 시작했다.

 **감탄사(Interjections)**

감탄사는 말 그대로 감탄이다. 보통 완전한 문장이 아닌 형태로 사용되며 뒤에는 보통 감탄 부호가 뒤따른다. *Oh*(오)! *Drat*(제기랄)! *Hello*(이런, 어머나). *Utter rubbish*(말도 안 되는 소리)! 등이 있다. 말할 때 *like*(그러니까)를 무의미한 감탄사로 쓰는 어린 사람들을 따라하지는 말자.

*I'm **like** going on Monday to the cinema, **like**, with Dave.*
나는 그러니까 영화를 보러 월요일에, 그러니까, 데이브랑.

12장: 명확한 의미 전달을 위한 구두점 사용

 서론

영국의 **구두점**(Punctuations) **사용 수준**은 매우 낮다. 구두점은 무척 쓰기 쉽고, 명확한 의미를 가진 흥미로운 문장을 만드는 데 정말 유용한데도 많은 사람이 아포스트로피 때문에 어려움을 겪거나 아예 알기를 포기해버린다. 쌍점(:)과 쌍반점(;)은 레퍼토리에서 빠지기 일쑤다. 아래의 문장같이 쓰지 말고 의미를 명확하게 해주는 구두점을 사용하자.

Eat brother.

형제를 먹어라.

원래 이렇게 말할 의도였다면 말이다.

Eat, brother.

먹어라, 형제여.

구두점은 의도한 의미를 명확히 하기 위해 단어나 단어 무리를 분리하는 데 쓰이는 표시들이다. 단어나 구를 강조하고, 중요한 아이디어와 부수적인 아이디어를 구별하고, 구와 절 등의 관련 단어 묶음들을 분리하는 데 사용될 수 있다.

구두점을 잘 사용하는 것이야말로 좋은 문장 구조, 즉 정확한 표현을 위한 열쇠이다. 모든 구두점의 사용을 전부 나열한 긴 목록을 외우기보다 예시를 공부하며 **구두점이 어떻게 쓰이는지 이해**하는 것이 더 중요하다.

수준 낮은 구두점 사용은 이해를 어렵게 하는 것은 물론 큰 오해를 불러일으켜 심각한 결과를 초래할 수 있다. 《이스턴 이브닝 뉴스》에 나온 이 문장을 살펴보자.

> *Don't pick up heavy weights like groceries or children with straight legs.*

이 말은 오해의 소지가 다분하다*. 분별력 있는 구두점 사용이 의미를 정확히 해준다.

> *Don't pick up heavy weights - like groceries or children - with straight legs.*

장바구니나 아이들처럼 무거운 것을 다리를 쭉 편 채로 들지 마세요.

*with straight legs*를 *with your legs straight*으로 고치면 더 좋다.

---

* '장바구니와 다리를 쭉 편 아이들 같이 무거운 것을 들지 마세요'라는 뜻이 될 수 있다.

수준 낮은 구두점 사용이 **잘못된 행동**을 불러올 수 있다. 예를 들어, 이스트로디언에 있는 한 기차역이 1984년 실수로 철거되었다. 영국 철도 기획 서류에서 쉼표 하나가 빠졌기 때문이다. 보존해야 할 건물 목록은 원래 이렇게 쓰여 있어야 했다. 'Retain Drem Station, bridge . . . (드렘 기차역, 다리... 등을 유지하시오) 그러나 '기차역(Station)' 뒤에 쉼표가 빠짐으로써 다리는 살아남았지만 기차역은 철거되어 다시 지어져야만 했다.

문장에 필요한 **구두점의 양**은 문장의 복잡함에 달려 있다. 장문에서 보통 구두점을 더 많이 필요로 한다. 구두점이 필요한 곳이 확실치 않다면 문장을 소리 내어 읽어보고 목소리가 어디에서 멈추는지 기억해두라.

구두점의 예시를 위해 꺾쇠괄호[ ]를 사용했다. 자주 사용되는 문법 용어를 알아두는 것도 도움이 된다.

 문장의 시작과 끝

글쓰기의 주요 단위는 혼자서도 의미가 성립되며 보통 주어와 정동사(77-84쪽)를 갖는 단어 집단(때로는 한 단어), 즉 문장이다. 문장은 대문자로 시작한다. 끝맺을 때는 다음의 구두점으로 끝난다.

- **평서문에 쓰는 마침표[.]**

    It rained.

    비가 내렸다.

- **보통의 요청을 위한 마침표**

    Please pass the salt.

    소금을 좀 건네주세요.

- 약한 감탄을 위한 마침표

    Well, we have nearly won.

    좋아, 우리가 거의 이겼어.

- 질문에 쓰는 물음표[?]

    Are you hungry?

    너 배고프니?

- 강한 감탄에 쓰는 느낌표[!]

    What a disaster!

    큰일 났어!

- 강한 명령을 위한 느낌표

    Get out of my sight!

    내 눈 앞에서 꺼져!

 주요 구두점

마침표[.]

소리 내어 읽든, 조용히 읽든 가장 확실한 끝맺음을 해주는 제일 강한 구두점이다. 문장이 의문사나 강한 감탄사, 강한 명령문이 아닌 이상 모든 문장의 마지막에 사용된다. 점(period) 또는 종지부(full point)라고 부르기도 한다.

ante meridiem(오전)의 줄임말인 a.m.처럼 **축약**할 때 생략된 철자를 가리키기 위해 사용될 수도 있으며, B. K. Smith처럼 **이니셜**에도 쓰인다.

축약된 형태의 마지막 철자가 원래 단어의 마지막 철자인 **축소**의 경우에는 마침표가 필요 없다. 예: Doctor=Dr

마침표는 £10.20(10.20파운드)처럼 돈이나 3.20 a.m.(오전 3시 20분)처럼 시간에도 자주 사용된다. 소수점을 표기할 경우 보통 마침표를 쓰지만 원칙적으로는 9·66처럼 위로 올라간 소수점[·]을 사용해야 한다.

함께 있는 세 개의 마침표[. . .](**생략** 또는 생략 부호)는 문장의 일부가 빠졌다는 것을 보이기 위해 사용하며, 끝맺음하지 않은 문장에도 쓸 수 있다.

The letters of the alphabet are a, b, c . . . x, y, z.

알파벳 철자는 *a, b, c……x, y, z*가 있다.

She would invite him to . . . No, that was unthinkable.

그녀는 그를 초대하려고 했다. ……아니, 그것은 상상할 수도 없는 일이었다.

물음표[?]

물음표는 답을 기대하는 직접 의문문을 끝맺음한다.

Where do I buy a ticket?

티켓을 어디에서 사죠?

(직접 의문을 전하는)답을 기대하지 않는 간접 의문문에는 사용하지 않는다.

She asked where she could buy a ticket.

그녀는 티켓을 어디에서 살 수 있느냐고 물었다.

답을 기대하지 않는 수사적 의문 끝에는 물음표를 사용한다.

Are you crazy?

미쳤어?

의문구(부가의문문)가 문장에 붙었을 때는 물음표가 필요하다.

*The concert is tonight, **isn't it**?*
콘서트가 오늘 밤이죠, 그렇죠?

느낌표[!]

놀라움을 나타내는 감탄 뒤에 사용한다.

Fancy meeting you here!
여기서 만나다니 반갑네요!

강한 감정을 표현할 때도 사용하고, 특별한 강조를 위해서도 사용한다. 욕을 할 때도 쓴다.

You filthy cheat!
이 더러운 사기꾼!

You are so beautiful!
당신은 너무 아름다워요!

Damn!
젠장!

강한 명령이나 요청, 특히 말할 때 목소리를 높이는 경우에 자주 쓴다. 약한 요청이나 명령은 보통 마침표로 끝난다. 단 느낌표를 너무 많이 쓰면 효과가 약해진다.

Don't shoot!
쏘지 마세요!

Come here, please.
이쪽으로 오세요.

쉼표[,]

쉼표는 다음과 같이 다양하게 쓰인다.

1. 목록 안에서 항목을 분리할 때

Jake stole her purse, keys, cheque book and credit cards.
제이크는 그녀의 지갑, 열쇠, 수표장과 신용카드를 훔쳤다.

문장을 이해하는 데 필요하지 않다면 *and* 앞에는 쉼표가 필요 없다. 하지만 마지막의 *and* 앞에 쓰이는 쉼표가 유용한 경우가 있다. 다음의 예시를 보자.

*The children played cops and robbers, hide <u>and</u> seek<u>, **and**</u> hopscotch.*
아이들은 경찰과 도둑 놀이, 숨바꼭질, 그리고 돌차기 놀이를 했다.

어떤 사람들은 간단한 목록에서도 *and* 앞에 쉼표를 쓰기도 한다. 이를 연속 쉼표 또는 옥스퍼드 쉼표라고 부르며 미국에서 표준으로 쓰인다.

2. 각자 명사를 수식하는 두 개 이상의 형용사를 분리할 때

He was a small, shy, sickly, red-headed child.
그는 작고 부끄러움을 타며 병약한 빨간 머리의 아이였다.

명사 앞 마지막 형용사 뒤에는 쉼표가 없으며, 여기에 쓰인 쉼표들은 *and* 의 의미를 내포한다. 마지막 형용사와 명사가 하나의 의미 단위를 형성할 때에는 두 형용사를 연결하는 *and* 의 개념이 없으므로 마지막 형용사 앞에 쉼표는 필요 없다.

He was a great <u>mathematical genius</u>.
그는 굉장한 수학 천재였다.

3. 한 쌍의 쉼표가 묘사하는 구나 절 또는 문장의 주된 부분으로부터 덜 중요한 내용을 분리할 때

Her sports car, painted a vivid orange, was parked illegally.
튀는 주황색으로 칠한, 그녀의 스포츠카는 불법 주차되어 있었다.

첫 번째 쉼표를 제거할 경우 그녀의 차가 페인트를 칠할 수 있다는 뜻이 된다. 두 번째 쉼표를 제거할 경우 강렬한 오렌지색이 주차되었다는 의미를 내포한다. 두 개의 쉼표가 한 쌍으로 기능하여 필요한 예이다.

구두점이 올바르게 쓰이면 독자가 글을 이해하기 위해 문장을 다시 읽을 필요가 없다. 한 쌍의 쉼표 사용이 올바른지 테스트하기 위해서, 첫 번째 쉼표 앞에는 무엇이 오고 두 번째 쉼표 뒤에는 무엇이 오는지 보며 쉼표 사이의 단어들을 제거해보자. 그랬을 때 결과가 여전히 말이 되어야 한다.

Her sports car was parked illegally.
그녀의 스포츠카는 불법 주차되어 있었다.

한 쌍의 쉼표로 분리되어 '**설명**하는' 구나 절과 한 쌍의 쉼표가 쓰일 경우 잘못된 의미를 불러오는 '**규정**하는' 구와 절의 차이를 아는 것이 가장 중요하다. 다음의 예를 보자.

The boys, <u>who were fit</u>, enjoyed the race.
건강한, 그 소년들은 경주를 즐겼다.

*who were fit*은 설명이다. 이 부분은 모든 소년들이 건강했고 모두가 경주를 즐겼다는 의미를 내포한다. 다음을 보자.

The boys who were fit enjoyed the race.
건강한 그 소년들이 경주를 즐겼다.

*who were fit*은 규정이다. 건강했던 소년들만 경주를 즐겼고 건강하지 않았던 소년들은 즐기지 못했다.

쉼표의 존재나 부재가 의미를 바꿀 수 있다.

(i) She liked Tony, who played cricket better than John.
그녀는 존보다 크리켓을 잘 하는 토니를 좋아했다.
(ii) She liked Tony, who played cricket, better than John.
그녀는 크리켓을 하는 토니를 존보다 더 좋아했다.

(i)에서 *better*는 *played cricket*을 가리키지만 (ii)에서는 쉼표 사이의 단어들이 서술의 역할을 하므로 *better*가 *liked Tony*를 가리킨다.

다음 문장들을 보며 쉼표를 생략했을 때의 차이에 주목하라.

(i) She hoarded silver, paper and rags.
그녀는 은과 종이, 넝마를 모아두었다.
(쉼표를 생략하면) 그녀는 은박지와 넝마를 모아두었다.

(ii) We ate chocolate, cakes and ices.
우리는 초콜릿과 케이크, 아이스크림을 먹었다.
(쉼표를 생략하면) 우리는 초콜릿 케이크와 아이스크림을 먹었다.

4. **중문과 복문의 일부를 분리할 때.** 이것은 서로 다른 아이디어를 분리함으로써 이해를 돕기 위해서다.

Although he was already deeply in debt, he bought her an expensive ring.
그는 이미 크게 빚을 지고 있었지만, 그녀에게 비싼 반지를 사주었다.

하지만 설명하는 부분이 사이에 오지 않는 한 주어를 동사에서 분리하면 안 된다. 다음의 문장은 틀렸다.

> Such extravagant, <u>distracting gestures,</u> should not be used when speaking to a small audience.
>
> 그러한 과장되고 방해되는 제스처는, 작은 관중에게 말할 때 사용해서는 안 된다.

두 번째 쉼표는 주어 *gestures*에서 동사 부분 *should not be used*로의 의미 흐름을 방해하므로 잘못된 사용이다.

5. moreover(게다가), indeed(정말), however(그러나) 등의 문장 수식어를 분리할 때

   (i) The submarine, **however**, continued its attack.

   그러나, 그 잠수함은 공격을 계속했다.

   (ii) **Indeed**, I have never felt better.

   정말로, 이렇게 상태가 좋았던 적이 없다.

6. 서신의 날짜와 주소 부분, 그리고 도입부와 마무리를 분리할 때

   <u>28</u>, The terrace,
   London, SW19 6PY

   14 October 2010

   Dear Peter,

   Thank you for your invitation. The answer is 'Yes, please!'
   Yours sincerely,
   Jacob

피터에게,

초대 감사합니다. 제 답은 '네, 부탁합니다!'예요.

인사를 드리며,

제이콥

28 뒤의 쉼표는 표준 관행이지만 사실 문법적 이유는 없다.

주소에 있는 일부 또는 모든 쉼표는 다음 행으로 줄을 바꾸는 것이 구두점의 역할을 대신하게 되면서 이제 자주 생략되는 추세이다. 영국 우체국은 주소에 구두 점을 쓰지 않고, 해당 시를 대문자로 쓰며, 우편번호를 따로 다음 줄에 쓰는 것을 선호한다.

7. 숫자 안에서 소수점이 없을 경우 오른쪽에서 왼쪽으로 숫자들을 세 개씩 묶거나 소수점에서부터 왼쪽으로 가면서 묶어 숫자를 분리할 때

13,109,896; 4,678·9857; 0·987654

어떤 나라에서는 마침표를 찍는 곳에 쉼표를 찍거나 쉼표를 찍는 곳에 마침표를 찍기도 해서 무척 혼란스러울 수 있다. 예를 들어 프랑스의 경우 3·1을 3,1로 표기하며 백만은 1.000.000으로 쓴다.

8. 등위접속사(and, but, or, not, so, yet, either…or)로 연결된 (보통 분리된 문장으로 쓰일 수 있는) 두 개의 독립된 절을 분리할 때

It is necessary to eat, **but** it is better to combine necessity with pleasure.

먹는 것은 필수이지만 필수를 기쁨과 합하면 더 낫다.

9. 일시적인 오독을 방지할 때

If you want to shoot the farmer will lend you his gun.

당신이 농부를 쓰고 싶다면 그의 총을 빌려줄 것이다.

이 문장은 다음과 같이 고쳐 명확히 할 수 있다.

If you want to shoot, the farmer will lend you his gun.

당신이 총을 쏘고 싶다면 그 농부가 자신의 총을 빌려줄 것이다.

첫 번째 문장은 농부를 쏜다는 것을 의미한다.

10. 의미가 내포된 단어나 단어들을 생략했다는 것을 보일 때

He can tolerate no noise; she, no silence.

그는 소음을 참을 수 없다. 그녀는 침묵을.

83-84쪽에서 언급했듯 아주 흔한 실수('쉼표 오용'인 '무종지문')는 독립된 완전한 문장으로서 각자 주어와 정동사를 가진 주절들을 연결할 때 접속사 없이 쉼표 하나만 사용하는 것이다. 다음 문장은 틀렸다.

We went to the races at Ascot, it was beautifully sunny, the horses sweated heavily.

우리는 애스콧에서 열리는 경주에 갔다, 아름답게 쨍쨍했다, 말들은 땀을 뻘뻘 흘렸다.

이러한 '문장들'을 연결할 때에는 쉼표보다 더 강한 연결이 있어야 한다. 쌍반점 또는 쉼표에 연결 접속사를 추가한 형태여야 한다. 만약 두 번째 '문장'이 첫 번째 문장을 설명하거나, 확장 또는 요약하는 것이라면 쌍점을 쓰라.

쌍반점[;]

쌍반점(세미콜론)은 중요하지만 충분히 쓰이지 않는 구두점이다. 몇 가지 주된 사용을 보자.

- **1. 열거된 것들을 분리할 때, 특히 일부 항목이 길거나 쉼표가 있을 때 또는 오해를 피할 때**

   At the zoo we saw a brown bear, which was suckling two tiny cubs; a sleepy crocodile; two stick insects, each looking like a dead twig; and five elephants.

   우리는 동물원에서 어린 두 새끼에게 젖을 먹이는 불곰과 졸고 있는 악어와 죽은 나뭇가지처럼 보이는 두 마리의 대벌레, 그리고 다섯 마리의 코끼리를 보았다.

   cubs 뒤에 쉼표가 아니라 쌍반점이 옴으로써 곰이 뒤에 온 모든 다른 동물들에게 젖을 먹이고 있었다는 의미를 피할 수 있다. 마지막 항목 전에는 보통 쉼표 하나로도 충분하지만 여기서 쌍반점은 대벌레가 죽은 나뭇가지뿐만 아니라 다섯 마리 코끼리처럼 생기지 않았다는 사실을 확실히 해준다.

- **2. 서로 의미상 깊게 연결되어 있고 같은 중요도를 가지고 있는 두 개의 절을 분리할 때**

   It was long past midnight, in a remote part of the forest; she shivered with fear.

   숲의 외진 지역에서 자정이 한참 지났고 그녀는 두려움에 떨었다.

forest 뒤에 마침표를 사용할 수도 있지만 쌍반점으로 문장을 합치면 여자의 행동이 시간과 장소에 연결되어 있음을 더 잘 보여줄 수 있다.

반대되는 생각을 제시하는 두 문장을 쌍반점으로 합칠 수 있다.

The young often wish to be older; the old would prefer to be younger.
어린 사람들은 종종 나이를 먹길 바란다. 나이가 든 사람들은 더 어려지길 바란다.

두 번째나 뒤에 오는 문장이 첫 번째 문장을 보충해줄 수 있다.

The road to Bristol seemed unusually smooth; the recent repairs had been costly but effective.
브리스톨로 가는 길은 대단히 매끄러워 보였다. 최근의 보수 공사가 비용이 컸지만 효율적이었다.

위 문장에서는 쌍반점 대신 쌍점을 쓸 수도 있다.

3. **두 개의 독립된 절이나 문장을 합치는** therefore(그러므로), nevertheless(그럼에도 불구하고), however(그러나), besides(~외에) **등의 연결 단어들 앞에**

*She hated London; **nevertheless**, she flourished there.*
그녀는 런던을 싫어했다. 그럼에도 그곳에서 번창했다.

쌍반점은 쉼표에 연결 접속사를 합친 형태와 자주 동급으로 취급받고 대체된다.

She liked Robert; he disliked her.
그녀는 로버트를 좋아했다. (그러나)그는 그녀를 싫어했다.

She liked Robert, but he disliked her.
그녀는 로버트를 좋아했지만 그는 그녀를 싫어했다.

이 동등함 때문에 일부 교과서는 쌍반점 뒤에 *and*, *but*, *for*, *nor*와 같은 연결 접속사가 오는 것이 틀리다고 하지만 또 다른 교과서들은 허용한다.

목록에서 항목을 분리하는 것 외에는 보통 주어와 정동사가 있는 완전한 절이 쌍반점 뒤에 온다.

쌍점[:]

쌍점(콜론)은 일반적으로 무언가를 분리하거나 막기보다는 '내다보기'를 표시하는 소개의 구두점이다. 사용법은 다음과 같다.

1. 목록을 소개할 때

I suggest the following for promotion: Enid Brown, Peter Scott and John Reid.

저는 승진에 다음 인물을 제안합니다. 에니드 브라운, 피터 스콧과 존 리드.

목록을 소개할 때는 반드시 쌍반점이 아닌 (줄표 없이)쌍점을 사용한다.

2. 직접 화법을 소개할 때

He said: 'I don't give a damn.'

그가 말했다. '나는 하나도 신경 안 써요.'

쌍점 대신 쉼표를 사용할 수도 있다.

3. 문장의 첫 번째 부분에 관한 설명, 확장이나 요약을 소개할 때

There were two problems: his small income and her taste for luxury.

두 가지 문제가 있었다. 그의 적은 수입과 그녀의 사치스러운 취향.

쌍점은 비율*(3:1의 비율)*, 시간*(10:25:45, 오전 10시 25분에서 45초 지난 시간)*과 인용*(마태복음 4:27)*에도 쓰인다.

> 쌍점과 쌍반점 모두 두 문장을 연결할 때 사용할 수 있지만, 두 번째 문장이 첫 번째 문장을 확장하거나, 설명하거나 요약하는 경우에는 '내다보기'를 가리키는 쌍점을 선택하라.
>
> *At last he told us Peter's secret: the old tramp had been wealthy but had gambled his fortune away.*
> 그는 마침내 우리에게 피터의 비밀을 말했다. 그 늙은 부랑자는 부유했지만 재산을 모두 도박으로 날린 것이다.

괄호[( )]

괄호는 문장의 주된 흐름에서 추가적, 부수적, 또는 설명하는 내용을 분리하기 위해 한 쌍으로 쓰인다.

Visitors arriving for the conference in Glasgow on 2 January (a bank holiday in Scotland) should make their own arrangements for lunch.
1월 2일(스코틀랜드에서는 공휴일)에 글래스고에서 개최되는 컨퍼런스에 도착하는 방문객들은 점심을 스스로 해결해야 합니다.

괄호 안의 내용은 '삽입 어구 안에 있다'고도 할 수 있다. 등식의 경우 단어의 체계를 보이기 위해 서로 다른 종류의 괄호 ( ), { }, [ ]가 올 수 있다. 괄호는 또한 인용이나 중단, 생각의 덧붙임을 넣기 위해 쓰기도 한다.

Mr Brown's comments (letter, The Times, 3 Aug.) show a total ignorance of Germany's history.
브라운 씨의 말(서신, 《타임스》, 8월 3일)은 독일 역사에 관한 완전한 무지를 보여준다.

괄호는 두 개의 쉼표보다 안에 포함된 내용을 더 강하게 분리한다. 만약 괄호 안의 단어들이 문장의 맨 마지막에 오면 두 번째 괄호 뒤에 마침표(또는 물음표나 느낌표)가 온다. 만약 괄호 안의 단어가 완전한 문장을 이룬다면 뒤의 닫는 괄호 앞에 마침표(또는 물음표나 느낌표)를 써야 한다.

꺾쇠괄호([ ])는 다른 글쓴이가 쓴 내용 안의 편집 관련 코멘트나 설명을 넣을 때 사용된다.

Rachel [his second wife] left the cottage to her sister Rebecca.
레이첼[그의 두 번째 아내]은 그 오두막을 자기 자매 레베카에게 남겼다.

줄표[- 또는 ―]

줄표(대시) **한 개**의 사용은 다음과 같다.

1. 효과를 위해 잠시 멈출 때

She wore her most stunning dress - a billowing ocean of multi-coloured taffeta.
그녀는 자신이 가진 가장 아름다운 드레스 – 다채로운 색의 바다처럼 물결치는 타프타 – 를 입었다

2. 덧붙임, 요약, 설명이나 생각의 흐름 변화를 소개할 때

'I was in the artillery during the war - but I musn't bore you with ancient history.'
'나는 전쟁 중 포병대에 있었습니다. – 하지만 옛 역사 얘기로 당신을 따분하게 해서는 안 되겠죠.'

한 쌍의 줄표는 부가적인 말이나 부수적인 아이디어를 넣기 위해서 생각의 흐름이 중단됨을 나타내려고 사용된다.

His grandmother - a briliant actress in her day - encouraged him to apply for the leading part.

그의 할머니 -그녀가 살던 시대에 멋진 여배우였던- 는 주역에 지원해보라고 그를 격려했다.

한 쌍의 줄표, 괄호와 쉼표는 때때로 바꾸어 쓸 수 있지만 강조의 느낌이 서로 다를 수 있다.

일부 작가와 출판사는 **줄표의 앞뒤**를 띄어쓰기하지 않지만 첫 번째 예시처럼 띄어쓰기로 줄표와 붙임표를 구분할 수 있다. 원래는 알파벳 n의 길이인 엔-대시(n-rules)와 알파벳 m의 길이인 엠-대시를 구분한다. 띄어쓰기 없는 **엔-대시**[-]는 '1939-45 전쟁'과 같이 기간, *The Rome-Berlin axis*(로마-베를린 추축)처럼 이름을 연결하는 데 쓰인다. 엔-대시나 **엠-대시**[—]는 띄어쓰기가 있든 없든 따로 설명하는 문장을 삽입하기 위해 쓰인다.

His taste in clothes - which was appalling - had many followers.

그의 옷 취향 – 그것은 엉망이다 – 은 많은 추종자들이 있다.

엠-대시는 중단을 나타내기 위해 글로 쓰인 대화에서 사용된다.

'Stop him from —,' but it was too late.

'그를 —에서 멈춰.' 그러나 그것은 너무 늦었다.

일부 **워드프로세스 프로그램**은 적절한 위치에 엔-대시와 엠-대시를 자동으로 입력해주지만 항상 정확한 것은 아니다. 대부분의 컴퓨터에서 엔-대시는 Num Lock키를 켠 채 Alt+0150, 엠-대시는 Alt+0151을 누르면 변환할 수 있다. 대부분의 경우 엔-대시를 위해서는 [-/_]키를 입력하는 것으로 충분하다. MS워드에서는 줄표 뒤에 오는 단어 사이에 띄어쓰기가 되어 있으면 자동으로 엔-대시로 변환해준다.

붙임표[–]*

붙임표(하이픈) 옆에는 띄어쓰기가 없으며, 단어와 복합 표현을 연결하는 역할을 한다.

short-sighted(근시안적인), *blue-eyed*(파란 눈을 가진)
do-it-yourself(스스로 하는), *non-stick*(들러붙지 않는)

미국에서는 붙임표를 자주 생략한다. 이러한 경향은 영국 영어에서도 나타나지만 '*blueeyed*'는 말도 안 되는 경우이다. 붙임표는 철자는 같지만 다른 의미를 지닌 단어들을 구분하는 데 특히 유용하다.

to **re-cover** the chair with velvet.
벨벳 의자 커버를 갈다.

to **recover** the chair from the rubbish dump.
쓰레기장에서 의자를 찾다.

to **resign** from one's job.
일에서 사임하다

to **re-sign** the lease agreement.
임대 계약을 다시 하다.

붙임표는 모호함을 피하는 중요한 역할을 한다. 다음의 차이를 눈여겨 보자.

---

* 사실 붙임표가 엔-대시보다 더 짧지만 위에서도 언급했듯 대부분의 경우 붙임표와 엔-대시를 동일하게 사용한다.

An *old-furniture* seller

오래된 가구 판매자 (가구가 오래 되었다)

An old *furniture-seller*

나이든 가구 판매자

*a cross-party group of MPs*와 *a cross party group of MPs*를 비교해보라*!

붙임표의 중요하지만 자주 방치되는 역할은 **복합형용사 형성**이다. 이 형용사들은 하나 이상의 단어로 만들어지며 명사에 각각이 아니라 연결되어 하나의 의미로 적용될 때만 붙임표가 들어간다. *fund-raising activities*(기금모금 활동)에서 *fund-raising*은 *activities*에 *fund*와 *raising*이 각자 적용되지 않는 복합형용사이다.

첫 번째 단어가 부사일 때에는 보통 붙임표를 붙이지 않는다. 예: *a very pretty woman*(매우 예쁜 여성). 하지만 모호함을 피하기 위해서라면 부사에도 붙임표를 쓸 수 있다. 예: *a little-known actor*(거의 알려지지 않은 배우). 이때 붙임표는 *little*이 배우의 키를 말하는 형용사가 아니라 *known*을 수식하는 부사라는 점을 보여준다.

흔히 하는 실수는 **접두사 non**을 마치 분리된 단어처럼 사용하는 것이다. 영어에서 *non*이라는 단어가 없기 때문에 *non aggression treaty*는 틀린 표현이다. *non*은 뒤따라오는 단어에 반드시 붙임표로 연결되어 *non-aggression* (불가침)이라고 쓰여야 한다. *a non-profit-making organisation*(비영리 기구)은 각 단어가 분리되어 적용될 경우 '*non organisation*', '*profit organisation*', '*making organisation*'이 되기 때문에 붙임표가 두 개 필요하다.

---

* *cross-party*는 '두 개 이상의 정당과 관련 있는, 초당적'이라는 뜻이다. *cross*는 명사로 '십자가', 형용사로는 '짜증난, 화가 난'이라는 뜻이며 MP는 member of parliament, 즉 하원의원이다.

> 때로는 단어들에 붙임표를 넣을지, 분리된 채로 둘지, 아니면 아예 합쳐버릴지 선택하는 경우도 있다.
> 예: *water-bed*(물침대), *water bed*(물침대, 또는 수분이 많은 토양), *waterbed*(물침대).
>
> *non-aggression treaty*와 *nonaggression treaty*는 모두 '불가침 조약'이라는 뜻으로 *nonprofitmaking*(*non-profit-making*이 옳음)과 달리 둘 다 용인된다.

명사 앞에서 복합형용사를 형성하는 구는 *an out-of-breath runner*(숨이 가쁜 주자)처럼 붙임표가 필요할 수 있다. 하지만 *The runner was out of breath*(그 주자는 숨이 가빴다)처럼 다른 경우에는 필요하지 않을 수도 있다.

붙임표는 두 단어의 합성어나, 주요 단어에 접두사 또는 접미사를 붙이는 경우에 두 개의 동일한 모음이나 세 개의 동일한 자음이 겹칠 경우 자주 사용된다. 예:*pre-emptive*(선제의), *co-own*(공동 소유하다), *grass-seed*(잔디 씨). *contra-action*(반작용)이 *contraaction*보다 낫고(붙임표가 없으면 *contraction*(수축)을 잘못 쓴 것처럼 보인다) *anti-incendiary*(방화를 방지하는)가 *antiincendiary*보다 낫다.

붙임표는 분수를 형용사로 쓸 때도 사용된다.

> **By the age of twenty, he had spent his one-third share of his father's legacy.**
> 스무 살까지, 그는 아버지 유산의 *1/3*을 썼다.

One third of the class(학급의 1/3)는 붙임표를 쓰지 않는다. 여기에서 *one third*는 형용사구가 아닌 명사구이기 때문이다.

붙임표는 **줄 끝에서 단어를 분리할 때**에도 사용한다. 한 음절의 단어는 분리할 수 없다. 또 분리했을 때 앞이나 뒤에 딱 한 철자만 남겨두는 것도 안 된다. 일반적으로 단어는 음절 끝에서 분리한다(만약 음절이 어디에서 끝나는지 확실하지 않을 경우 발음해 보라. 예: *mi-cro-scop-ic*). *the-rapist*나 *depart-mental*처럼 이상하게 분리하는 일은 피하라*.

아포스트로피[']

그 사용법은 다음과 같다.

1. 철자가 생략되었다는 것을 가리킬 때

don't *(do not)*

I'll *(I will* 또는 *I shall)*

it's *(it is* 또는 *it has)*

소유격 대명사에 아포스트로피를 쓰면 안 된다(*its, hers, his, ours, yours, theirs*). 다만 *one's*에는 쓸 수 있다.

2. 자연적인 복수형이 없는 표현이나 철자의 복수형을 만들 때

Dot your i's and cross your t's((*i*에 점을 찍고, *t*에 선을 긋듯)하나하나 꼼꼼히 마무리 짓다)에서 'is'와 'ts' 조합이 혼동될 수 있다. 'i's와 't's처럼 아포스트로피 대신 따옴표를 써도 된다.

3. 명사의 소유격을 만들 때

(i) 단수형 명사에는 기본형에 아포스트로피와 s를 더하라.

John, John's hat

존, 존의 모자

---

* *thera-pist*(치료사), *de-part-mental*(부처의)로 분리하는 것이 맞다.

the car, the car's wheels

그 차, 그 차의 바퀴

만약 *s*가 겹쳐 소리가 어색해진다면 **선택적으로** *s*를 생략해도 된다. *James's house*(제임스의 집)는 괜찮게 들리지만 *James' serious suspicions*(제임스의 심각한 의혹)에서는 *s*를 빼도 된다. *Moses' sandals*(모세의 샌들)가 *Moses's sandals*보다 더 발음하기 쉽다.

만약 같은 것을 소유한 사람이 두 명이고 같은 문장 안에서 언급될 경우, 둘 다가 아니라 두 번째 이름 뒤에 아포스트로피를 붙여라.

We visited John's and Anne's house. (x)
We visited John and Anne's house. (O)

우리는 존과 앤의 집에 방문했다.

(ii) 복수 명사에서 만약 복수형이 *s*로 끝날 경우 아포스트로피만 추가하라.

The boys' bicycles.

그 소년들의 자전거들.

the ladies' hats.

그 숙녀들의 모자들.

(iii) 만약 복수 명사가 *s*로 끝나지 않으면 아포스트로피와 *s*를 붙여라.

The men's choice.

남자들의 선택.

the people's reactions.

사람들의 반응.

소유격이 아닌 보통 단어의 복수형에 아포스트로피를 절대 사용하지 마라.

Cheap cauliflower's! Bargain shirt's.
저렴한 컬리플라워! 염가의 셔츠.

위의 문장은 틀렸다. 이것들은 소유의 의미가 없는 보통의 복수형이다. 반면 *The shirt's price*는 '셔츠의 가격'이라는 뜻으로 소유의 의미가 있기 때문에 아포스트로피가 필요하다. 복수형에 쓰이는 이런 잘못된 아포스트로피는 종종 '청과물 상인의 아포스트로피(greengrocers' apostrophes)'라고 불린다.

아포스트로피의 힘은 다음의 제목에서 드러난다. 《*Briton's battle fatigue(영국인의 전쟁 피로)*》. 이는 한 영국인의 전투 피로증에 관한 이야기이다. 만약 *Britons*'라고 했다면 한 명 이상의 전투 피로증을 나타낼 것이다. 아포스트로피 없이 *Britons battle fatigue(영국인들은 피로와 전쟁한다)*라고 했다면 *battle*이라는 단어가 명사에서 동사로 바뀌어 한 명 이상의 영국인이 피로와 싸우고 있다는 의미가 된다.

인용 부호[""] ['']

인용 부호는 역콤마, 따옴표, 또는 인용이라고도 부른다. 직접 화법, 즉 화자가 말한 정확한 단어를 나타낸다.

'We've won!' She shouted.
'우리가 이겼어!' 그녀가 소리쳤다.

인용 부호와 함께 오는 다른 구두점의 위치를 결정할 때는 상식을 이용하라. 하지만 사용은 달라질 수 있다.

직접 화법에서 문장을 닫는 인용 부호는 말의 마지막에 있는 구두점, 즉 의문 부호나 감탄 부호 뒤에 온다.

She asked, 'What is the weather like outside?'
그녀가 물었다. '밖의 날씨는 어때요?'

He said, 'It is raining.'
그가 말했다. '비가 와요.'

연극 제목이나 말이 아닌 인용의 경우 마지막의 인용 부호는 문장의 마지막 구두점 앞에 온다.

Last night we saw 'The Importance of Being Earnest'. -
우리는 어젯밤 '성실함의 중요성'을 봤다.

인용이 다수의 문장일 경우 마지막의 인용 부호는 마지막 문장이 끝난 뒤에 온다.

He said, 'It has been a long day. You look exhausted. I suggest we go home.'
그는 말했다. '긴 하루였네요. 지쳐 보여요. 집에 갑시다.'

《프랑스어》나 "독일어"처럼 일부 언어는 다른 인용 부호를 사용하기도 한다.

직접 말한 내용이 말의 행동과 관련된 동사 앞에 올 경우, 말하는 문장이 끝났더라도 마침표가 아닌 쉼표(혹은 물음표나 느낌표)를 끝맺는 따옴표 앞에 쓴다.

'I'm going to France soon,' she declared.
'저는 곧 프랑스에 가요.' 그녀가 선언했다.

말한 문장이 말하는 주어와 동사에 의해 분리되면 분리 이후에 계속되는 내용이 여전히 말이므로 계속해서 소문자로 쓴다(처음 오는 글자가 고유명사인 경우는 제외된다).

*'It is my wish', the comedian said, **'to** bring laughter to this troubled world.'*
'저의 바람은', 그 코미디언이 말했다. '힘들어하는 세상에 웃음을 주는 겁니다.'

인용 화법이 한 문단 이상 지속될 때에는 말이 계속된다는 점을 알리기 위해 각 문단이 시작될 때 처음 오는 인용 부호를 넣지만 마지막 마무리 인용 부호 전까지 각 문단의 마지막에는 인용 부호를 넣지 않는다(말이 끝나지 않았을 경우). 또 일부 소설에서는 인용 부호를 대화에서 생략하기도 한다.

따옴표든 쌍따옴표든 둘 다 사용할 수 있으며 출판사마다 관습이 다르지만, 쌍따옴표를 사용하면 마지막 철자 *s* 다음에 오는 아포스트로피와의 혼란을 피할 수 있다. 예를 들어 *are often called 'greengrocers' apostrophes'* (~는 종종 청과물상인의 아포스트로피라고 불린다)를 봤을 때 *greengrocers*와 *apostrophes* 뒤에 오는 구두점 중 무엇이 아포스트로피이고 무엇이 따옴표인지 바로 눈에 들어오지 않는다. 이렇게 쓰면 더 명확해진다. *are often called "greengrocers' apostrophes"*.

인용문 안에 인용문이 올 때에는 따옴표와 쌍따옴표를 함께 사용할 수 있다.

The colonel said: 'My happiest times as a soldier were with "the boys in the bush" in Africa.'
그 대령은 말했다. '군인으로서 가장 기뻤던 때는 아프리카에서 "덤불 속의 그 소년들"과 함께 있던 때였습니다.'

따옴표는 속어나 방언, 외국어 표현과 기술적 용어 또는 내용과 맞지 않아 보이는 말을 넣는 데에도 쓸 수 있다.

(i) He punched him in the 'bread basket'.

그는 그의 배를 주먹으로 때렸다. (bread basket은 '배'를 뜻하는 속어)

(ii) Her natural 'joie de vivre' was accentuated by champagne.

그녀의 자연스러운 '삶의 즐거움'은 샴페인으로 더욱 배가되었다.

(*joie de vivre*는 프랑스어로 외국어 표현)

이러한 경우 따옴표 없이 이탤릭체로 쓰기도 한다.

따옴표는 책과 연극, 시, 신문 등의 제목에도 때때로 사용되지만 자주 생략된다. 제목과 속어, 외국어 표현에는 인용 부호보다 이텔릭체가 더 선호된다.

따옴표는 비꼬거나 역설적이거나 은유적인 의미의 말에도 쓰인다.

She is our 'Margaret Thatcher'.

그녀는 우리의 '마가렛 대처'다. (우리 모임의 강한 여성)

I don't know what girls see in him; it must be his 'good looks'.

나는 여자들이 그에게서 무엇을 보는지 모르겠다. 그의 '잘생김'인가 보다. (남자가 못생겼다.)

슬래시[/]

슬래시는 고상선, 기울어진 선, 비스듬한 선, 사선 또는 그냥 선이라고 불리기도 한다. 분수(*3/5ths of the distance*, 거리의 3/5), 날짜(*21/12/02*), 대안 (*Your coach/train/boat ticket*, 당신의 버스/기차/배 티켓), *He/she should go…* (그/그녀가……에 가야 한다) 등에 사용된다. 포워드 슬래시(/)와 백슬래시(\)둘 다 전산 분야에서 사용한다.

탈자 기호[ʌ], [ˬ] 또는 [^]

탈자 기호(영어로는 caret이며 'carray'라고 발음)는 누락된 내용이 어디에 들어가야 하는지를 가리킨다(보통 더 작은 크기로 위에 나타남). 위에 있는 기호들은 모든 시스템에서 정확히 보이지 않는다. 첫 번째는 뒤집어진 알파벳 y이고, 두 번째는 뒤집어진 알파벳 v이다. 마지막 기호는 프랑스어와 포르투갈어의 발음 구별 부호를 닮았지만 다른 목적으로 사용된다.

 기타 구두점과 표기

대문자

대문자는 구두점과 같은 방식으로 독자를 돕는 시각적 기호이다. 문장의 맨 처음이나 말, 고유명사(*Janet Smith*, 자넷 스미스; *Senate House*, 상원 의사당), 제목, 예시, 사람, 연극과 영화, 책과 신문(*the Prime Minister*, 수상; *The Tempest*, 폭풍우; *The Spy Who Loved Me*, 나를 사랑한 스파이; *the Daily Mail*, 데일리 메일), 요일, 월, 신(*God*), 그리고 *I*라는 대명사에 사용한다.

계절은 대문자로 시작하지 않으며(*spring*, 봄; *winter*, 겨울) 고유명사의 일부가 아닌 이상 방위에도 첫 철자를 대문자로 쓰지 않는다(*Go east, to East Sheen*, 동쪽으로 가, 이스트 쉰에게'). 제목에서 *a*, *of*, *the* 등 덜 중요한 단어는 대문자로 쓰지 않는다(*The Applied Genetics of Humans, Animals, Plants and Fungi*, 인간과 동물, 식물과 균류의 응용 유전학).

> 이름의 일부에 대문자가 있었지만 더 이상 이름의 일부가 아닌 단어에는 대문자를 사용하지 않는다.
>
> *This morning Prince Charles opened the bridge over the **River Crane**. He then sailed up the **river** in a yacht.*
> 오늘 아침 찰스 왕세자는 크레인 강의 다리를 열었다. 그 뒤 요트를 타고 강을 항해했다.
>
> 두 번째 문장에서 *river*는 이름의 일부가 아니다.

대문자든 소문자든 제대로 사용하는 것이 중요하다. *DSC*(*Distinguished Service Cross*, 청동 수훈 십자상)와 *DSc*(*Doctor of Science*, 이학 박사)를 비롯해 *ford*(여울)와 *Ford*(자동차 브랜드), *fiat*(명령)와 *Fiat*(자동차 브랜드)에서 차이를 볼 수 있다. 이러한 차이점은 사람들이 *I'm a conservative with a small "c"* (나는 소문자 "c"인 보수주의자이다)라는 말을 할 때 잘 드러난다. 이 말은 화자가 보수적 관점을 가졌지만 보수 정당과는 관련이 없다는 뜻이다[*].

외래어로 동화되지 않은 **독일 명사**를 사용할 때에는 문장에서 등장할 때마다 원래의 대문자 철자를 써야만 한다. 다음의 예를 보자.

The cruel man's Schadenfreude[**] was excessive.
그 잔혹한 남자가 '남의 불행에 대해 갖는 쾌감'은 너무 지나치다.

---

[*] 대문자로 시작하는 Conservative는 영국 보수당을 뜻한다.
[**] Schadenfreude은 독일어로 '남의 불행에 대해 갖는 쾌감'을 의미한다.

과학 분야의 라틴어 이름은 국제 조약에 따라 고유명사라 하더라도 속(屬)은 항상 대문자로 시작하고 종(種)은 항상 소문자로 쓴다. 예: *Salmonella typhimurium*(쥐장티푸스균), *Rosa chinensis*(월계화), *Homo sapiens*(호모 사피엔스). 신문에서 이 대문자와 소문자 철자를 자주 틀린다. 영어에서는 국적의 형용사에 대문자를 쓴다. *A New Zealand wine*(뉴질랜드 와인), *Australian humour*(호주인의 유머) 등과 같다. 고유명사에서 파생된 형용사에도 대문자를 쓴다. (멘델에서 나온)*Mendelian laws*(멘델의 법칙)가 그 예다.

이탤릭체

이탤릭체 또는 기울여 쓴 필기체는 다음과 같이 특별한 강조를 나타내려고 쓴다.

'You were meant to come *next* Tuesday, not today!'
'너는 오늘이 아니라 다음 주 화요일에 왔어야 했어!'

말로 했다면 이탤릭체로 된 부분이 강조되었을 것이다. 이탤릭체는 책과 신문, 영화 등의 제목에 쓰인다. 학명도 보통 *Homo sapiens*(호모 사피엔스)처럼 이탤릭체로 쓴다. 영어에서 쓰이는 라틴어 및 외국어는 *in situ*(원 위치에)나 *bon mot*(기지 넘치는 발언)와 같이 자주 이탤릭체로 표기된다. *a priori*(선험적인)의 경우 *a*를 이탤릭체로 씀으로써 누군가 부정관사 *a*로 잘못 읽는 일을 방지할 수 있다. 이 책에서처럼 이탤릭체는 예시를 강조하고 설명하는 내용에서 눈에 띌 수 있도록 사용될 수 있다.

볼드체

볼드체는 보통 글씨체보다 더 두꺼우며 특정 단어를 눈에 띄게 하기 위해 사용한다. 예를 들면 사전에서 정의와 표제어를 구분하려고 쓴다. 보통 구간의 표제어에 자주 쓰인다.

밑줄

밑줄은 강조나 라틴어 이름을 위해 과거에 타자기에서 쓰였다. 요새는 볼드체나 이탤릭체로 대부분 대체되었다. 밑줄이 쳐진 스페이스, 밑줄 문자(_)는 전산, 특히 이메일 주소에서 사용한다. 예: *john_smith@xyz.com*. *john*과 *smith* 사이에 밑줄 문자가 있다. 만약 전체에 밑줄 처리를 한다면 스페이스의 의미가 사라질 것이다. 전쟁 때 만들어진 한 포스터는 강조를 위해 밑줄을, 명확성과 효과를 위해 대문자를 사용했고 구두점 역할을 하려고 줄갈이를 했지만 일관적으로 하지 못했다.

<u>YOUR</u> COURAGE
<u>YOUR</u> CHEERFULNESS
<u>YOUR</u> RESOLUTION
WILL BRING
US VICTORY
당신의 용기
당신의 쾌활함
당신의 결단력은
우리에게 승리를
가져다줄 것이다

띄어쓰기

띄어쓰기는 보통 구두점으로 열거되지 않지만 사실 문장에서 가장 흔히 쓰이는 것으로 어떤 단어가 어디에서 끝나고 다른 단어가 어디에서 시작되는지 보여주는 데 필수적이다. 다수의 초기 원고를 보면 단어들 사이에 띄어쓰기가 안 되어 있어 읽기가 어렵다.

Althoughonecanwithdifficultymakeoutwhatmighthavebeen intendedhavingspaceandotherpunctuationmakescomprehensionmucheasier.

의도가 무엇이었는지 어렵게 알아낼 수는 있지만 띄어쓰기와 점이 있으면 구두점이 이해를 훨씬 쉽게 해준다.

The rapists are evil(강간범들은 사악하다)과 *Therapists are evil*(치료사들은 사악하다) 사이의 차이점을 보자. *Her cake was not iced*(그녀의 케이크에는 아이싱이 올라가지 않았다)와 *Her cake was noticed*(그녀의 케이크는 알아차려졌다)도 있다. 띄어쓰기는 특정한 종류를 흔한 종류로 바꿀 수도 있다. *A blackbird*(찌르레기)가 까마귀와 떼까마귀를 포함하는 *a black bird*(검은 새)가 되는 것이다.

글머리표

글머리표(bullet points)는 원과 다이아몬드, 체크 표시, 화살표, 가리키는 손가락 등 다양한 모양이 될 수 있다. 글머리표는 다음의 경우에 사용한다.

- 목록
- 연속되는 관련 요점들
- 보여주기 위한 목적

각 항목 끝에 구두점을 쓰는 방식은 다양하다. 어떠한 구두점도 찍지 않거나, 맨 마지막 항목 끝에만 마침표를 찍기도 한다. 각 항목마다 세미콜론 혹은 마침표를 찍기도 한다. 어떠한 방법을 쓰든 일관성을 지켜야 한다.

컴퓨터와 문자표 세트

초기의 **컴퓨터**는 제한된 문자표 세트를 사용했다. 이후 개발된 모델들은 외국어 글자와 억양 표시가 있는 알파벳, 통화 기호(예: ß, é, ¥)를 포함한 더 많은 세트를 제공했다. 다른 시기에 다른 시스템이 존재했으며, 한 컴퓨터에 있는 추가 문자표는 다른 컴퓨터나 프린터에는 다르게 보일 수도 있었다.

다음 기호들은 오리지널 ASCII 문자표 세트의 일부이며 어떠한 컴퓨터에서든 올바르게 옮겨진다. 마침표(.), 쌍점(:), 쌍반점(;), 물음표(?), 느낌표(!), 붙임표(-), 슬래시(/), 괄호((),[ ],{ }), 세로형 따옴표(')와 쌍따옴표(" ")(열고 닫는 인용 부호 모양이 같음). 그러나 다음의 기호들은 어떤 컴퓨터에서는 다르게 보일 수 있다. 곡선형 따옴표(' ')와 쌍따옴표(" ")(열고 닫는 인용 부호 모양이 다름), 엔-대시(–), 엠-대시(—), 생략 부호(. . .), 탈자 기호(⁄, ˬ, ^), 위로 올라가 있는 소수점(·), 통화 기호, 억양 기호, 외국어 알파벳 등이다.

마이크로소프트 윈도우를 사용할 때 확장된 문자표 세트는 시작〉모든 프로그램〉액세서리〉시스템 도구〉문자맵에서 찾을 수 있으며 폰트를 선택하고 스크롤을 내려 원하는 문자표를 찾을 수 있다. 이는 [Ctrl+C]로 복사하여 [Ctrl+V]로 붙여넣기 할 수 있다. 또는 Num Lock키를 누른 채로 키 조합을 이용할 수도 있다. 예를 들어 위로 올라가 있는 소수점(·)은 Alt+0183, 삽입 기호(^)는 Alt+094를 누르면 된다. 외국 억양에 대해서는 256쪽을 참조하라.

13장: 글쓰기와 수정, 그리고 독자의 심리

 **글쓰기, 문단 나누기와 심리**

서론

글을 어떻게 쓰느냐는 문서의 중요도와 성격, 문서의 길이와 주어진 시간에 달려 있다. 입사지원서와 이력서, 출간물과 검토된 논문 또는 에세이는 오래된 친구에게 쓰는 일상적인 쪽지보다 훨씬 더 많은 정성을 쏟아야 한다.

대부분의 글쓰기에서 다음의 요건을 고려해야 한다.

- 글의 목적과 글을 통해 원하는 효과는 무엇인가?
- 글의 의도에 맞는 독자는 누구이며, 이들은 얼마만큼의 배경 지식을 갖고 있는가?
- 길이와 형식, 양식은 어떻게 해야 적합한가?
- 부제 등으로 나누어야 하는 하위분류가 있어야 하는가?
- 표, 그래프, 삽화, 사진 등의 자료가 필요한가?
- '사실'은 정말로 사실인가?
- 이 글에는 독자를 사로잡는 제목이 필요한가?

독자는 무척 바쁘거나(또는 게으르거나) 내가 쓴 글을 읽는 일 외에도 다른 할 일이 많을 수 있기에 독자들의 필요와 선호를 생각해봐야 한다. 독자의 관심을 사로잡기 위한 **강력한 문장으로 글을 시작**한 뒤 정보가 논리적으로 글의 결론까지 확실히 연결되도록 노력해야 한다.

글의 아이템이 짧거나 단순하지 않고, 일상적이지 않을 경우, 글에 포함할 **요점들을 적어보라**. 이 요점들이 모여 한 주제가 다른 주제로 자연스럽게 연결되도록, 요점을 내보일 **가장 좋은 순서를 정하라**.

문단 나누기와 독자의 심리

첫 번째 문단은 글을 통해 무엇을 하려고 하는지 밝혀야 한다. 가능하다면 각 문단의 시작 문장에서 주제를 소개하라. 그 주제를 문단 내에서 발전시키고 다음 문단으로 이어지도록 하라.

문단 길이는 글을 읽을 만한가를 결정하는 데 놀라울 정도로 중요하다. 한 쪽의 반절 이상이 넘어가는 문단은 많은 독자의 읽기 욕구를 방해해서 글이 실제로 쉽든 쉽지 않든 간에 어렵게 느껴지게 한다. 인기 있는 신문 기사는 주로 아주 짧은 문단을 사용하며, 심지어 문단이 하나 혹은 두 문장으로 이루어져 있을 때도 많다. 소설에서 사건이 벌어지는 부분이 나오면 문장과 문단이 더 짧아진다.

독자의 심리를 고려해야 한다. 독자도 인간일 뿐이다! 독자에게 문단 마지막까지 읽는 것은 한 장을 끝까지 읽는 것만큼이나 반가운 진전이다. 빠르게 전개되는 스릴러를 쓴 제임스 패터슨은 이 점을 거의 한계점까지 이용했다. 패터슨의 책 《I, Alex Cross》는 374쪽의 책이 117장으로 이루어져 있다! 이 책의 미국 출판사는 *'짧은 장의 보조적 이점은 글 읽기를 어려워하는 사람에게 성취감을 준다'*고 말했다.

문단이 저자인 당신에게 너무 길어 보인다면 독자 역시 길다고 생각할 것이기에 문단을 나눌 적당한 지점이 있는지 살펴보라. 문장 하나만 있는 문단은 틀린 건 아니지만 되도록 피하라.

> 종이를 아끼려는 경우가 대부분인 상황에서 글의 빈 공간을 늘리라고 하는 것이 이상해 보일 수도 있지만 독자들은 **빈 공간과 시각적 다양함을 좋아한다**. 끊임없이 이어지는 거대한 문단은 독자에게 위압적으로 보일 수 있다. 빈 공간은 말 그대로 글자가 없는 공간이다. 각 페이지 주변의 여백을 많이 남겨두면 독자에게 더 달갑게 받아들여질 확률이 높다.

이 장의 첫 부분에 있던 **글머리표**는 잘 구분된 문장을 전달하며, 이어지는 문장으로 읽을 때보다 내용을 이해하기 더 쉽다. 가독성을 높이기 위해 컴퓨터를 이용하여 **글자 크기**는 물론 문장과 문단 사이의 **간격** 또한 조정 가능하다. 제목이 나온 뒤에는 엔터를 한 번 넣어야 하며, 제목이나 소제목이 질문일 때를 제외하면 마지막에 구두점을 넣을 필요는 없다.

글이 너무 길고 서로 상충되는 부분이 있다면 **소제목**이 글쓴이와 독자를 도울 수 있다. 이 장에서 볼 수 있듯 소제목 안에 소제목을 넣을 수도 있다. 다른 종류의 제목을 구분하기 위해 **볼드체**나 **대문자**를 사용할 수 있다.

사람들은 삽화, 만화, 사진, 도표, 그래프 등의 **시각 효과**를 좋아한다. 이러한 시각 효과는 글의 이해성과 명확함을 높여주지만 독자의 주의를 글에서 빼앗을 위험이 있다.

추가 조언

사실과 수치를 확인하라. 박테리아를 바이러스라고 설명하거나 혹은 그 반대로 설명하는 경우를 보면 화가 난다. 동고병을 다룬 한 글은 이 병이 마로니에 나무를 병들게 한다고 하며 다음과 같이 썼다.

'a new bacteria' which is 'part of a large genus of fungal pathogens'
'균질 병원균 속(屬)의 일부'인 '새로운 박테리아'

bacteria(박테리아)는 단수형인 *bacterium*으로 써야 하며 박테리움은 균류가 아니다. 눈에 뻔히 보이는 실수 하나가 글 전체의 정확성을 의심하게 한다.

단문, 복문, 중문을 섞어 **문장의 구조와 길이에 다양성**을 주려고 노력하라(77-81쪽 참고). 특정 맥락에서 **능동태와 수동태**(59-61쪽) 중 어느 쪽이 더 적절할지 생각해보라.

옳은 문법과 철자, 구두점, 그리고 여왕의 영어를 사용하라.

컴퓨터가 제공하는 철자 체크와 문법 체크에 기대지 말라. 이 프로그램들은 *casual*(무심한)과 *causal*(인과관계의), *affect*(영향을 미치다)와 *effect*(영향)를 구분하지 못한다. 존재하지 않는 단어인 *casal* 같은 오타는 잡아내겠지만, 잘못된 단어를 *canal*(운하), *casual*, *causal* 등의 대안 중 무엇으로 고칠지를 선택하는 것은 글쓴이다. 프로그램은 틀린 품사를 잡아낼 수도 있다.

시제 사용(54-59쪽)이 올바르고 일관적인지 확인하라. **비유**를 쓴다면 (175-179쪽) 그 비유가 적절한지, 따분한 클리셰는 아닌지를 확인하라. 공식 문서의 경우 속어와 줄임말을 피하라.

외국어 표현을 쓴다면 수 일치와 성별 일치를 확인하라. 예를 들자면 *femmes fatales*(팜프파탈), *fiancé*(남성), *fiancée*(여성)가 있다.

글의 **시점이 일관적인지** 확인하라. 예를 들어 독자에게 설명할 때 바꿔야 할 타당한 이유가 있지 않은 한 ***one** should*(사람들은 해야 한다)가 ***you** should* (당신은 해야 한다), ***we** should*(우리는 해야 한다)로 바뀌지는 않는지 봐야 한다.

표나 삽화가 있다면 이 자료를 둘 적당한 공간을 찾거나 마지막에 배치하라. 시각 자료를 인용하는 글과 함께 배치하는 것이 가장 유용하다.

글의 마지막에 다다르면 짧은 **요약 문단**이 적절할 수 있지만 지나친 반복은 피하라. 자신의 주장을 너무 과장하거나 혹은 축소하지는 않았는지, 또는 심하게 얼버무린 것은 아닌지, 확실한 결단이 필요한데 그런 결단을 내리는 데 실패하지는 않았는지, **대화**를 썼다면 어느 시점에 누가 이야기하는지가 독자에게 명확하게 드러나는지 확인하라.

  글 수정하기

글을 수정할 시간을 남겨두자. *not*과 같이 중요한 단어를 빼먹기가 쉽다. 1631년 《부도덕 성서(Wicked Bible)》의 출판인들은 성경의 제 7계명(출애굽기 20:14)에서 실수로 *not*이라는 단어를 빼먹어서 엄청난 벌금을 물어야 했다. '*Thou shalt commit adultery*(너는 간음해야 한다).'

특히 시간에 쫓기며 글을 쓸 때에 잘못된 단어를 쓰거나, 문장을 끝맺지 못하거나, 사실이나 아이디어를 빼먹는 등 다양한 실수를 저지를 수 있다. 실수로 가득한 글을 보낸 뒤 그 글 때문에 일어난 손해를 복구하기 위해 들여야 하는 시간에 비하면 글을 수정하는 것이 장기적으로 봤을 때 시간을 더 절약할 수 있다.

글을 잘 쓰는 사람들은 철저하게 자신의 글을 확인한다. 글에 일리가 있는지, 표현은 어떤지를 포함해서 모든 요소를 다 확인한다. 컴퓨터가 표시한 철자, 문법 오류 밑줄을 확인하라. 문장과 문단의 구조와 길이를 확인하라.

초고는 글의 모든 것을 종합하고 전체적으로 볼 수 있게 해준다. 이 초고를 수정하면 글의 효과와 명확함을 높이는 것은 물론 실수를 없앨 수 있다. 글에 그다지 도움이 되지 않는 약한 문장이나 대명사 때문에 일어날 수 있는 실수가 있는지 확인하라. 비즈니스 글쓰기에 관한 조언도 읽어보라 (236-252쪽).

명확함, 정확함, 일관성, 간결함, 완전함을 목표로 수정하라. 어떤 부분이 다른 부분에 대한 대답에 해당할 때 필요한 모든 요점을 답하고 있는지 확인하라. 초고의 길이를 줄이라. 글을 4분의 1정도 줄이면서 명확함을 높이고 정보의 흐름을 더 매끄럽게 할 수 있는 경우가 많다. 필요 없는 단어나 의견은 없는지, 삭제할 수 있는 중복되는 정보는 없는지 확인하라. 명확하지 않음, 지나친 장황함과 길이는 독자를 소외시켜 결국 읽기를 포기하게 만든다. 보기 힘든 **두문자어**를 처음 쓸 때에는 어떤 뜻인지 먼저 풀어서 설명해야 한다.

> 중요한 글이라면 친구나 동료에게 확인해달라고 부탁하라. 이들이 글쓴이가 놓친 실수를 발견하는 경우가 많다. 또한 글을 다시 읽어보기 전, 충분한 시간을 가지는 것이 새로운 눈으로 읽는 데 도움이 될 것이다.

 **출판물**

　출판물을 위한 글을 쓸 때에는 해당 출판사의 **저자 지침**을 따라야 하며, 목표로 한 출판사가 이러한 종류의 글을 받는지 확인해야 한다. 《Writers'&Artists' Yearbook(작가&예술가 연감)》이 아주 유용하다. 《네이처(Nature)》처럼 빠른 출판을 하는 저널은 글쓴이가 모든 배치를 하도록 **사진 촬영 가능 전자 원고**를 요구한다. 페이지 크기와 간격, 제목과 글에 따른 폰트 종류와 크기, 삽화, 참고 문헌 인용 방식 등에 관한 지침 등을 반드시 따라야 한다. 만약 미국식 철자를 쓰라고 명시되었다면 쓰라. 대부분의 출판사가 글의 전자 복사본은 물론 2행 간격으로 된 인쇄본도 요구한다.

　매 교정쇄를 아주 주의 깊게 확인하라. 출판사에서 다시 타자를 칠 필요가 없는 경우에도 **무언가 잘못되는 것**을 보면 놀라울 뿐이다. 글쓴이나 편집자가 글을 수정했다면, 이 수정 때문에 다른 부분에서 추가 수정이 필요하게 됐는지를 확인해야 한다.

14장: 공식 서신 쓰기

친구들에게 가볍게 편지를 쓸 때에는 그들끼리의 방식에 따라 쓸 것이다. 그러나 **공식 서신**을 쓸 때에는 지켜야 할 관례가 있다.

우편 번호와 전화번호(들)를 포함한 주소 전체로 **시작하라**. 만약 필요하다면 이메일 주소도 추가한다. 그 뒤 수신인의 이름과 주소를 쓴다. 단, 그 사람을 잘 안다면 쓰지 않아도 된다. 항상 **날짜**를 쓰라. 날짜나 **참조 번호** 등이 있는 의사소통에 답을 할 때에는 그 날짜와 번호(들)를 인용하라.

호칭을 부를 때는 *Dear*(~께)를 쓴 뒤 수신인의 직함이나 이름을 댄다. *Miss Williams*(미스 윌리엄즈), *Professor Roberts*(로버츠 교수님), *Major Plumbe*(플럼비 시장님)등이 예다. 여왕이나 대주교 등 특별한 경우를 위한 공식 호칭 용어를 발표한 목록이 있지만 대부분의 사람은 쓸 일이 없을 것이다.

여성의 호칭은 잘 모를 경우 문제가 될 수 있다. 어떤 여성들은 *Miss*(미스)나 *Mrs*(미세스)가 적절하다고 생각하여 선호하며 정치적으로 옳은 미국 방식인 *Ms*(미즈)를 거부한다. *Ms*를 선호하는 사람들도 있다. 만약 서신을 받는 여성의 이름을 안다면 정확하지 않은 호칭을 떼고 예를 들어 *Ruth James*(루스 제임스)라고 그냥 써도 된다.

> 사람들은 이름에 민감하므로 수신인의 이름을 정확히 알기 위해 노력을 기울이자.
>
> Elizabeth/Elisabeth
> Lesley/Leslie
> Isobel/Isabelle
> Ann/Anne
> Thompson/Thomson
> Johnstone/Johnson
>
> 다음과 같은 이름의 차이를 잘 구별하라.

　올바른 문법과 철자, 구두점으로 서신의 **주요 내용**을 정중하고 간결하게 논리적 순서를 따라 작성하라. 문장과 문단이 서로 잘 연결되도록 하라.

　끝맺음은 수신인의 이름을 알 경우 *Yours sincerely* 모를 경우 *Yours faithfully*를 쓴다. *Yours truly*는 약간 더 오래된 방식이지만 글 작성자가 수신인을 만나고 싶다면 써도 된다. *With best wishes*(또는 *Best wishes*)는 일반적으로 쓰이고 허용된다. 그 뒤에는 가능하면 알아볼 수 있는 서명이 와야 한다. 그 아래에는 이름을 정자로 쓰고 필요한 경우 신분과 자격을 쓰라.

　봉투에 주소가 정확히 적혔는지, 도장이 제대로 찍혔는지, 필요한 동봉 서류를 넣었는지 확인하라.

　짧지만 공손하고 요점만 적은 비즈니스 서신 샘플을 추가한다. 236-252쪽의 비즈니스 글쓰기도 참고하라.

[발신인(회사명)] *Stone Cutters of Richmond*
[주소] 94 *London Road*
West Richmond
*TW*16 7*RR*
[전화 번호] 020 8946 3332
[이메일 주소] *j.evans@stonecutters.co.uk*

Mr R. Oliver [수인인]
Sales Department [부서명]
Grinding Gears [회사명]
28 *Taggart Road* [주소]
Ipswich IP6 6PR

[날짜]   28*th January* 2010

[참조 번호]   *Your reference E*1967

Dear Mr Oliver,   [호칭]
올리버 씨께,

[주요 내용]

Thank you for your estimate, dated 14/1/2010, *for a new gearbox for our cutting machine, Butler Swiftcut, model* 683. *Your price is too high and there are alternative suppliers. Could you make some reduction, or include transport to our factory in the cost?*
저희 커팅 기계인 모델 번호 683 버틀러 스위프트컷을 위한 새 기어박스 견적을 2010년 1월 14일자로 내주셔서 감사합니다. 귀사가 제시한 가격이 너무 높고 귀사를 대신할 다른 공급 회사들이 있습니다. 가격을 좀 낮춰주시거나 비용에 저희 공장으로 운송되는 비용을 포함해주실 수 있겠습니까?

Yours sincerely,   [끝맺음]
[*signature*]   [서명]
John Evans(존 에반스), *BSc*(*Eng*)(이학사(공학)) [신분]
Factory Manager(공장 매니저)   [자격]

15장: 당신의 말은 모호한가?

 **서론**

모호함은 무엇인가가 하나 이상의 방식으로 이해될 수 있어 혼란을 일으키거나 잘못된 의미를 전달할 때 발생한다. **모호함의 요인**은 대부분 불분명한 글씨체, 개별 단어의 모호함, 잘못된 대명사 관계나 어순 문제 또는 위치가 잘못된 수식어 등의 문법적 문제다.

millions(백만), *miles*(마일), *metres*(미터)를 축약해서 *m*이라고 표기하는 것도 의미가 모호해질 가능성이 있다. 올바른 의미는 **상식**과 **문맥**으로 파악해야 한다. 다음 문장을 보자.

I came third in the 10,000m race.
나는 *10,000*미터 경주에서 세 번째로 들어왔다.

이 문장이 달리기에 관한 것이라면 모호하지 않다.

현수분사는 65쪽에서 다루었다.

Riding my bicycle, the dog kept up a good pace.
나의 자전거를 타면서, 그 개는 좋은 속도를 유지했다.

이 문장은 개가 내 자전거를 타고 있음을 의미한다.

 **단어와 이름의 모호함**

다음 문장은 모호한가?

This showed that the lab air was quite pure.
이것은 실험실 공기가 꽤 깨끗하다는 것을 보여주었다.

문제는 **quite**에 다양한 의미가 있다는 점이다. *She was quite dead*(그녀는 완전히 죽었다)라는 문장의 경우 *quite*는 '완전히(*completely, totally*)'를 의미한다. *She was quite pretty*(그녀는 꽤 예쁘다)라는 문장에서 *quite*는 '완전히'라는 의미가 아니라 '어느 정도, 부분적으로(*somewhat, partly*)'를 의미한다. 실험은 실험실의 공기가 어느 정도 맑다는 것을 보여주었는가, 아니면 완전히 맑다는 것을 보여주었는가? 알 수 없다.

right이라는 단어는 '옳은(*correct*)'을 의미할 수도 '오른쪽(*right-handed direction*)'을 의미할 수도 있다. 차 한 대가 주요 교차로에 접근한다.

운전사: '신호에서 왼쪽으로 도나요?'
지도를 보는 승객: 'Right.'
운전사는 승객이 오른쪽으로 돌라는 의미라고 생각하여 오른쪽으로 돈다.
승객: '이런 바보 같은! 왼쪽으로 도는 거라고 했잖아요!'

모호함은 보통 어구를 바꾸거나 붙임표를 추가하여 해결할 수 있다.

Forty odd* people were present.

마흔 남짓한 사람들이 참석했다.

이 문장은 *About forty people were present*(대략 40명의 사람들이 참석했다) 또는 *Forty-odd people were present*(40명 정도의 사람들이 참석했다)라고 쓰거나 그럴 확률은 낮지만 *Forty peculiar people were present*(40명의 특이한 사람들이 참석했다)라고 써야 한다.

길, 동네, 마을, 도시, 강 등의 이름에 많은 **지리적 모호함**이 있다. 여러 나라에 *Newcastle*(뉴캐슬)이라고 불리는 도시가 열 개도 넘게 있고, 영국에서는 다수의 강이 *Avon*(아본)이라고 불린다. **사람과 회사의 이름**으로 인한 모호함도 무척 많이 발생한다. 흔한 이름을 가진 사람들이 너무 많다. 그렇기 때문에 구체적으로 말해야 한다. 예를 들어, '호주에 기계 매출을 담당하는 존 스미스(*John Smith*)에게 회사의 스위치보드를 부탁하는 것이다.

---

* odd는 '이상한'으로 해석할 수도 있다.

> 이름에서 성별을 추측할 때 주의하라. **성별이 모호한 이름**에는 *Robin*(로빈), *Valerie*(밸러리), *Hilary*(힐러리)와 줄여 부르는 *Sam*(샘), *Jo*(조), *Alex*(알렉스)가 있다. 영국에서는 *Samantha*(사만다)가 보통 여성의 이름이지만 스리랑카의 한 호텔에서 본 *Samantha*라는 사람은 수염이 무성하게 난 남자였다!

214-226쪽에 자주 혼동되며 때로 모호함을 야기하는 단어들을 소개하고 있다. **동형이의어**(철자가 같지만 뜻이 다른 단어, 231-232쪽)는 글로 쓰는 영어에서 문제를 일으키며, **이형 동음이의어**(소리가 비슷한 단어, 232-233쪽)는 말로 할 때 모호함을 부른다. 다음 농담을 보자.

'Is life worth living?'
'삶은 살 만한 가치가 있는가?'

'It all depends on the liver!'
'모두 *liver**에 달렸다!'

부주의한 단어 선택에서 오는 모호함도 있다. 한 A레벨 생물학과 학생은 이렇게 썼다.

A poplar tree <u>can break wind</u> at a distance of up to 200 metres.
한 포플러 나무가 *200*미터 거리까지 바람을 막아줄 수 있다.

학생이 의도한 바는 '방귀를 뀌다**'가 아니라 바람막이 역할을 한다(*wind break*)는 의미였다.

---

* liver는 '사는 사람' 또는 '간'을 의미한다.
** 방귀를 뀐다고 할 때 break wind라는 표현을 흔히 쓴다.

 **어순의 모호함**

다음 문장은 모호하다.

I saw two huge lobsters scuba-diving in the wreck.

이 문장은 다음과 같이 더 명확해질 수 있다.

When I was scuba-diving, I saw two huge lobsters in the wreck.
스쿠버 다이빙을 할 때, 나는 난파선에서 커다란 가재 두 마리를 봤다.

다음 문장에서 조개는 교수가 먹었는가, 아니면 불가사리가 먹었는가?

Professor Thomas examined autoradiographs of starfish digestive tissue after being fed radioactive clams.
토마스 교수는 방사능 조개를 먹은 후 불가사리의 소화 조직 방사능 사진을 관찰했다.

수식하는 단어, 구나 절이 수식해야 하는 단어에서 너무 멀 경우 모호함이나 말도 안 되는 의미가 만들어질 수 있다.

Algernon was trampled by an elephant <u>wearing only his pyjamas</u>.

다음처럼 고치는 것이 훨씬 낫다.

Algernon, wearing only his pyjamas, was trampled by an elephant.
잠옷만 입은 앨저넌은 코끼리에 밟혔다.

Karen still goes to the pub where she had her arm broken regularly.
카렌은 정기적으로 팔이 부러진 그 펍에 아직도 간다.

부사 *regularly*는 *had . . .broken* 뒤가 아니라 이 부사가 가리키려는 동사인 *goes* 뒤에 오면 더 좋을 것이다.

 형용사와 모호함

107쪽에서 형용사 하나가 하나 이상의 명사에 적용될 수 있을 때 뜻이 모호해짐을 보았다.

*I ate the **large duck's** egg.*
나는 그 큰 오리의 알을 먹었다.

무엇이 큰가? 오리인가, 알인가, 아니면 둘 다인가?

*We admired the **ancient history** teacher.*
우리는 아주 오래된 역사 선생님을 존경했다.

모호함을 없애기 위해 문장을 다음의 두 문장으로 바꿀 수 있다.

*We admired the **teacher of ancient history**.*
우리는 고대사 선생님을 존경했다.

*We admired the **ancient teacher of history**.*
우리는 나이 많은 역사 선생님을 존경했다.

붙임표를 사용할 수도 있다.

*an **ancient-history** teacher*
고대사 선생님

*an ancient **history-teacher***
나이 많은 역사 교사

형용사는 뒤에 따라오는 명사 뒤까지 이어지거나 이어지지 않아 모호함을 부른다. 어떤 라벨에 이렇게 쓰였다고 생각해보자.

*These chocolates contain **no** <u>artificial</u> flavorings or <u>preservatives</u>.*
이 초콜릿은 인공 조미료나 방부제가 없다.

위의 문장은 '방부제가 없다(빨리 먹어야 한다!)'는 의미일까, 아니면 '인공 방부제가 없다'는 의미일까? 알 수 없다.

붙임표는 모호함을 피하는 데 아주 유용하다.

*To **recount** a story*
이야기를 '말하기' 위해

*To **re-count** the votes*
표를 '다시 세기' 위해

*Four **year-old** sheep*
한 살짜리 양 네 마리

Four-year-old sheep
네 살짜리 양

*Extra marital sex*에서 *extra*는 '추가의, 부가적인'이라는 뜻이다. 붙임표가 추가된 *Extra-marital sex*에서 *extra*는 '혼외의'라는 뜻이 된다.

다른 사용에서 오는 모호함

우리는 **다른 나라의 언어 사용**에서 모호함을 발견하기도 한다. 미국에서 *corn*은 *maize*(옥수수)를 가리킨다. 영국에서 *corn*은 *maize*인 *sweet corn*(사탕옥수수)이라고 구체적으로 말하지 않는 이상 *wheat*(밀)를 의미한다. *pants*는 영국에서 *underpants*(팬티)를 의미하지만 미국에서는 *trousers*(바지)를 뜻한다. 영국에 방문하러 온 미국 학자가 나에게 크리켓을 칠 때 무슨 색의 *pants*를 입어야 할지 물어본 적이 있다. 나는 그에게 *pants*의 색은 상관없지만 흰색 *trousers*를 입으라고 말했다. 위험한 혼동은 *pavement*라는 단어에서도 발생한다. 영국에서 이 단어는 '인도'를 가리키지만 미국에서는 차가 다니는 '포장도로'를 의미한다.

영국에서 쓰는 **구어적 표현**을 이해하지 못하는 외국인 의사들이 문제를 겪기도 한다. *having a bun in the oven*(임신한)이나 *spending a penny*(화장실을 사용하다)와 같은 표현이 그렇다.

 ## 대명사에서 오는 모호함

어떤 명사에 대명사가 적용되는지 알 수 없을 때 모호함이 발생한다.

Joan told Mary that she was pregnant.
존은 그녀가 임신했다고 메리에게 말했다.

임신한 사람은 누구인가?

 **비교할 때의 모호함**

다음 문장에 대해 생각해보라.

My house is twice as big as yours.
나의 집은 네 것보다 두 배 크다.

높이, 너비, 바닥 면적, 용적, 방 개수 중 무엇을 가리키는가?

 **손 글씨와 컴퓨터, 프린터와 문자 메시지**

내 **손 글씨**는 *wine*(와인), *urine*(소변), *wire*(철사, 전선)를 구분하기가 항상 쉬운 것은 아니지만 글의 맥락을 보면 어떤 단어를 의도했는지 명확히 알 수 있다. 손 글씨로 인해 의미가 모호해질 수 있는 중요한 단어가 있으면 나는 그 단어를 소문자로 쓰고 뒤에 꺾쇠괄호를 넣고 대문자로 한 번 더 쓴다. 자신의 글씨 샘플에서 잠재적인 모호함을 확인해보고 다른 사람도 읽어보게 하라.

때로는 특정 철자를 아는 것이 **중대한 문제**가 되기도 한다. '젖당'을 뜻하는 *lactose*를 소화할 수 없는 성인은 '소화 효소'인 *lactase*를 만들 수 없기 때문에 장 아래쪽에서 많고 당혹스러운 양의 가스를 만들어낸다. 손 글씨와 인쇄된 글씨 둘 다 *lactose*와 *lactase*를 구분하는 것이 필수적이며, -*ose*/-*ase*로 끝나는 다른 단어들도 마찬가지다.

일부 **컴퓨터와 화면, 프린터**는 숫자 1과 *India*(인도)에 쓰이는 대문자 *I*, *lower*(더 낮은)에 쓰이는 소문자 *l*을 구분하는 데 실패하기도 한다. 내 컴퓨터는 대문자 *I*를 소문자 *l*과 확실하게 구분하지 못하며, 그 때문에 61*IP*/*Zl*59 같은 보안 코드를 프린트할 때 문제를 야기한다. 내 컴퓨터와 화면, 프린터에서는 61/P/Z159의 *P* 뒤에 오는 *I*과 *Z* 뒤에 오는 *I*가 아주 미세하게 다를 뿐이다.

> **문자 메시지**에서는 줄임말이 표준화되어 있지 않아 모호함이 발생할 수 있다. 예를 들어 어떤 사람들은 *lots of love*(사랑해)를 의미하려고 *LoL*을 쓰지만 다른 사람들은 *laughing out loud*(재치 넘치는 말에 대한 칭찬 어린 응수로 쓰는 말)를 의미하려고 *LoL*을 쓴다.

16장: 관용구, 비유, 클리셰와 유명한 표현

 **서론**

관용구와 비유, 클리셰, 유명한 표현들은 서로 겹칠 때가 많다. 우리 중 다수가 학교에서 *dry as a bone*(뼈처럼 바싹 마른) 또는 *hard as nails*(못처럼 강인한)라는 전통적인 비유를 배웠다. 이런 표현은 **직유**라고 불리는 **비유**이며, 다른 많은 **유명한 표현들**과 마찬가지로 너무 자주 쓰이기 때문에 **클리셰**(상투적 표현)이기도 하다. 머릿속에서 곧바로 생각나는 표현이겠지만 이런 지루한 구절은 피하도록 하자.

비유는 산문에 생동감과 생명을 불어넣을 수 있으며 **시적 이미지**에서 널리 사용된다. 로버트 번스의 시 《A Red, Red Rose(붉은, 붉은 장미)》의 첫 구절을 보자.

O, my Luve's like a red, red rose...
오, 내 사랑은 붉고 붉은 장미 같아서...

관용구

관용구의 의미는 각 단어를 문자 그대로 해석할 때와 다른 경우가 많다. 예를 들면 *It was raining cats and dogs*(비가 억수로 쏟아진다)의 경우, 비가 온다는 뜻이지 하늘에서 동물들이 쏟아진다는 뜻이 아니다. *spill the beans*(비밀을 드러내다)도 콩과 식물을 떨어뜨린다는 의미가 아니다. *kick the bucket*(죽다) 역시 마찬가지다.

상대가 이해할 수 있는 관용구만 사용해야 한다. '설사'를 뜻하는 *I've got the trots*(trot은 '빨리 걷는다'는 뜻)나 '소변'을 의미하는 *I'm dying for a leak*(leak은 '누출'이라는 뜻) 등의 유명한 관용구를 환자들이 썼을 때 외국에서 온 의사들은 때때로 혼란에 빠졌다.

비유

은유(Metaphor)

은유에서는 *like*(~처럼)와 같은 비유에 쓰이는 단어를 사용하지 않고서도 닮았다는 것을 암시하기 위해 물체나 사람, 행동에 문자 그대로가 아니라 창의적으로 묘사하는 단어나 구가 붙는다. 그래서 강하고 신념 있는 리더였던 마가렛 대처는 '*The Iron Lady*(철의 여인)'라고 불렸다. *He soon found his feet*이라는 표현은 '주변 환경에 익숙해졌다'는 뜻으로 자기 발을 찾았다는 뜻이 아니다.

흔히 하는 실수는 다른 은유를 섞어 쓰거나 은유를 끝내지 않고 글을 계속 쓰는 것이다. 한 여학생의 학기말 평가서에 교장 선생님은 이렇게 썼다.

Fiona has now found her feet which I hope will continue to success at GCSE.*

아래는 섞어 쓴 은유의 예다.

In a nutshell, when he laid his cards on the table I smelled a rat, but I managed to nip it in the bud and so now the world's my oyster.**

직유(Simile)

직유에서는 *like*(~처럼), *as*(~같이), *as if*(마치 ~인 것처럼), *as though*(마치 ~인 것처럼)와 같은 단어로 직접 비유를 한다. 예문을 보자.

*The nervous candidate shook **like a leaf**.*

그 긴장한 후보는 나뭇잎처럼 떨었다.

*He was **as proud as a peacock**.*

그는 공작새처럼 거만했다.

과장(Hyperbole)

과장은 극적으로 부풀리는 표현이다.

The teacher said to the dim pupil, 'I've told you a million times what hyperbole means!'

그 선생님은 둔한 학생에게 말했다. '과장이 무엇인지 백만 번은 얘기했잖아!'

---

* '피오나는 이제 주변 환경에 익숙해졌으며 GCSE에서 잘 해내기 위해 그런 점이 계속되길 바랍니다.'라는 의도로 썼으나 은유를 끝내지 않고 계속 이어 나가는 바람에 which 뒤로 이어진 절이 'feet'을 수식하는 것처럼 보인다.

** '간단히 말하자면, 그가 속내를 털어놓았을 때 나는 낌새를 챘지만 그것을 미연에 방지했고 이제 나는 못할 것이 없다.'라는 뜻이다. 하지만 은유를 이해하지 못하면 '간단히 말해서, 그가 그의 카드를 탁자 위에 놓았을 때 나는 쥐 냄새를 맡았지만, 나는 가까스로 그것의 싹을 잘라버렸고, 이제 세상은 내 굴이 되었다.'와 같이 완전히 다른 의미로 받아들일 수 있다.

'I'd run a hundred miles to avoid his stinking breath,' she told her girlfriend.

'그의 심한 입 냄새를 피하기 위해서라면 백 마일이라도 도망가겠어.' 그녀가 친구에게 말했다.

환유(Metonymy)

환유는 전체를 어떤 부분이나 속성으로 대신하는 것이다. '영국'과 '중국'의 정부를 의미하기 위해 '런던'과 '베이징'이라고 말하거나, *He lost a small fortune on the **turf**(그는 경마장에서 적은 돈을 잃었다)*에서 *horseracing*(경마)을 대신해 *turf*(잔디)라는 단어를 사용하는 것이다.

*He watched the scanty **bikini** walk to the edge of the pool and dive in.*

그는 빈약한 비키니가 수영장 가장자리로 걸어가 뛰어드는 모습을 쳐다보았다.

이 예시에서 '비키니'는 비키니를 입고 있는 여성이다.

생략(Ellipsis)

생략은 단어를 생략하는 것이며 산문보다 시에서 더 흔하다. 생략(복수형 ellipses)을 위해 띄어쓰기를 한 점 세 개(. . .)를 사용하는 것과 비교해보자(125쪽). 셰익스피어의 《맥베스(Macbeth)》에서도 생략을 볼 수 있다.

What! All my pretty chickens and their dam
All at one fell swoop?
이럴 수가! 예쁜 내 닭들과 그 어미들이
모두 한 번에 쓰러졌단 말인가?

동사 *taken*이나 *killed*가 없지만 쉽게 의미를 알 수 있다. 여기서 *Chickens and their dam*은 아이들과 아내를 가리키는 은유 표현이다.

산문에서도 생략을 볼 수 있다. *He preferred beef, she, pork*(그는 소고기를 선호했다. 그녀는 돼지고기를)에서 글쓴이는 동사를 반복하는 것이 불필요하다고 생각했다.

완곡어법(Euphemisms)

완곡어법은 무례하거나 불쾌할 수도 있는 단어나 구를 순화하는 대체 표현이다. 죽음과 섹스, 배설 기능이나 종교가 자주 볼 수 있는 주제다.

*He **passed away** peacefully.*
그는 평안하게 숨을 거뒀다. (passed away=사망했다)

*They **slept** together last night.*
그들은 어젯밤 함께 잤다. (slept together=성관계를 가졌다)

*Gordon **relieved himself** behind the tree.*
고든은 나무 뒤에서 볼 일을 봤다. (relieved himself=소변을 봤다)

회의 보고에서 이런 말을 볼 수 있다. *A lively discussion ensued*(활발한 논의가 뒤따랐다). 이 말은 *There was a blazing row*(격렬한 반대가 있었다)의 완곡어법일 수도 있다.

*It's bleedin' obvious, ain't it(XX 번하지, 안 그래)?*에서 *bleedin'*은 욕설 *bloody*의 완곡어법이다. *Bloody*는 한편 *By our Lady*(성모 마리아)나 *Christ's Blood*(예수의 피)라는 표현의 완곡어법이라는 말이 있으며, 그래서 19세기와 20세기 초반에 크게 금기시되었다. 조지 버나드 쇼의 《피그말리온(Pygmalion)》(1913)에서 일라이자 둘리틀의 대사 '*Walk! Not bloody likely(걸으라니! 말도 안 돼)*'는 당시 큰 센세이션을 불러일으켰지만 오늘날 *bloody*는 강조하기 위한 표현으로 큰 생각 없이 자주 사용된다.

거의 모든 문장에 **욕설**을 사용한다면 문장의 효과를 떨어뜨리며 욕하는 사람의 지능이 낮음을 시사한다. 여왕의 영어는 극히 자극적인 상황에서 욕설 사용을 받아들이긴 하지만 최대한 적게 써야 한다.

완서법(Litotes)

완서법은 *not*이라는 단어를 사용하는 미묘한 장치이며 보통 *un*-으로 시작하는 단어가 뒤따른다. 두 가지 방식으로 쓸 수 있다. 첫 번째는 사실 더 힘 있는 **절제된 표현**이다.

> I was **not** a little **under**paid.
> 나는 급여가 조금 적지 않았다.

이는 엄청나게 급여가 적다는 뜻이다.

두 번째는 의미의 **섬세한 차이**를 위해 쓰인다.

> The play was **not un**enjoyable.
> 그 연극은 재미없지 않았다.

글쓴이의 감상은 연극이 좋았던 것과 싫었던 것 그 중간이다.

클리셰(Clichés)

클리셰는 너무 많이 사용되는 바람에 그 생동감을 잃어버린 표현이다. 출처 불명의 한 이야기에서 어떤 저질 잡지사의 저널리스트가 셰익스피어의 연극을 본 뒤 클리셰로 가득하다고 비판했다는 말이 있다. 셰익스피어 혼자서 전부 만들어내진 않았겠지만 그 당시에는 이런 표현들이 신선했다. 16세기 후반에는 이 셰익스피어적 표현들이 분명히 새롭게 들렸을 것이다.

Star-crossed lovers(불행한 연인)
To your heart's content(흡족하게, 실컷)
Hoist with your own petard(자기가 파놓은 함정에 스스로 빠지다)
There's the rub(그것이 문제로다)
Gild the lily(사족을 달다)

> 오늘날의 클리셰에는 *cutting-edge research*(최첨단 연구), *at this moment in time*(지금으로서는), *quantum leap*(비약적인 발전) 등이 있다. 자신이 쓴 글을 확인할 때 이런 표현이 보이면 가차 없이 빼버리자.

연습 문제(답은 제공하지 않음)

- 당신을 짜증나게 하는 오늘날의 클리셰를 두 개 적어라.

- 흔히 사용되는 관용구 두 개를 적어보자.

- 직유, 은유, 과장, 생략, 환유, 완서법과 완곡어법의 예시를 들어보자.

17장: 훌륭한 현대 영어의 문체와 예시

 **문체**

문체는 글이 쓰인 방식이며 말에서는 어투라고 한다. 특정 글을 위한 **문체 선택**은 보는 사람과 주제, 글쓴이의 능력과 기분에 달려 있다.

안내서는 종종 글쓴이에게 길고 유려한 단어보다 **짧고 담백한 단어**를 선택하라고 조언하지만 깊은 언어도 쓰임새가 있다. 안내서나 합의문, 양식에는 깔끔함과 명확함이 필수적이지만 창조적이고 서술적인 글쓰기에는 생동감 있는 문체가 적절할 때가 많다.

> 방금 쓴 단어를 금세 반복해서 쓰는 것은 좋지 않다. 동의어나 유사 동의어, 대명사를 사용해 **반복을 피할** 수 있다. 단어, 문장 구조와 길이를 다양하게 사용하라.

타블로이드 신문의 표제처럼 매우 전문화된 문체가 있다. 이 경우 짧은 단어를 선호하며 맞춤법은 필요하지 않다. 말장난과 심지어 각운도 사용된다. 《더 선(The Sun)》의 대표적인 예시 두 개를 보자. 첫 번째는 1990년의 유럽 위원회(European Commission) 위원장에 관한 표제이고 두 번째는 2010년 사만다 캐머런의 임신에 관한 표제이다.

Up yours Delors *
염병할 들로르

Wham bam! Sam Cam ** *to be mam (she'll need a new pram)*
이런! 샘 캠이 엄마가 된다(그녀에게 새로운 유모차가 필요할 것이다)

뒤에 나오는 예문들을 살펴보면 다양한 문체에 대해 더 잘 알 수 있게 될 것이다. 이 문체에서 글이 어떻게 다르게 쓰였는지 단어 선택과 문장 구조, 길이, 분위기, 주제와 독자를 향한 태도를 관찰하며 고민해보자.

이 예시들은 매년 여왕의 영어 협회에서 선정하는 '훌륭한 영어에 수여하는 아서 앤 마조리 굿차일드 상'의 결승 후보들이다.

 **서정적/전원적 글쓰기**

로빈 페이지, 《더 데일리 텔레그래프》 주말판, 2007년 4월 28일

이 글은 선명한 이미지를 떠올리게 한다.

The hour after dawn under an open sky is a beautiful time of birdsong, dewdrops and the lingering smell of scavenging foxes. As I walk over to the cows, with my exhaled breath white, to check for new arrivals, I

---

* up yours는 '염병할'이라는 속어로, (당시 유럽 위원회 위원장이었던 자크 들로르의) Delors와 각운이 맞는다.

** 사만다 캐머런의 이름을 '샘 캠'으로 줄여 제목을 전부 '-am'으로 각운을 맞췄다.

leave a trail of wet footprints alongside those of badger, muntjac deer and fox. The foxes always turn up when there is the prospect of cow afterbirth to enjoy ... They [sheep and cows on being let out in spring] ran, jumping and frisking, as they always do on release from their winter yard - heavily pregnant matrons with bellies bouncing and udders swinging are not one of nature's prettiest sights.

뻥 뚫린 하늘 아래 새벽이 지난 시간은 새의 지저귐과 이슬, 그리고 먹이를 찾아 돌아다니는 여우들의 냄새가 공존하는 아름다운 시간이다. 숨을 내쉴 때마다 새하얀 입김으로 변하는 것을 보며 갓 태어난 소들을 확인하기 위해 걸어갈 때 오소리, 문자크 사슴과 여우의 발자국 옆에 내 발자국이 젖은 땅에 남는다. 여우들은 소가 갓 태어난 즐거운 때에 항상 나타난다. ……동물들(봄에 풀어주는 양과 소)은 겨울의 뜰에서 벗어나면 항상 그러하듯 달리고 뛰며 장난을 친다. 임신한 지 한참 된 암컷들의 배가 흔들리고 젖이 출렁이는 모습은 자연에서 볼 수 있는 가장 아름다운 광경은 아니다.

 재미있는 스포츠 기사

수 모트, 《더 데일리 텔레그래프》 스포츠, 2005년 6월 29일 수요일

깔끔한 비유와 은유가 섞인 윔블던 테니스 해설이다.

Mary Pierce is what you might call a slow starter. For the first set of her quarter-final against the twice champion Venus Williams, she moved around the court like an underwater diving bell. Not that fast, actually. Michelangelo's David had more chance of returning Williams's first serve and the result was a very reflective 6-0 to the American in 21 locomotive minutes . . . Jolted awake, perhaps by shame, Pierce stopped performing as though stuck in a pool of aspic and fought all the way to an entrancing 22-point tie-break . . . It was an inexplicably statuesque performance from Pierce, with the emphasis on statue . . . It would be unfair to call 30-year-old Pierce a basket case. She is too elegant for that. She is more like a Prada handbag case . . .

메리 피어스는 슬로우 스타터라고 부를 만한 선수다. *2회 우승자인 비너스 윌리엄스*를 상대로 한 준준결승 경기의 첫 세트에서 피어스는 물속의 다이빙 벨처럼 코트에서 움직였다. 사실 그다지 빠르지 않았다. 미켈란젤로의 다비드 상이 아마 윌리엄스의 첫 서브를 더 잘 받아쳤을 것이고 결과는 *21분*이 되자 아주 빤하게 이 미국 선수에게 *6-0*으로 기울었다. ······아마 쪽팔림 때문일지도 모르겠지만 퍼뜩 정신을 차린 피어스는 라벤더로 가득한 수영장에 잠겨 있는 것처럼 경기하는 것을 그만두고 넋이 나갈 정도의 *22점* 동점까지 만들어냈다. ······조각상에 중점을 두고, 그것은 마치 불가해할 정도로 조각상처럼 위풍당당한 경기였다. ······ *30세*의 피어스가 농구공 보관 케이스처럼 무력하다고 말하는 것은 불공평하다. 그녀는 그런 표현을 쓰기에는 너무 우아하다. 피어스는 마치 프라다 핸드백 케이스 같다.

논쟁

논쟁은 진실해야 하지만 극단적이어야 하고, 균형이 잡혀 있어서는 안 된다.

닥터 피터 물렌 목사, 《더 데일리 텔레그래프》, 2008년 1월 31일

이 글은 흥미진진한 글이지만 영국 국교회의 정치적 정당성에 반대하는 진심 어리고 용기 있는 논쟁이며, 교회 권위자들에게 징계를 받을 것조차 감수하고 있다. 글에 담긴 주장은 논리 정연하고 아름답게 나타났으며 훌륭한 표현 방식들이 아주 많다.

I am trying to be a priest, but I haven't time. When I was first appointed vicar . . . the diocesan annual returns were on one side of A4 . . . Nowadays, the annual returns are a foot thick and a bundle of perfidious obscurity, hedged about with health and safety and absurd questions about light bulbs, and serious inquiries as to what the PCC is doing to reduce our carbon footprint - all because the Church has taken up the pagan fantasy of global warming. I think the returns are devised in some Kafkaesque archidiaconal madhouse and calculated to be impossible to complete even over the whole year.

... This is, of course, only political correctness tacked onto the failed collectivist socialist agenda that our rulers in the General Synod have foisted on us for a generation.

... It's a pantomime: a dumbed-down, clapped-out imitation of the entertainment industry combined with the newspeak of bureaucratic control. Once there was the Church of England. Now there is only the new Babel ...

나는 성직자가 되려고 노력하지만 시간이 없다. 맨 처음 교구 목사로 부임했을 때 교구 주교 연간 보고서는 A4용지 한 면이 전부였다. 이제는 연간 보고서의 두께가 약 30센티미터에 달하며 신뢰하기 어려운 모호한 말투성이다. 건강과 안전 그리고 전구에 관한 질문 등 말도 안 되는 주제로 어물쩍 넘어가는 한편 이산화탄소 배출을 줄이기 위해 PCC에서는 무엇을 하고 있느냐는 진지한 문의 등이다. 이건 모두 교회에서 지구 온난화에 관한 세속적인 판타지를 받아들였기 때문이다. 이 연간 보고서는 카프카처럼 부조리한 부주교 정신병원에서 작성되었으며 1년 내내 작성해도 시간이 모자라게 하려고 계산된 것 같다는 생각이 든다.

……이는 물론 총회에 있는 우리의 지배자들이 한 세대 동안 우리에게 속여 팔아 온 망한 집산주의적이고 사회주의적인 안건에 덧붙여진 유일한 정치적 정당성이다.

……이건 무언극이다. 바보처럼 단순화되고 녹초가 된 엔터테인먼트 산업의 모조품이 관료주의적 통제의 모호하고 기만적인 언어와 합쳐진 것이다. 예전에는 영국 국교회라는 것이 존재했다. 이제는 새로운 바벨만이 있을 뿐이다.

생동감 있는 묘사

아담 니콜슨, 《더 데일리 텔레그래프》 해설, 2004년 4월 12일

이 예술적 기교로 가득한 글은 놀라운 이미지와 소리, 냄새와 행동으로 가득하다. 글쓴이는 세 마리의 굴뚝새가 '굴뚝새 모양의 우주에 산다'고 묘

사하며 이들이 서로 경쟁하는 데 몰두하여 주변에서 날아다니는 더 크고 시끄럽고 엄청나게 많은 다른 새들을 완전히 무시하고 있다는 점을 표현했다.

> It was wren ballet, wren theatre, wren war . . . Wanderlust, intense mutual competition, aggressive territoriality, blindness to the existence of anything but themselves, all this combined with a male interest in engineering and female obsession with interior decor: it is an intriguingly human set of qualities.
>
> The strangest sight I have seen all the year was during the summer, in an enormous seabird colony in the Hebrides. All round me, the puffins, razorbills and guillemots were hacking and growling at each other, standing in offended silence or simply coming and going, their babies cheeping deep within the boulders of the colony, the rocks coated in guanoed slime, the shags hissing and honking at me like demented witches, a stinking, ammoniathick and frankly hellish place.

이건 굴뚝새 발레, 굴뚝새 연극, 굴뚝새 전쟁이었다. ……방랑벽, 격렬한 상호간의 경쟁, 공격적 텃세와 자신들을 제외한 다른 존재는 보이지도 않는 맹목적인 면, 이 모든 것들이 기술을 향한 수컷의 관심과 내부 꾸미기를 향한 암컷의 집착과 합쳐졌다. 흥미로울 정도로 인간적인 특성이다.

내가 올해 본 가장 이상한 광경은 헤브리데스 제도의 거대한 바닷새 거주지에서 여름에 일어났다. 내 주변에서는 바다오리, 가위제비갈매기와 바다비둘기가 서로를 쪼고 쉭쉭대며 기분 나쁜 침묵 속에 서있거나 그냥 왔다 갔다 했고, 이들의 새끼들은 군락의 거대한 바위, 바닷새 배설물로 뒤덮인 바위에서 짹짹대고 있었으며 가마우지들은 정신 나간 마녀들처럼 나를 보며 소리 높여 울어댔다. 냄새 나고 암모니아 가득하며 솔직히 지옥 같은 장소였다.

 **패러디와 모방**

패러디(*spoof*, 스푸프)는 조롱이며, 모방은 특정 글쓴이나 시대의 문체로 글을 쓰는 것을 가리킨다. 다음 예시는 '패러디 레시피'로 요리를 할 때 따라하면 안 된다.

올리버 프릿쳇, 《더 데일리 텔레그래프》엔드 칼럼, 2004년 5월 5일

이 거칠고 유머 넘치는 글은 레시피 스피크*와 언론의 관심을 얻기 위해 무례하게 행동하며 유명세를 탄 요리사들을 훌륭하게 풍자했다.

> *Break six eggs into a bowl and give them a good bollocking. Set aside. Now lay three lamb epithets on a board and pummel them for five minutes. By the end of this process, the lamb should be cowed**, but not completely flattened. Take it outside and teach it a good lesson. Bring it back into the kitchen and sprinkle with asterisks, then pointedly ignore . . . Give the mixture a good glare and allow to vituperate . . . Excoriate a leek and denounce a medium-sized bulb of fennel, very roughly chopped, and stir-fry for two minutes.*

그릇에 계란 여섯 개를 깨서 넣고 잡아 죽일 듯 휘저으세요. 옆에 두세요. 세 개의 양 별칭(epithet)을 판에 놓고 *5*분간 계속 때리세요. 이 순서가 끝날 때쯤 되면 양은 겁에 질려 있겠지만(cowed) 완전히 평면이 되진 않았을 겁니다. 밖으로 데리고 나가 본때를 보여주세요. 부엌에 다시 데려와 별표(asterisk)를 뿌려준 뒤 날카롭게 무시하세요. 이 섞인 요리를 한껏 째려봐주시고 욕을 하게 두세요. 골파를 박리하듯 벗겨낸 뒤 매우 대충 썬 중간 크기의 회향을 미친 듯 비난한 후 *2*분간 볶으세요.

---

* 스마트폰을 통해 말로 레시피를 설명해서 요리하는 동안 들으며 따라 할 수 있게 한 기능이다.
** cowed는 '주눅이 들었다'는 의미와 함께, '소가 되다'는 의미로 말장난을 한 것이다.

 **심한 사투리**

사투리로 글쓰기는 사투리를 잘 알아듣는 사람들만 시도해야 한다. 이 글은 일부 단어의 뜻이 모호하긴 해도 일반적으로 알아들을 수 있는 글이다.

제흐바스 핀, 《더 타임스》, 라이프, 2002년 6월 8일

심한 요크셔 사투리를 쓰는 10세의 윌리엄이 글쓴이에게 성경에서 읽은 가장 마음에 드는 이야기를 설명한다.

'Well, it's a cracking good tale, in't it? Old Goliath come-sa ovver dale, huffin' and puffin' and shoutin' and screamin' and wavin' his reight big sword abaat like there's no tomorra and tellin' t'Israelites to send out their champion. Out come little David wi' nowt but a slingshot in 'is 'and. "Waaay!" roars Goliath. "Is this t'best thy lot can do? Little squirt like thee! I could tread on thee and squash thee. I could breathe on thee and blow thee into t'next week."'

'워메, 겁나게 멋진 얘기구먼유, 그쥬? 늙은 골리앗이 저어기서 와서는 흥흥 큼큼거리구 소리 지르구 비명 지르구 내일은 없는 것마냥 엄청 큰 검을 막 흔들어대구 이스라엘 사람들한테 니네 대표를 내보내라구 해유. 쬐그만 다윗은 손에 암껏두 없구 물맷돌뿐이어유. '와아아아!' 골리앗이 소리 질러유. '니네가 할 수 있는 최선이여? 니 같은 꼬맹이가! 나가 밟아서 짓뭉갤 수도 있겄다. 나가 입김 불면 니는 다음 주까지 날아가버릴 거구먼.'

 지리학적 묘사와 여행기

극적인 언어와 능동적 표현, 비상태적(행동) 동사(50, 59-61쪽 참고) 사용, 훌륭한 형용사 선택을 눈여겨보라.

린 맥스웰, 《Practical Photography(프래티컬 포토그래피)》에 저자 미상으로 출판, 2004년 4월

Then head north to Upper Dovedale, where the ice must have hiccupped as it smoothed this plateau, leaving Chrome Hill and Parkhouse Hill rising from it like two 1,300 ft dorsal fins.

Now you're ready for the biggest, bleakest and best. The brooding plateau of Kinder Scout squats above Edale Moor, its top ironed flat by time and weather. At 2,087 ft it's the highest point in the Peak, and on a cold day you don't need confirmation of this from the contours on the map - your nose and toes will tell you. In the Peak District, lowland Britain rubs shoulders with the gritty uplands of the Pennines and you don't get much grittier than Kinder. Impossibly balanced rocky outcrops perch on its top with equally impossible shapes, sculpted smooth. And when mist cloaks the landscape, these dark tors and rocks become your guides, rising from the featureless waste to beckon you to safety.

그 뒤 어퍼 도브데일이 있는 북쪽으로 향한다. 얼음이 고원을 매끄럽게 만들다 재채기라도 한 듯 크롬 힐과 파크하우스 힐이 *1,300*피트의 등지느러미 두 개처럼 솟아올라 있는 곳이다.

이제 가장 거대하고 으스스하고 최고인 곳을 만날 준비가 됐다. 킨더 스카웃의 음울한 고원은 이데일 무어(황야) 위에 주저앉아 있으며 그 꼭대기는 시간과 날씨로 다림질한 듯 판판하다. *2,087*피트가 피크 지역에서 가장 높은 지점이며 주운 날에는 이 사실을 확인하기 위해 지도를 볼 필요가 없다. 코와 발이 말해줄 것이다. 피크 지역에서 저지대의 브리튼이 페닌스의 모래 많은 고지대와 어깨를 비벼대지만 킨더보다 훨씬 모래가 많지는 않다. 불가능하게 균형 잡은 바위가 많은 노출 지대가 그 위에 마찬가지로 불가능한 모양으로 매끄럽게 조각되어 걸터앉아 있다. 그리고 안개가 풍경에 망토를 드리우면 이 어두운 바위산과 바위가 이 특색 없는 황무지에서 일어나 당신을 안전으로 인도하는 안내자가 된다.

 **풍자**

크레이그 브라운, 《더 데일리 텔레그래프》, 2000년 11월 11일

그 당시 부총리였던 인물의 말을 패러디한 이 글은 혁신적인 말라프로피즘*, 두음전환, 프레스코티즘**과 고통스러운 문법이 공존하는 영국 풍자 사상 최고의 전통이다. 글은 이렇게 시작된다.

*7.15 am: The alarm **rock clings**. Down to breakfast. **Oil** myself **a beg**, with hot **tuttered boast*****.*

글은 이렇게 끝난다.

Tight first rhyme: the wrong kind of row on the snails****.

 **비유적 표현**

노먼 레브레트, 《더 데일리 텔레그래프》 '음악에 관해', 1999년 7월 14일

It is not the custom of this column to speak ill of the dead, but the Arts Council of England has been giving so lively an impression of the proverbial headless chicken that some might be fooled into detecting signs of intelligent life.

---

* '말의 익살스런 오용'을 가리키는 용어다.

** 영국의 정치가 존 프레스콧, 앞에서 말한 '그 당시 부총리'가 이 인물이다.

*** 원래대로라면 이렇다. The alarm clock rings. Down to breakfast. Boil myself an egg, with hot buttered toast(알람시계가 울린다. 아침을 먹으러 내려간다. 계란을 익히고, 버터를 바른 뜨거운 빵을 먹는다).

**** 원래대로라면 이렇다. Right first time: the wrong kind of snow on the rails(처음으로 맞혔다. 레일에 잘못된 종류의 눈이 내렸다).

작고한 누군가에 관해 나쁘게 이야기하는 것이 이 칼럼의 전통은 아니지만 영국 예술 위원회(ACE)가 속담에 등장하는 머리 없는 닭 흉내를 너무 생생하게 내는 바람에 어떤 사람들은 지적 생명체의 신호가 감지된다고 속을지도 모른다.

 부고

W.F. 디즈, 《더 데일리 텔레그래프》, 2003년 10월 31일

데니스 대처의 추도식을 위한 헌사였다.

Denis Thatcher, whom we remember today, was the most straightforward and forthright of men, who'd deplore any false note struck in his memory . . . Denis left something imperishable. He left us the memory of a character, a stamp of man, straight and true, to which every father, whether soldier, man of business, sportsman or reptile might dearly wish their sons to aspire and if possible attain.

오늘 우리가 모여 기억하는 데니스 대처는 자기 기억 속에 남은 그 어떤 엉뚱한 말이라도 통탄해 할 만한 솔직하고 단도직입적인 사람이었습니다. ……데니스는 영원히 죽지 않는 무언가를 남겼습니다. 그는 그 솔직함과 진실함으로 군인이든, 사업가이든, 운동선수이든 파충류이든 상관없이 아버지라면 아들이 열망하고 성취하길 바랄 그런 인물의 기억, 발자취를 우리에게 남겼습니다.

18장: 철자 기억하는 법과 어원, 접두사, 접미사 사용

 철자 기억하는 법

철자를 틀리면 경솔하고 무식하다는 인상을 주며 혼란과 오해를 초래할 수 있다. 법칙을 배우고, 사전을 사용하고, **어원의 힌트와 접두사, 접미사를 쓰는 것**이 큰 도움이 된다.

몇 가지 법칙을 알아두면 *occured*, *assymetry*, *unaturally*, *definate*, *acheive*, *normaly*, *beginning*, *dissapear*와 같은 **흔한 실수**를 피할 수 있다. 일부 법칙이 복잡해 보이더라도 걱정할 필요 없다. 예시를 보면 명확해질 것이다. 법칙을 기억하지 못해도 **알고 있는 단어의 패턴**을 이용해 적용된 법칙을 찾아낼 수 있다. 일부 예외는 있으며 특히 *l*, *w*, *x*는 때로 다른 법칙을 따른다.

연습 문제들이 법칙을 기억하는 데 도움을 줄 것이다. 정답은 제공하지 않는다. 사전을 찾아보라.

유용한 법칙

1. 단어를 주의 깊게 발음하고, 어렵게 느껴지는 단어들은 특별한 '마음속 발음'을 사용해 기억한다. 마음속에서 *enviro**n**ment*의 두 번째 *n*, *mor**t**gage*의 *t*를 강조

해 발음할 수 있다.

2. 스스로의 발음에서 단모음과 장모음에 유의하라. 단모음은 이중 자음 앞에 올 때가 많으며, 특히 자음이 l이 아닐 때 그러하다. 이 법칙을 적용해 *accommodation*을 기억할 수 있다. 단어의 끝에서 장모음 뒤에 자음(w, x, y는 제외)이 뒤따르는 경우 이는 자음 뒤에 묵음 e가 온다는 것을 의미할 때가 많다. 예: *rob*(털다)[rɒb], *robe*(예복)[rəʊb]; *din*(소음)[dɪn], *dine*(만찬을 들다)[daɪn].

3. 철자가 어려운 단어들을 기록하라. 철자를 익힐 수 있도록 써보고, 가능하면 스스로 암기법을 만들어보자.

4. 골칫거리인 강세 없는 모음이 발음되지 않거나 불분명하게 발음되는 경우, 관련 단어 지식을 활용해보자. 강세 없는 모음들은 서로 매우 비슷하게 들려 철자를 헷갈릴 수 있다. *emigrant*(이민자)[ˈemɪgrənt]라는 단어의 마지막 모음을 예로 보자. 이 *a*는 er, a, e, u, ur처럼 들리는 모호하고 짧은 소리이다. 관련 단어인 *emigration*(이주)[èmɪgréɪʃən]에는 *a*에 아주 명확하게 강세가 있어 *emigrant*의 강세 없는 *a*를 추측하는 데 도움을 준다.

연습 문제

이 방법을 사용해 다음의 빠진 모음[–]을 찾아보자.
defin-te, radi-nt, irrit-nt, environm-nt, degr-dation.

5. ie인가 ei인가? 법칙은 이렇다. '모음 소리가 bee[biː]와 각운을 이루는 경우, c 뒤에 올 때를 제외하고 e 앞에는 i다.' 이 법칙에서 앞부분이 가장 중요한데 사람들이 종종 이 부분을 빼먹는다. 이 법칙은 re*cei*ve(받다), a*chie*ve(달성하다), be*lie*ve(믿다), *chie*f(주된), re*cei*pt(영수증), de*cei*ve(속이다), b*rie*f(짧은) 등의 단어를 기억하는 데 도움을 준다. 소수의 예외로 prot*ei*n(단백질), caff*ei*ne(카페인), s*ei*ze(꽉 붙잡다)가 있다. **모음 소리가 bee와 각운을 이루지 않는 경우**에는 대부분의 단어에 *ei*가 온다. d*ei*gn(치사스럽지만 한다는 듯이 굴다), *ei*der(솜털오리), f*ei*nt(상대방을 속이는 동작), h*ei*fer(어린 암소), h*ei*r(상속인), r*ei*gn(통치 기간), surf*ei*t(과다), v*ei*n(정맥), w*ei*gh(무게를 달다)가 있다. 하지만 fr*ie*nd(친구)를 기억하라.

6. c인가 s인가? the advice(조언)와 to advise(조언하다)를 기억하자. 명사 advi*ce*(vice와 각운을 이룬다)와 동사 advi*se*(lies와 각운을 이룬다)의 발음을 통해 발음이 유사한 다른 단어들 또한 명사에는 c, 동사에는 s가 들어간다는 것을 알 수 있다.

the practi**ce**(실행), to practi**se**(연습하다)
the licen**ce**(면허), to licen**se**(허가하다)

7. 접두사(Prefix)는 보통 기본 단어에 붙으며 스스로와 기본 단어에 변화를 주지 않는다.

dis+solve=dissolve(녹다)
dis+appear=disappear(사라지다)
mis+spell=misspell(철자를 잘못 쓰다)
inter+related=interrelated(서로 관계가 있는)
inter+act=interact(소통하다)
un+natural=unnatural(비정상적인)

접두사와 짧은 단어를 통해 **단어의 기원**을 알면 정확한 철자를 알아낼 수 있다. *dissolve*에는 *s*가 2번, *disappear*에는 *s*가 하나라는 것들이다. 몇 가지 예외가 있는데 보통 *l*이 많다. *all+together=altogether*(완전히), *well+come welcome*(맞이하다).

8. 접미사(Suffix)

(a) -*ly*와 같이 자음으로 시작하는 접미사('자음 접미사')는 보통 기본 단어를 바꾸지 않는다.

normal+ly=normally(보통은)
complete+ly=completely(완전히)
govern+ment=government(정부, 정권)
hope+ful=hopeful(희망에 찬)

때로는 맨 마지막의 *e*를 빼기도 한다. 예: *truly*(정말로), *duly*(적절한 절차에 따라), *argument*(논쟁).

(b) 모음으로 시작하는 접미사('모음 접미사')의 경우는 다음과 같다. 여기에서는 *y*를 모음으로 친다.

(i) 기본 단어가 묵음 *e*로 끝날 경우 보통 그 *e*를 뺀다.

hope(바라다, 희망), *hoping*(hope+ing)
complete(가능한), *completion*(완료)

묵음 *e*는 자음의 발음을 부드럽게 해주기 위해 맨 마지막에 *g*나 *c*와 함께 오며 *a*나 *o*로 시작하는 접미사 앞에 온다. 이 모음들은 *e*나 *i*와 달리 이 자음들의 발음을 부드럽게 해주지 않기 때문이다.

notice(신경씀), *noticeable*(뚜렷한)

(noticeable은 'notickable'이라고 발음될 것이다.)

outrage(격분), *outrageous*(너무나 충격적인)

마지막 *e*는 혼란을 방지하기 위해 그대로 둘 수도 있다.

dye(염색하다), *dyeing*(dye+ing)
die(죽다), *dying*(die+ing)

 연습 문제

아래의 단어들로 이 법칙들을 연습해보자.

peace+able; forgive+ing; manage+able; manage+ing; stone+y; code+ing

(ii) 음절이 하나이고 하나의 모음 뒤에 하나의 마지막 자음이 오는 단어는 모음 접미사를 더할 때 자음을 두 개로 늘린다. 예: *hop*(깡충깡충 뛰다), *hopped*(깡충깡충 뛰었다), *slim*(날씬한), *slimmer*(날씬한 사람), *plan*(계획), *planning*(계획). (이러한 법칙을 모른다면 *hoped*(기대된)나 *planing*(대패질)이라고 써서 의미가 바뀔 수 있다.)

(iii) 두 개의 자음으로 끝나는 한 음절의 단어나 마지막 자음 전에 두 모음이 같이 있는 단어는 마지막 자음을 두 개로 늘리지 않는다. 예: *harp*(*harp on* 계속 말하다), *harping*(*harp*+ing), *cool*(시원한), *cooling*(냉각(의)).

(iv) 두 개 이상의 음절이며 짧은 모음 뒤에 하나의 자음으로 끝나는 단어

는 강세([']로 표시)가 첫 번째 음절에 있으면 마지막 자음을 두 개로 늘리지 않는다. 예: *al'-ter*(변하다), *al'-tered*(바뀐), *of'-fer*(제안하다), *of'-fering*(제공된 것). 강세가 마지막 음절에 있으면 마지막 자음을 두 개로 늘린다. 예: *be-gin'*(시작하다), *be-gin'-ning*(시작), *sub-mit'*(제출하다), *sub-mit'-ted; re-fer'*(조회하다), *re-ferred'(reffer+ed)*.

접미사를 추가해서 강세 패턴이 바뀐다면, 기본 단어가 아니라 마지막에 나오는 단어의 강세 패턴을 따르라. *re-fer'*는 접미사 *-ence*를 추가하면 *ref'-er-ence*로, 강세의 변동이 있으므로 접미사 앞에 *r*이 추가되지 않았다. 영국 영어에서는 짧은 모음이 앞에 오고 *l*로 끝나는 단어는 강세가 있든 없든 *l*이 보통 두 개가 된다(하지만 미국 영어에서는 아니다). 예: *tra'-vel*(여행하다), *travelled*(여행을 ~정도 한), *com-pel'*(강요하다), *compelled*.

 연습 문제

이 유용한 법칙 (iv)를 연습해보자.

아래의 단어에 –ed를 더한다. 어떤 음절에 강세가 오는지 확실하지 않을 경우 단어를 천천히 발음하거나 각 음절에 강세를 줘보며 어떤 경우가 옳게 들리는지 확인해보자.

disbud, occur, differ, transmit, target, order, prefer, propel, commit, label

(v) 두 모음 뒤에 하나의 자음으로 끝나는 단어는 자음을 두 개로 늘리지 않는다.

remain(남다), *remaining*(남아 있는)
unveil(덮개를 벗기다), *unveiling*(제막식)

(c) 자음+y로 끝나는 단어는 자음 접미사이든 모음 접미사이든 y를 i로 바꾼다(모음 접미사가 i로 시작하면 i가 겹치는 것을 피하기 위해 y를 바꾸지 않는다).

hazy(안개가 낀, 흐릿한), *hazily*(흐릿하게)
happy(행복한), *happiness*(행복)
marry(결혼하다), *marriage*(결혼)
carry(들고 있다), *carrying*(적재, 운송)

(d) 단어가 모음이 앞에 오는 y로 끝난다면 y를 바꾸지 않는다.

employ(고용하다), *employed*(고용된), *employment*(직장)

 연습문제

necessariy+ly; *lazy+ness*; *display+ed*; *friendly+est*; *bury+ing*.

쉽지 않은가? 접두사와 접미사에 관한 법칙들을 통해 필요할 경우 적절한 기본 단어가 무엇인지 거꾸로 알아낼 수도 있다. *to robe*에서 *robing*이 되는지 *robbing*이 되는지 확실하지 않을 때에 위의 법칙들을 활용해 *robe+ing*과 *rob+ing*을 풀어볼 수 있다. 각각 *robing*과 *robbing*이 됨을 알 수 있으며, 문제는 해결되었다.

9. 단어를 구성단위로 쪼개면 철자를 기억하는 데 도움이 되며, 접두사와 접미사에 관한 지식도 쓸 수 있다.

government(정부) = *govern*(통치하다)+*ment*('동작', '결과'를 뜻하는 접미사)
misspell(철자를 틀리다)=*mis*('나쁜', '잘못된'을 뜻하는 접두사)+*spell*(철자를 말하다(쓰다))

철자 개혁

철학자 버트랜드 러셀은 철자 개혁을 촉구한 많은 인물 중 한 명이었다. 이들은 사람들이 자주 혼동하는 두 가지를 위해 개혁을 요청하였다. 하나는 영어의 철자가 **발음을 더 잘 드러낼 수 있게(표음식) 하여** 발음이 철자를 따르도록 하자는 것이었다. 예를 들어 묵음을 없애는 것이다. 영어에는 약 44개의 다른 소리(음소, phonemes)가 있다. 그렇기 때문에 26개의 철자도 아니고 강세와 같은 많은 발음 구별 기호도 아닌 44개의 철자가 필요하다. 또한 아주 큰 문제가 있는데 영어를 사용하는 나라의 각자 다른 지역에서 같은 단어가 다르게 발음되는 것이다. 영국에서 *brass(놋쇠)*라는 단어를 표음식 철자로 쓰기란 힘든 일이다. 왜냐하면 남부에서는 이 단어를 *farce(익살극)*[fɑːrs]와 각운을 이루는 긴 a로 발음하고 북부에서는 *ass(엉덩이)*[æs]와 각운을 이루는 짧은 *a*로 발음한다.

철자를 표음식으로 만들게 되면 발음이 똑같은 모든 단어(동음어)는 철자가 서로 똑같아질 것이다(동형이의어).

그렇게 되면 *rays(가오리류)*/*raze(완전히 파괴하다)*/*raise(들어올리다)*, *seamen(해원)*/*semen(정액)*, *write(쓰다)*/*right(옳은)*/*rite(의식)* 등의 아주 유용한 차이를 잃어버리게 될 것이다.

두 번째 요청은 **철자를 간단히 만들자는 것**이다. 철자 협회에서는 단순화를 위한 다양한 제도를 만들었지만 협회 회원들은 어떤 제도를 채택할지에 관해 서로 동의할 수 없었다. 모든 제안이 각자 약점을 가진다. 만약 철자 개혁을 위한 극단적인 제도가 채택된다면 사람들은 새로운 제도를 배워야 할 뿐 아니라 기존의 책을 읽기 위해 옛 제도 또한 배워야 할 것이다. 난장판과 혼란이 야기될 수 있다.

두 개씩 있는 자음이나 모음을 갑자기 줄여버릴 수는 없다. 그랬다

가는 *matting*(매트 재료)과 *mating*(짝짓기), *hoping*('바라다'는 의미의 *hope+ing*)과 *hopping*(활발한), *root*(뿌리)와 *rot*(썩다) 등의 차이점이 사라져 버릴 것이다. 앞에서 봤듯 두 개로 늘린 자음은 발음에 관한 정보를 주며, *ammunition*(탄약)과 같이 앞에 오는 모음의 발음을 짧게 만들기에 반대의 경우, 즉 발음이 철자에 관한 정보를 줄 수도 있다.

There is a difference between matting and mating.
(matting과 mating은 다르다.)

철자 개혁은 어원을 불분명하게 만들어 의미를 덜 명확하게 할 것이다. 요약하자면, 철자 개혁은 이론상으로는 가치 있어 보이지만 실행했을 경우 장점보다는 단점이 더 많다. 많은 외국인들이 영어 철자와 발음을 마스터한다. 영국인들 또한 할 줄 알아야 할 것이다.

어원 알기

어원을 알기 위해 라틴어나 그리스어를 알 필요는 없지만 접두사든, 접미사든, 기본 단어든 **공통근**을 배워두는 것은 무척이나 쓸모 있다. 공통근을 알면 '*anti-*인가 *ante-natal*인가? *forhead*인가, *forehead*인가?'와 같은 철자와 의미 파악에 도움이 된다.* 어떤 단어는 *benifit*으로 발음되지만 이 단어가 *bene*(라틴어로 '잘' 또는 '좋은')에서 왔다는 점을 알면 옳은 철자는 *benefit*(혜택)이라는 것을 알 수 있다.

*hypodermic(피하 주사기)*이라는 단어의 어원을 찾아보면 '위나 아래'를 의미하는 *hypo*, 그리고 피부를 의미하는 *derma*에서 왔다는 것을 발견하게 된다. 그 후에는 *hypothyroid* 상태가 무엇인지, 즉 갑상선이 활동을 제대로 못하고 있다는 의미라는 것을 알 수 있으며, *hypothermia*가 저체온증이라는 것도 알 수 있다.

어원학, 즉 어원을 연구하는 학문은 무척이나 흥미롭다. 예를 들어 미국의 화폐 단위인 *dollar(달러)*는 독일어 *Thaler*에서 왔으며, 이 단어는 *Joachimsthaler*, 즉 오늘날 *Jachymov*라고 불리는 체코 공화국의 *Joachimstal*에서 채굴된 금속으로 만들어진 동전의 줄임말이다.

어떤 단어는 시간이 흐르며 다른 의미까지 함께 갖게 되었으며, 이들의 예는 262-267쪽에서 찾아볼 수 있다. 예를 들어 가치 있는 일에 바치는 것인 *charity(기부)*는 라틴어로 사랑과 애정을 의미하는 *caritas*에서 파생되었다.

어원을 찾기 위해 좋은 사전을 사용해야 한다. 그러면 단어의 요소를 아는 것만으로도 새로운 단어의 의미를 추측할 수 있다는 사실을 발견하게

---

* antenatal은 '출산 전', forehead는 '이마'를 의미한다. 각 단어 앞의 예시는 이들과 종종 헷갈리는 경우다.

될 것이다. 어휘를 늘리기 위해 알지 못하는 모든 단어를 다 찾아보라. 다음은 **흔히 쓰이는 접두사와 접미사**를 모은 목록이다.

a-/an- 아닌, 없이
🔖 *a*sexual(무성의), *a*tonal(무조의), *an*aemia(빈혈)

ab- ~에서 떨어진, ~에서 없는
🔖 *ab*sent(부재한)

이 어원을 알면, ab+errant(잘못된)인 *ab*errant(도리를 벗어난)에 b를 두 개 넣으면 안 된다는 것을 알 수 있다. ab+brevis(짧은)에서 온 *ab*breviate(줄여 쓰다)에는 b가 두 개 들어간다는 것도 알 수 있다.

ad- 가까이, ~에, ~에서
🔖 *ad*renal(신장 부근의), *ad*herent(지지자), *ad*sorb(흡착하다)

다음 세 개의 예문을 보며 *adsorb*의 사용상 차이점을 눈여겨보자.

platinum adsorbed the pollutants.
백금이 오염 물질을 흡착했다. ('take onto a surface(표면화하다)'는 의미)

to absorb knowledge
지식을 흡수하다. ('정보를 받아들이다'라는 의미)

to absorb the spillage.
쏟은 것을 흡수하다. ('흡수하다, 빨아들이다(suck in)'의 의미)

aero- 공기
🔖 *aero*bic(유산소의), *aero*sol(에어로졸, 연무제)

-algia (국한된)~통
🆔 neur**algia**(신경통)

amphi- 둘 다
🆔 **amphi**bious(양서류인, 물과 육지 둘 다에 사는), **amphi**dextrous(양손잡이의)

andr-/**andro**- 남성
🆔 **andro**gen(안드로젠, 남성호르몬), poly**andry**(일처다부제)

ante- ~전의
🆔 **ante**natal(출산 전의), **ante**cedent(선행 사건), **ante**room(대기실)

anti- 반대의
🆔 **anti**septic(소독제), **anti**war(반전의)

arch- 첫째의, 주된, 원시의, 원래의
🆔 **arch**bishop(대주교), **arch**etype(원형)

aut-/**auto**- 같은, 스스로의
🆔 **auto**erotic(자기 색정적인), **auto**immune(자가 면역의), **auto**biography(자서전)

bene- 좋은
🆔 **bene**volent(자애로운), **bene**fit(혜택, 이득)

bi- 두 번의, 두 개의/두 배의
🆔 **bi**gamy(중혼), **bi**annual(연 2회의), **bi**nocular(쌍안경)

bio- 생명, 삶
🆔 **bio**logy(생물학), **bio**graphy(전기)

card-, **cardio**- 심장
🆔 **card**iac(심장의), **cardio**gram(심박동 곡선)

cent-, centi- 100
예 **cent**ipede(지네), per **cent**; hundredth(백분율, 퍼센트), **cent**imetre(센티미터)

chroma- 색의, 채도의
예 **chrom**atic(반음계의)

chron- 시간, 긴
예 **chron**ology(연대표), **chron**ometer(크로노미터), **chron**ic(만성적인)

a chronic disease(만성 질병)는 *acute*(급성의) 병과 반대로 오랫동안 지속되는 병이다. *acute*(격렬한, 극심한)를 의미하려 *chronic*이라고 잘못 쓰는 경우가 있다. *chronic*에 심각하다는 뜻이 있긴 해도 이는 잘못된 것이다.

-cide 살인자
예 matri**cide**(모친 살해), sui**cide**(자살), insecti**cide**(살충제)

circum- 주변의
예 **circum**polar(극지 부근의), **circum**scribe(선을 긋다, 제한하다)

co-, com-, con- 합동의, 상호간의, 같은, 함께
예 **co**pilot(부조종사), **com**bine(결합하다), **con**spire(공모하다)

발음과 단어의 어원을 보여주는 데 붙임표가 얼마나 유용한지 참고하라. **co**-*proprietors*(공동 소유자)는 *co+proprietors*를 보여준다. 반면 *coproprietors*라고 쓰면 *copro*라는 어원으로 잘못 생각할 수 있다. *copro*는 '똥을 먹는다'는 의미이며 예로는 **copro**phagous(분식증)가 있다.

contra-, counter- ~에 반해, 반대의, 반대되는
예 **contra**ceptive(피임약, 피임), **counter**-espionage(역스파이 활동)

dec-, deca- 10
- *dec*a*de(10년)*, *deca*pod*(십각류, 다리가 열 개인)*

deci- 10분의 1
- *deci*mal*(소수)*, *deci*mate*(대량으로 죽이다)*

demi- 절반의
- *demi*god*(반신반인)*, *demi*semiquaver*(32분음표)*

-derm 피부
- hypo*derm*ic*(피하 주사기)*, pachy*derm**(후피 동물)*, *derm*atitis*(피부염)*

dextro-, dextr- 우측으로, 오른편으로
- *dextro*cardia*(우심증, 심장이 몸의 오른편에 있음)*

di- 둘, 두 번
- *di*oxide*(이산화물)*, *di*cephalous*(쌍두의)*

dia- ~너머, ~와 떨어져
- *dia*gonal*(사선의, 대각선의)*, *dia*metrically*(180도로 다른)*

dys- 나쁜
- *dys*functional*(고장난)*, *dys*trophy*(영양실조)*

ecto- 외부의, 밖의
- *ecto*pic *(이소성의, 자궁 외 임신)*, *ecto*derm*(외배엽, 외피)*

-ectomy 적출, 절제
- append*ectomy**(맹장 수술)*, splen*ectomy**(비장 절제)*

-ee 어떠한 행동을 받는 사람을 가리키는 접미사, 또는 특정한 조건에 놓인 것을 가리키는 접미사
- amput*ee**(절단 수술을 받은 사람)*, employ*ee**(고용인, 직원)*

endo- 내부의, 안의, ~내에
   예 **endo**derm*(내배엽, 내피)*, **endo**genous*(내생의)*, **endo**parasite*(내부 기생충)*

epi- ~위에, ~뒤덮어
   예 **epi**dermis*(표피, 상피)*, **epi**graph*(비문, 제명)*

equi- 같은, 수준
   예 **equi**lateral*(등변의)*, **equi**librium*(평형, 균형)*

ex- ~밖의, 이전의
   예 **ex**hale*(내쉬다)*, **ex**orcise*(귀신을 내쫓다)*, **ex**-husband*(전남편)*

extra- ~밖의, ~넘어
   예 **extra**mural*(외부에서 하는)*, **extra**ordinary*(보기 드문, 기이한)*

fore- 앞의, 전의
   예 **fore**bear*(선조, 조상 / '삼가다'는 뜻의 forbear와 혼동하지 말 것)*, **fore**head*(이마)*, **fore**cast*(예보)*

-gamy 결합, 결혼
   예 poly**gamy***(일부다처제)*, **gam**ete*(배우자, 생식세포)*

gastr-, gastro- 위, 위장
   예 **gastr**ic*(위의)*, **gastr**opod*(복족류)*, **gastr**itis*(위염)*

-gen 산출하는, 생산하는
   예 carcino**gen***(발암 물질)*

geo- 흙, 땅
   예 **geo**logy*(지질학)*, **geo**stationary*(지구 정지 궤도상에 있는)*

graph-, -graph 글쓰기나 그림
   예 **graph**ology*(필적학)*, **geo**graphy*(지리학)*, **graph**ics*(그래픽, 삽화)*

gynaeco- 여성
- **예** *gynaeco*logy(부인과학), *gynaeco*cracy(여인 정치)

haem- 피
- **예** *haem*oglobin(헤모글로빈, 혈색소), *haem*atology(혈액학), *haem*orrhage(출혈)

hetero- ~가 아닌, 다른
- **예** *hetero*sexual(이성애의), *hetero*geneous(다른 종류로 이뤄진)

homo- ~와 비슷한, 같은
- **예** *homo*sexual(동성애의), *homo*geneous(동종의)

hydr-, hydro- 물
- **예** *hydr*aulics(수력학), *hydro*phobia(공수병)

hyper- 과도한, 넘어선
- **예** *hyper*active(활동 과잉의), *hyper*market(대형 슈퍼마켓)

hypo- 아래의, 너무 적은/낮은
- **예** *hypo*thermia(저체온의), *hypo*allergenic(저자극성의)

in- 아닌
- **예** *in*compatible(양립할 수 없는), *in*salubrious(불결한)

inflammable(가연성의) 의미에 대한 혼동이 있다. 일부는 접두사 *in*의 쓰임에 따라서 '가연성이 아닌'이라는 의미로 착각했고, 일부는 '가연성의'로 생각해 탈 수 있다는 뜻으로 받아들였다. 혼동을 피하기 위해서 *flammable*(가연성의)과 *non-flammable*(비인화성, 불연성의)이라고 쓰는 것이 좋다.

inter- ~안의, 서로 함께
- **예** *inter*change(교환하다), *inter*marriage(근친혼)

intra-, intro- ~안의
예 *intra*mural*(교내의)*, *intro*spection*(자기 성찰)*, *intro*vert*(내향적인 사람)*

-itis 염증
예 tonsill*itis*(편도염), tendon*itis*(힘줄염)

kilo- 1,000
예 *kilo*metre(킬로미터)

lact-, lacto- 젖, 우유
예 *lact*ation(젖의 분비), *lacto*se(젖당)

litho- 돌
예 mono*lith*(하나의 암석으로 된), *litho*graphy(석판 인쇄)

-logy, -ology 연구 분야, 주제, 또는 저술
예 musico*logy*(음악학), tri*logy*(3부작)

macro- 큰
예 *macro*scopic(거시적인), *macro*economics(거시경제학)

mal- 나쁜
예 *mal*formed(기형의), *mal*ignant(악성의)

-mania 무언가를 향한 열광, 종종 병적으로 나타남
예 nympho*mania*((여자) 색정증), klepto*mania*(도벽)

mega- 거대한, 백만의
예 *mega*phone(확성기), *mega*ton(메가톤, TNT 100만 톤 상당의 폭발적인 힘)

micro- 작은
예 *micro*scopic(미세한), *micro*economics(미시경제학)

milli- 1,000, 1/1,000
예 *milli*pede(다족류), *milli*metre(밀리미터)

mono- 하나
예 *mono*gamous(일부일처의), *mono*tonous(단조로운)

multi- 많은
예 *multi*ple(다수의), *multi*coloured(다색의)

neo- 새로운
예 *neo*nate(신생아), *neo*philia(새것에 열중함), *neo*logism(신조어)

neuro- 신경
예 *neuro*logy(신경학), *neuro*tic(신경증에 걸린)

non- 아닌
예 *non*toxic(무독성의), *non*smoker(비흡연자), *non*sense(터무니없는 말)

octo-/octa- 8
예 *octo*pus(문어), *octa*ve(옥타브)

omni- 모든
예 *omni*vorous(잡식성의), *omni*directional(전방위의), *omni*present(어디에나 있는)

ortho- 똑바른, 옳은
예 *ortho*dox(정통의), *ortho*paedics(정형외과)

osteo- 뼈
예 *osteo*porosis(골다공증), *osteo*arthritis(골관절염)

ot-/oto- 귀의 뜻
예 *ot*ic(귀의), *oto*rrhoea(이루, 귀에서 고름이 나는 병)

paed-, paedo-, ped- 아이, 소아
🔴 *paed*iatrics(소아과), *ped*erast((소년을 성적 대상으로 삼는) 남색자)

palaeo-, paleo- 옛날의, 고대의
🔴 *Palaeo*zoic(고생대의), *paleo*ntology(고생물학)

pan- 모든
🔴 *pan*acea(만병통치약), *pan*theism(범신론, 다신교)

path-, patho- 질병
🔴 *path*ology(병리학), *path*ogenic(발병시키는), psycho*path*(싸이코패스)

penta- 5
🔴 *penta*gon(오각형, 펜타곤), *penta*prism(5각 프리즘)

peri- 주변의
🔴 *peri*meter(주변, 둘레), *peri*scope(잠망경)

phil-, -philia 사랑하는
🔴 *phil*anderer(바람둥이), necro*philia*(시체 성애증), paedo*phile*(소아 성애자)

phone- 목소리, 소리
🔴 *phone*tics(음성학), mega*phone*(메가폰, 확성기)

photo- 빛
🔴 *photo*n(광자), *photo*graphy(사진)

-plasty 신체 부위의 성형 수술
🔴 rhino*plasty*(코 성형)

pod-, -pod 다리, 발
🔴 tri*pod*(삼각대), *pod*iatry(발병학, 발병 치료)

poly- 많은, 다수의
📕 **poly**gamy(일부다처제), **poly**chrome(다색), mono**poly**(독점)

post- ~뒤의
📕 **post**mortem(사후의), **post**graduate(대학원생), **post**pone(미루다)

pre- ~전의
📕 **pre**natal(태어나기 전의), **pre**mature(정상보다 이른, 조산의), **pre**judge(속단하다)

pro- ~전의, ~를 위해, ~에 찬성하는, ~를 대신하는
📕 **pro**genitor(조상, 창시자), **pro**-choice(임신 중절 찬성파), **pro**noun(대명사), **pro**consul(지방 총독)

pseudo- 가짜의
📕 **pseudo**nym(필명), **pseudo**science(사이비 과학)

psycho- 심리, 정신
📕 **psycho**logy(심리학), **psycho**path(싸이코패스)

pyro- 불, 열기
📕 **pyro**mania(방화벽), **pyro**technic(불꽃의)

quad- 4
📕 **quad**ruped(네발짐승), **quad**rangle(사각형 안뜰)

quasi- ~처럼, ~같은
📕 **quasi**-neutral(준중성), **quasi**-judicial(준사법적)

re- 예전의, 과거의
📕 **re**call(상기하다), **re**member(기억하다)

ren- 신장
📕 **ren**al(신장의), **ren**itis(횡격막염)

schizo- 분열하다
- *schizo*phrenia(조현병)

semi- 절반의
- *semi*circular(반원의), *semi*quaver(16분음표)

sex- 6
- *sex*tuplets(여섯 쌍둥이)

stereo- 3차원 또는 2차원적인
- *stereo*scopic(입체적인), *stereo*vision(입체시(3차원의 시각))

sub- 아래
- *sub*marine(잠수함), *sub*standard(수준 이하의)

super-, sur- ~위의, 너무 많은
- *super*human(초인적인), *super*fluity(여분, 과잉), *sur*feit(과다)

syn-, sym- 함께, 같은
- *syn*chronous(동시 발생하는), *sym*metric(대칭적인 / *sym*+metric으로 'm'이 두 개이다)

tele- 멀리서
- *tele*phone(전화기), *tele*scope(망원경), *tele*vision(텔레비전)

tetra- 4개
- *tetra*hedral(4면의), *tetra*logy(4부작)

therm- 열
- *therm*ometer(온도계), *therm*al(열의), hypo*therm*ic(저체온의)

trans- ~너머, ~가로질러, 반대편의, ~를 넘어선
- *trans*pose(뒤바꾸다), *trans*port(운송하다), *trans*mit(전송하다, 전염시키다), *trans*atlantic(대서양 횡단의)

tri- 3개
- *tripod*(삼각대), *triumvirate*(삼두 정치), *triple*(3개의, 3배의)

ultra- ~를 넘어선, 뛰어넘은
- *ultraviolet*(자외선), *ultramodern*(초현대적인), *ultrasonic*(초음파의)

un- 아닌
- *uncomplaining*(불평하지 않는), *ungenerous*(옹졸한)

uni- 하나
- *unity*(통합, 통일), *unicellular*(단세포의), *unique*(고유의, 특유의)

-vorous 먹는
- *carnivorous*(육식성의), *omnivorous*(잡식성의)

연습 문제 (정답은 제공하지 않음)

- exacerbate(악화시키다), feisty(혈기왕성한), gear(기어), laser(레이저), necrosis(괴사), normal(보통의), platitude(진부한 이야기), precocious(조숙한), psephology(선거학)의 어원을 찾아보라.
- 어원에서 hysteria(히스테리)와 hysterectomy(자궁 절제술) 사이의 연결점을 찾아라.
- Thesaurus(유의어 사전)와 Tyranosaurus(공룡)는 접미사를 공유하는가?
- oestrous cycle이라는 단어를 찾아보고 oestrous의 놀라운 어원을 알아보라.

19장: 헷갈리는 단어

단어를 혼동하면 오해가 생기고 놀림을 받게 된다. 예를 들어, 사람들은 정반대의 뜻을 가진 *prescribed*(명시된, 추천된)와 *proscribed*(금지된)를 혼동한다. 약과 관련되면 이는 삶과 죽음의 결과까지 야기할 수 있다. 대학생을 포함해 영국 인구의 절반이 실수를 저지르는 혼동되는 단어들을 아래에 나열하였다.

다행히도 대부분은 단어의 의미를 기억하는 **쉬운 방법들**이 있어 함께 설명하였다. 예시는 첫 단어를 기준으로 하여 알파벳 순서로 정리했다.

accept/except '제시된 무언가를 가지거나 받아들인다'는 의미의 *accept*와 '제외한다'는 뜻의 *except*를 헷갈릴 사람이 어디 있나 싶어도 사람들은 분명히 이 두 단어를 헷갈린다. 바클레이스 은행의 한 광고는 *except cheques*(수표를 제외한다)고 했다.

affect/effect 둘은 완전히 뜻

이 다르다. 두 단어가 **명사**일 경우, 보통 어떤 원인의 '결과'인 *an effect*를 맞닥뜨리게 된다. *an affect*는 어떠한 생각과 관련된 '감정'을 가리키는 심리학 용어이다. 중대한 혼란은 이 단어들이 **동사**로 쓰일 때 일어난다. *to effect*는 '(무언가의)결과를 가져오다'라는 뜻이다. *to affect*는 '무언가에 영향을 미친다'는 뜻이다. 만약 당신이 물에 빠졌는데 구조에 *effected* 했다면 구조는 완전히 이루어진 것이다. 만약 구조에 *affected* 했다면 그저 영향을 준 것이다.

한 학생이 *Bad diet effects a woman's pregnancy*라고 썼다. 이건 나쁜 식습관이 여자를 임신하게 한다는 뜻으로 완전히 잘못된 말이다. 비슷하게 *Global warming effects crop yields*(지구 온난화가 작물 수확을 불러온다) 역시 말도 안 되는 소리다. 동사들 사이의 차이를 기억하는 한 가지 방법은 무언가가 *effected* 되었다면 완전한 *effect*를 일으켰다는 점을 기억하는 것이다.

a.m./p.m. 각각 *ante*(~전) *meridiem*과 *post*(~후) *meridiem*을 의미한다. *meridiem*은 라틴어로 '정오'를 가리키는 *meridies*에서 왔다. 혼란은 사람들이 12 *a.m.* 또는 12 *p.m.*이라고 쓸 때, 즉 정오로부터 12시간 전과 12시간 후 어느 쪽이 밤 12시를 가리키는지 확실치 않을 때 일어난다. 일부 사람들은 이것이 용인된 사용이라고 주장하지만, **정오를 *12 p.m.*이라고 쓰는 것**이야말로 특히 흔한 실수다. 혼란을 피하기 위해 *12 noon*(정오 12시), *12 midnight*(자정 12시)을 쓰는 것이 좋다.

as/like 권위자들마다 무엇이 용인되는지에 관해 의견이 다르다. 명사와 대명사 전에는 *like*를 쓰는 것이, 구와 절 앞에는 접속사로 *as*를 쓰는 것이 가장 좋다.

*We go to the pub on Friday evenings **as** we used to when students.*
우리는 학생일 때 그러했듯 금요일 밤에 펍에 간다. (이것은 괜찮아 보인다.)

*We go to the pub on Friday evenings **like** we used to when students.*
우리는 학생이었을 때처럼 금요일 밤 펍에 간다. (이것은 신경에 거슬린다.)

스트렁크와 와이트가 쓴 《문체의 요소(Elements of Style)》 4판에서는 이 점에 관해 유창하게 설명하고 있으며 언어 변화에 관한 훌륭한 관찰을 보여준다.

'*like*는 글을 읽고 쓰지 못하는 사람들에게 널리 쓰였다. 최근에는 배웠고 잘 알고 있는 사람들도 *like*가 기억하기 쉽거나 자유로운 느낌이라고 생각해서 쓰며, 자기가 마치 빈민굴에라도 방문한 것처럼 쓰기도 한다. 만약 유행하는 모든 단어나 장치가 그저 인기에 기반하여 즉시 진짜로 인정받게 된다면 언어는 파울 라인이 없는 공놀이만큼이나 혼란스러워질 것이다. ……*like*에 관해 알아둘 가장 유용한 점은, 극히 조심스럽게 편집된 출판물은 구와 절 앞에 오는 *like*의 사용을 그저 오류로 취급한다는 사실이다.'

assume/deduce 경험이나 이론을 통해 *assume*(가정하다)하지만 사실과 자료에서 *deduce*(추론하다)한다.

*I **assume** that you are educated because you went to a good school. I **deduce** that you are educated because you show such a wide range of knowledge.*
나는 당신이 좋은 학교에 갔기 때문에 교육받았다고 가정한다. 나는 당신이 그러한 폭넓은 지식을 보여주기에 교육받았다고 추론한다.

biannual/biennial 둘이라는 *bi-*, 1년이라는 *-annual*을 봤을 때 *biannual* 행사는 1년에 두 번 일어난다. 하지만 *biennial* 행사는 2년에 한 번 일어난다. *biennial*에는 *every*가 그러하듯 *e*가 들어가 있다.

complimentary/complementary 만약 서로를 *compl*e*te*(완성하다) 해 준다면 무언가는 *complementary*(상호 보완적)이다. 두 단어 모두 *l* 뒤에 *e*가 온다.

> *Their skills were **complementary**; she was good at navigation, he at driving.*
> 그들의 기술은 상호 보완적이었다. 그녀는 길을 잘 찾았고 그는 운전을 잘했다.

complimentary(칭찬하는)는 감탄을 표현하는 *compl*i*ments*(칭찬)와 관련 있다.

> *He was **complimentary** about my new dress.*
> 그는 나의 새로운 드레스에 대해 칭찬했다.

*complimentary*에는 '무료'라는 뜻도 있다.

> *I was given **complimentary** tickets for the play.*
> 나는 그 연극의 무료 티켓을 받았다.

defuse/diffuse 동사일 때 *defuse*는 '촉발하는 장치를 제거하다' 또는 '(상황을) 가라앉힌다'는 의미이고, *diffuse*는 '널리 퍼지다'라는 뜻이다.

discrete/discreet *discrete*는 *discrete particles*(단립자)나 *discrete amounts*(불연속적인 양)에서 볼 수 있듯 '분리하다'라는 뜻이다. *discreet*는 '신중한, 비밀스러운, 요령 있는'이라는 뜻을 가진다.

> *The wife's lover was very **discreet** and avoided detection*
> 그 아내의 정부는 매우 비밀스러웠으며 발각되지 않았다.

두 단어의 차이는 끝나는 방식으로 기억할 수 있다. *discreet*는 *prudent*(신중한)와 *secret*(비밀의)처럼 *t*로 끝나며, *discrete*는 *separate*(분리된)처럼 *te*로 끝난다. '분리하다'를 의미하는 *discrete* 에서 두 개의 *e*는 서로 분리되어 있다.

disinterested/uninterested disinterested는 '편향되지 않은, 공정한'이라는 뜻을 가졌지만 *uninterested*는 '흥미가 없는, 지루한'이라는 뜻이다. 심판들은 경기의 결과에 관해 *disinterested* 되어야 하지만, 자신의 일에 *uninterested* 되어서는 안 된다.

ensure/insure *ensure*는 '확실히 하다'라는 뜻이며, *insure*는 '위험을 대비해 보험에 들다'라는 뜻이다.

fewer/less 둘 다 *more*(더 많은)의 반대이기 때문에 혼란이 생긴다. *fewer*는 사물이 뚜렷이 구분되며, 별개이고, 불연속적인 경우에 숫자가 '더 적다'는 뜻이다.

There were **fewer** than six boys present.
6명보다 적은 소년들이 있었다.

*less*는 숫자뿐만 아니라 작은 정도에 의해서 달라질 수 있는 양과 관련되어 있다.

Joan weighed **less** than Mary.
조안은 메리보다 무게가 더 적다.

less hot(덜 더운), *less money*(더 적은 돈)라고 할 수 있지만 *fewer hot*이나 *fewer money*라고 할 수는 없다. *fewer coins*(더 적은 동전)나 *fewer worries*(더 적은 걱정거리)라고 할 수는 있다. 한 슈퍼마켓은 *Five items or less*라고 쓴 간판을 *Five* *items or fewer*(5품목 또는 그 이하)로 바꾸었다. 이게 옳다.

다음 두 문장을 비교해보라.

> There were **fewer** beautiful women present.
> 아름다운 여성들이 덜 있었다.

> There were **less** beautiful women present.
> 덜 아름다운 여성들이 있었다.

첫 번째 문장에서 *fewer*는 형용사로 *women*을 수식한다. 두 번째 문장에서 *less*는 부사로 형용사 *beautiful*을 수식하며, 몇 명이 있는지는 전달하지 않는다.

fortuitous/fortunate *fortuitous*는 '우연한'이라는 뜻이며, *fortunate*는 '행운의'라는 뜻이다.

in/into; on/onto *in*과 *on*은 위치를 가리키고, *into*와 *onto*는 움직임의 방향을 나타낸다.

> She was **in** the bathroom and climbed **into** the bath. He was **on** the ladder and climbed **onto** the roof.
> 그녀는 목욕탕 안에 있었고 욕조 안으로 기어들어갔다. 그는 사다리 위에 있었고 지붕 위로 올라갔다.

infer/imply/confer 생각만이 추론(deduction)을 통해 무언가를 *infer*(추론할)할 수 있다. 자료는 뇌가 없기 때문에 절대 *infer*(추론)하지 못한다. 자료는 의식적인 의도 없이 무언가를 제시하여 *imply*(암시할)할 수 있다. *confer*는 '상의하다'라는 뜻으로 *confer with colleagues*(동료들과 상의하다)라고 쓸 수 있다. '수여하다'라는 뜻도 있어 *confer a knighthood*(기사 작위를 수여하다)와 같이 쓴다.

*I **inferred** from the data on wheat yields that wind speed was less important than temperature. The data **implied** that damage by birds as more important than losses from rats.*

나는 밀 수확 데이터에서 풍속이 기온보다 덜 중요하다는 점을 추론했다. 그 데이터는 쥐로 인한 손실보다 새가 주는 손상이 더 중요하다고 암시했다.

lay/lie *lay*는 타동사지만 *lie*는 자동사이다.

*The hen **lays** an egg most mornings. We **lie** down to sleep.*

암탉은 아침마다 알을 낳는다. 우리는 누워서 잔다.

나는 척추 지압사의 긴 의자에 *lay*하라는 말을 들었을 때 거부했다. 무엇을 낳으라는 말인가?

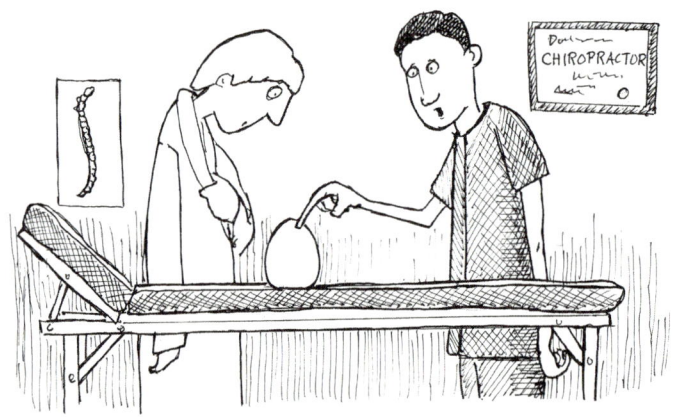

may/can *May I?*는 허락을 구하는 표현이다. *Can I?*는 내가 무엇을 할 수 있을지 없을지를 묻는다. 나의 5행시가 둘의 차이를 설명한다.

May and Can

A lover of English named Ann
Asked: 'Please may I sleep with this man?'
When told: 'No, you can't!'
She replied: 'But dear aunt,
Experience proves that I can!'

May와 Can

앤이라는 이름의 영어를 사랑하는 여자가
물었다, '부탁인데 제가 이 남자와 자도 되나요?'
'아니, 안 돼!'라는 대답을 듣자
그녀는 대답했다. '하지만 이모,
경험이 제가 그래도 된다고 증명하는걸요!'

들어가도 되냐고 허락을 구할 때는 '*May I come in?*'이 옳지만 일반적인 대화에서 '*Can I come in?*'이라고 묻는 경우를 볼 수 있다.

may/might *might*이 *may*의 과거 시제이자 가정법이기 때문에 둘의 차이를 단순하게 구분할 수는 없다. *He might have come last night*. 이 문장은 남자가 지난밤에 오는 것이 가능했다는 의미이지만, 또한 가정법(*62-64*쪽 참조)이 될 수 있다. 이 때에는 남자가 올 수도 있었으며 아마 그렇게 했을 수도 있다는 가정을 드러낸다. *He may have come last night*의 의미도 같다. 만약 무슨 일이 일어났는지 알고 있다면 불확실함이 없기 때문에 *may*를 써서는 안 된다.

이렇게 쓰는 것은 확실히 틀렸다.

> He **may** have died in the road accident, but survived with minor injuries.
> *그는 길에서 일어난 사고에서 죽었을 수 있지만 작은 부상만 입고 살아남았다.*

왜냐하면 죽지 않았다는 것을 알고 있기 때문이다.

죽을 가능성이 있었지만 죽지 않았기에 가정법인 *might*이 필요하다.

He **might** have died in the road accident, but survived with minor injuries.

> 견과류 포장지의 안전 경고에서 때때로 무식함을 볼 수 있다.
> *May contain nuts*.
> 이건 말도 안 된다. 의심의 여지가 없으므로 *Contains nuts*(견과류 포함)라고 해야 한다.

may be/maybe *maybe*는 *perhaps*(아마도)와 같이 '어쩌면, 아마'를 의미하는 부사이다. 반면 *may be*는 두 동사가 합쳐진 것으로 '~일지도 모른다'를 의미한다.

Maybe we will go to Scotland on Sunday. It **may be** cold in Inverness.
어쩌면 우리는 일요일에 스코틀랜드에 갈 것이다. 인버네스는 추울지도 모른다.

past/passed *passed*는 동사 *pass*(지나가다, 통과하다)에서 왔으며 끝의 *-ed*가 과거 시제라는 것을 보여준다.

He **passed** his exams.
그는 시험을 통과했다.

*past*는 동사가 아니라 형용사(*the* **past** *tense*, 과거 시제), 부사(*the jet flew* **past**, 제트기가 날아 지나갔다), 명사(*the* **past** *has a long history*, 과거는 긴 역사를 가지고 있다)이자 전치사(*She ran* **past** *her school*, 그녀는 학교를 지나서 달렸다)이다.

practice/practise, licence/license, device/devise, advice/advise
영국 영어에서 *practice*(실행), *licence*(면허), *device*(장치), *advice*(조언)는 명사이며 *practise*(연습하다), *license*(허가하다), *devise*(창안하다), *advise*(조언하다)는 동사이다. 앞의 두 쌍은 명사와 동사의 발음이 같다. 반면 *advice*와 *device*는 *vice*[vaɪs]와 각운을 이루고 *advise*와 *devise*는 *lies*[laɪz]와 각운을 이룬다. *advice*와 *advise*, *device*와 *devise*의 발음을 기억해두면 이 단어들 중 무엇이 명사이고 동사인지 알 수 있고 철자도 기억할 수 있다.

principal/principle *principal*은 명사일 때는 '대표', 형용사일 때는 '주된'이라는 의미를 갖는다. *principle*은 명사로서 '규칙, 근본적 진실 또는 윤리적 지침'을 의미한다. 둘의 차이점은 이 문장을 통해 기억할 수 있다.

*My pal, **the principal**, had multiple **principles**.*
대표인 내 친구는 다수의 규칙을 갖고 있다.

programme/program 프로그램을 쓸 때, 영국 영어는 연극과 그 배우에 대한 일정과 설명을 가리키는 *programme*과 컴퓨터를 위한 지시를 의미하는 *program*을 구분한다. 미국 영어는 둘 다 *program*으로 쓴다.

sight/site/cite *sight*(시력, 보기)는 보는 것과 관련이 있으며 같은 방식으로 쓰는 *light*(빛)를 필요로 한다. *site*는 동사일 때는 무언가를 어디에 '위치시키다'는 뜻이다. 명사일 때는 무언가가 놓인(*situated*) '장소'를 의미하며 *situation*(위치)이라는 단어를 통해 의미가 분명해진다. *to cite*는 *citation*(인용)에서 볼 수 있듯 '인용하다'라는 뜻이다.

stationary/stationery *stationary*는 '움직이지 않는, 변화지 않는(*static*)'이라는 뜻이다. *stationery*는 종이와 봉투, 펜 등의 '문구류'를 가리킨다. 둘의 차이는 *Ma's car was stationary*(엄마의 차는 정지해 있었다)에 있는 모든 *a*

와 The envelopes were stationery(봉투는 문구류였다)에 있는 모든 e로 기억하라.

that/which 관계대명사 that과 which를 격식을 차리지 않는 글과 구어체에서 아무렇게나 섞어 쓰는 경향이 있다. 이 둘은 보통 앞에 오는 명사에 관해 더 말해주는 종속절을 소개하는 역할을 한다. 격식을 차려 사용하는 경우, that과 which 중 어떤 단어를 써야 하는지에 관해 권위자들마다 다른 규칙을 제시한다. 가장 좋은 조언은 한정적 관계사절에서는 that을, 비한정적 관계사절에서는 which를 쓰라는 것이다.

이것이 무슨 뜻일까?

> The plane **that** is on the runway is painted in lurid colours.
> 활주로에 있는 그 비행기는 요란한 색으로 칠해져 있다.

위의 문장에서 that is on the runway라는 절이 특정한 plane을 수식하며 is painted in lurid colours라는 절을 이 plane으로 제한한다.

> The plane, **which** is on the runway, is painted in lurid colours.
> 그 비행기는, 그것은 활주로에 있었는데, 요란한 색으로 칠해져 있다.

위의 문장에서는 which is on the runway라는 절이 어떤 plane을 말하는 것인지 정의하지 않는다. 만약 관계대명사와 함께 등장한 절이 한 쌍의 쉼표 사이에 있다면, 이 한 쌍의 쉼표가 보통 비한정적 절을 시작하는 데 쓰이기 때문에 which를 사용하는 것이 옳다.

비한정적 절을 소개하기 위해 that을 쓰면 안 된다. 따라서 The plane, that is on the runway, is painted in lurid colours라는 문장은 틀렸다. 한정적 절에서는 that을 선호하지만 which도 종종 용인된다. The plane which is on the runway is painted in lurid colours가 당신에게도 괜찮아 보이는가?

there/their/they're 이 셋은 발음이 비슷하며 구분이 쉽다. 왜냐하면 장소와 관련된 *there*에는 단어 *here*가 포함되어 있기 때문이며 *where*도 마찬가지다. *they*의 소유격인 *their*는 무언가를 나중에 소유하게 되는 *heir*(상속자)라는 단어를 포함하고 있다. *They're*에 있는 아포스트로피는 이것이 *they are*의 축약형이라는 것을 보여준다.

two/to/too *two*는 숫자(2)다. *to*(~로)는 전치사 또는 부사(부사일 때는 '닫히게'라는 의미)이며 *too*는 as well(또한 역시), 또는 *excessive*(지나친)를 뜻하는 부사이다.

*Two men came **to** the door, then a woman came **too**.*
두 남자가 문으로 왔고 그 뒤 한 여자도 왔다

weather/whether/wether *wether*는 다른 두 단어와 비교해 알파벳 한 글자가 빠져 있으며 '수컷 양', 특히 거세된 양(무언가가 빠져 있는!)을 의미한다. *weather*는 기온, 비와 관련된 것으로 '날씨'를 의미한다. *whether*(~인지, ~이든)는 대안을 소개하는 접속사이다.

*We do not know **whether** the **weather** will be fine or dismal.*
우리는 날씨가 좋을지 우울할지 모른다.

where/wear/were/we're *where*와 *wear*는 발음이 상당히 비슷하다. 둘 다 -air[eə(r)] 소리로 끝난다. *were*와 *we're*는 -er[ər] 소리로 끝난다. *where*(어디에)는 단어 *here*를 포함하고 있으며 그렇기에 장소와 관련되었다는 것을 알 수 있다. *were*는 동사 *be*의 복수 과거형이다. *wear*는 의복과 관련이 있다 ('착용하고 있다'는 의미가 있다).

*When it is noisy, **wear** ear protection.*
시끄러울 때, 귀 보호 장비를 착용하십시오.

또는 *wear and tear*(마모)에서 볼 수 있듯 마모(*abrasion*)와 관련 있기도 하다('닳다, 낡다'는 의미가 있다). *we're*에 있는 아포스트로피는 이것이 *we are*의 축약형이라는 것을 보여준다.

which/who 사람에는 *who*를 쓰고, 다른 모든 것에는 살아 있든 아니든 *which*를 쓴다.

The man **who** came home …
집에 돌아온 남자
Jane, **who** was out …
……나간 제인
The cat **which** mewed …
야옹 소리를 낸 고양이
The tree **which** fell …
쓰러진 나무

whose/who's *whose*는 *who*의 소유격이며 *who's*는 *who is* 또는 *who has*의 축약형이다.

Who's going to tell me **whose** car hit mine?
누구의 차가 내 차를 박았는지 누가 말해줄 거지?

20장: Onyms, Homos, Heteros

독특한 제목의 이 장에서는 중요한 개념을 다룬다. 그 개념들을 논의하기 위한 명칭을 알고, 그들을 실용적으로 사용하는 데에 도움을 준다. 명칭들에는 이 명칭들을 잘 설명해주는 어원이 있다.

 **두문자어(Acronyms)**

두문자어는 단어들의 첫 글자 또는 일부 철자를 조합해 만든 발음 가능한 이름이다. 두문자어를 뜻하는 acronym은 '시작, 가장자리, 정상'을 뜻하는 접두사 *acro-*와 '단어 또는 이름'을 의미하는 접미사 *-onym*에서 왔다. *NATO*는 **N**orth **A**tlantic **T**reaty **O**rganization(북대서양 조약 기구)의 첫 철자들의 조합이며 *AIDS*는 **a**cquired **i**mmune **d**eficiency **s**yndrome(후천성 면역 결핍증)이라는 뜻이다. 독일의 두문자어인 Nazi는 Nationalsozialsit, 즉 국가사회주의 독일 노동자당(NSGWP)의 당원이라는 것을 가리킨다.

두문자어는 헷갈릴 수 있는 일반 단어와 구분하기 위해 **전부 대문자**로 쓰는 것이 좋다. 이렇게 함으로써 *It* girl(젊은 여자 연예인)과 *IT* girl(정보 기술을 다루는 여자)을 구분할 수 있으며 질병인 *AIDS*를 aids(*hearing aids*, 보청기 또는 *she aids her neighbours*, 그녀는 이웃을 돕는다)와 구분할 수 있다.

radar(*r*adio *d*etection *a*nd *r*anging, 레이더)처럼 일부 두문자어는 일상적인 단어가 되어 **소문자**로 쓰기도 한다.

*AIDS*처럼 흔한 두문자어라면 설명하지 않아도 된다. 하지만 특이한 것이거나 자신이 스스로 만든 두문자어라면 글에서 처음 등장할 때 모든 단어를 다 써서 설명해야 한다. 어떤 표현이 글에서 단 한 번만 쓰인다면 단어 전체를 다 쓸 수 있기에 두문자어를 쓸 필요가 없다.

동의어(Synonyms)

동의어는 같거나 아주 비슷한 의미를 지니고 있다. 동의어를 뜻하는 Synonyms은 '관련된, 함께'를 의미하는 *syn*-과 -*onym*이 합쳐진 단어이다. 약간 다른 의미를 가진 단어들은 유사 동의어이며 동의어보다 더 흔하다. *escapade*와 *lark*는 *lark*가 *escapade*(무모한 장난)와 같은 뜻인 '장난'으로 쓰일 때는 동의어이지만 *lark*가 '새(종달새)'를 의미할 때에는 동의어가 아니다.

> 유의어 사전과 동의어 사전은 글에 다양함을 더하거나 이전에 썼던 단어를 너무 금세 반복하는 것을 피하는 데 크게 도움이 된다(72-73쪽 참고). 이런 것들을 사용하면 처음 생각했던 단어보다 더 좋고, 정확하고 표현력이 깊은 단어를 찾는 데 도움을 받을 수 있다. 대부분의 맞춤법 검사기에 동의어 기능이 있다.

반의어(Antonyms)

반의어는 반대의 의미를 가진다. 반의어를 뜻하는 antonym은 '반대하는, 정반대의'라는 뜻을 가진 *anti*-와 -*onym*이 합쳐진 단어이다. *right*(옳은)과 *wrong*(틀린)은 반의어이고 *right*(오른쪽)과 *left*(왼쪽)도 반의어지만 *wrong*과 *left*는 동의어가 아니다. *right*이 하나 이상의 뜻을 갖고 있기 때문이다.

명사, 동사, 형용사, 부사의 **부정형**을 만들어주는 많은 **접두사**들이 있다. **un**dress(옷을 벗다), **dis**mount(내리다), **mis**lead(호도하다), **de**compose(분해되다), **un**naturally(부자연스럽게), **dis**honest(정직하지 못한), **im**moral(비도덕적인), **il**legitimate(불법의), **in**active(활동하지 않는), **ig**noble(비열한), **ir**religious(무종교의), **non**aggression(불침략) 등이다.

어떤 주장의 양쪽을 평가해볼 때나 비교하는 일에 반의어를 사용한다. 어떤 단어의 반대 의미를 생각해보면 의미를 명확히 하는 데 도움이 된다.

이름(Onyms)

Onyms라는 단어는 존재하긴 하지만 찾아보긴 어렵다. '이름' 또는 '단어'를 의미하지만 보통 그냥 접미사인 -*onym*이다. 책에 쓰이는 *onymous*라는 단어는 *anonymous*(익명의)의 반의어로 '이름을 밝힌'이라는 뜻이다. **anonym**(익명)은 '익명의 사람 또는 출판물'이며 '필명'을 의미할 수도 있다.

 **필명(Pseudonyms)**

필명은 특히 작가들이 많이 쓰는 가상의 이름이며, 일부 작가는 하나 이상의 이름으로 작품을 쓰기도 한다. 이 단어는 '가짜'라는 뜻의 *pseudo*-와 -*onym*이 합쳐진 것이다. *Nom de plume*또한 같은 의미다[*]. 아가사 크리스티는 메리 웨스트마콧이라는 이름으로 로맨스 소설을 썼다. 대중이 한 명의 저자에게서 1년에 하나 이상의 소설을 사지 않을 것을 걱정한 출판사 때문에 스티븐 킹은 리처드 바흐만이라는 이름으로 네 권의 소설을 집필했다.

> 심판들이 참가자의 정체를 알지 못하도록, 때때로 대회 참가자들이 필명을 쓰기도 한다. 필명을 쓸 만한 특별한 이유가 있을 때만 필명을 써야 한다.

 **원조 명칭(Eponyms)**

원조 명칭이란 사람 이름에서 유래한 장소의 명칭 같은 것들이다. *Constantinople*(콘스탄티노플)이 원조 명칭이다. 로마 황제 *Constantine*(콘스탄틴)의 이름을 따서 지어진 도시이기 때문이다. 양배추를 뜻하는 단어 *Brussels sprouts*(브뤼셀 스프라우트)는 사람이 아닌 지명에서 유래한 원조 명칭이다. 16세기 양배추가 유명해진 도시 브뤼셀의 이름을 따서 지어졌다. 원조 명칭은 사람 또는 장소, 연극, 시대의 이름을 딴 사람을 가리키기도 한다(예: *Georgian*(조지안) 시대, 1714-1830은 조지 I세, II세, III세, IV세에서 온 것이다). *Hamlet*(햄릿)은 셰익스피어의 극 《햄릿(Hamlet)》과 동일한 이름을 가진 주인공이다.

---

[*] 프랑스어에서 온 영어로 '필명'이라는 뜻이다.

동음이의어(Homonyms)

동음이의어는 어원은 서로 관련이 없지만 발음과 철자가 같은 단어들이다. 이 단어는 그리스어로 '같은, 비슷한'을 의미하는 *homo*-와 -*onym*이 합쳐져 만들어졌다. *fair*(공정한)와 *fair*(축제 마당), *lead*(개를 묶어 끄는 줄)와 *lead*(앞서나가다) 등이 동음이의어이다. '폴란드 사람'을 가리키는 *Pole*이라는 단어는 첫 단어가 대문자로 쓰였기에 *pole*(막대기)의 동음이의어가 아니다. 하지만 전신주(telegraph pole)에 사용하는 단어 *pole*과 지리학적 용어인 *pole*(극)은 동음이의어이다.

동형이의어(Homographs)

동형이의어는 같은 철자를 가졌지만 의미는 다른 단어들이다. 발음은 같을 수도 있고(동음), 다를 수도 있다(이음).

이 단어는 '같다 또는 비슷하다'는 뜻의 *homo*-와 글이나 그림을 의미하는 -*graph*가 합쳐진 것이다. 발음이 다른 동형이의어로는 *sow*(씨를 뿌리다)('*so*'라고 발음[souː])와 *sow*(암컷 돼지)('*now*'와 각운을 이루는 [sau]로 발음), *wound*(상처)('*woond*'[wuːnd]라고 발음) 와 *wound*(감싼)('*wownd*'[waund]라고 발음)가 있다. 동음인 동형이의어에는 *row*(보트)와 *row*(줄)가 있으며 둘 다 [róu] 발음으로 '*hoe*'와 각운을 이룬다. 또 다른 동형이의어인 *row*(다툼)는 '*cow*'와 각운을 이루어 [rau]로 발음하기에 다른 두 *row*의 이음이다.

사전에서 동형이의어를 찾는 것은 쉽다. 표제어의 주요 의미 뒤로 다른 의미를 가진 다양한 동형이의어들이 따라오기 때문이다.

글로 쓰는 농담에서 동형이의어를 쓸 수도 있으며 이중 의미를 가진 단어를 쓸 경우 동형이의어를 인지하고 있지 않으면 오해를 받을 수도 있다.

동형이의어를 이해하려면 사람과 맥락에 관한 스스로의 지식을 이용하라. 어떤 남자가 당신에게 아내와 *had a terrific row*를 했다고 썼을 경우 이 두 사람이 격하게 싸웠는지, 아니면 노 젓기를 즐겼는지 짐작할 수 있을 것이다.

 ## 이형 동음이의어(Homophones)

이형 동음이의어는 비슷하게 들리는 단어들이다. 이 단어는 *homo*-와 '말, 소리, 목소리'를 의미하는 *-phone*이 합쳐진 것이다. 이형 동음이의어의 다수는 철자가 다르다(동자이음, heterograph).

예) *flee*(달아나다)/*flea*(벼룩), *lead*(납)/*led*('안내하다'는 뜻의 *to lead*의 과거형),
feet('발'을 뜻하는 *foot*의 복수형)/*feat*(위업), *meet*(만나다)/*meat*(고기),
no(아니)/*know*(알다), *stare*(빤히 쳐다보다)/*stair*(계단),
by(~옆에)/*buy*(사다)/*bye*(안녕, 부전승인편),
bawd(포주)/*bored*(지루해하는)/*board*(판자),
bier(상여)/*beer*(맥주), *none*(아무도)/*nun*(수녀).

'실행'이라는 뜻의 *practice*라는 명사와 '연습하다'는 의미의 *practise*라는 동사는 이형 동음이의어이지만 '충고'를 뜻하는 *advice*('*vice*'와 각운을 이루는 명사)와 '충고하다'는 의미의 *advise*('*lies*'와 각운을 이루는 동사)는 이형 동음이의어가 아니다. 명사 *advice*와 동사 *advise*의 발음을 생각해보면 명사 *licence*와 *practice*, 그리고 동사 *license*와 *practise*의 철자를 기억하는 데 도움이 된다.

이형 동음이의어는 말장난이나 다른 종류의 농담에도 쓰인다. 말로 할 때에는 오해를 받지 않도록 이형 동음이의어에 주의해야 한다. 한 여성이 나에게 어떤 펍에 있던 친절한 직원에 관해 이야기하던 중이었다. 이 여성이 만약 요청하면 *hooker*(매춘부)를 데려온다고 하기에 다시 물었더니 맹세코 *hookah*(물담배)라고 말했다고 했다.

이형 동음이의어를 이해하기 위해 사람이나 맥락에 관한 스스로의 지식을 이용해야 한다. *AIDS*(후천성 면역 결핍증), *aides*('보좌관'을 뜻하는 *aide*의 복수형), *aids*('돕다'를 의미하는 동사 *aid*의 3인칭 단수형)와 *aids*('보고 기구'를 의미하는 *aid*의 복수형)는 모두 이형 동음이의어이다. 모두 맥락과 위치, 문법에 적용되어 듣는 사람이 구분할 수 있다.

동자이음어(Heterophones)

동자이음어는 철자는 같지만(동형이의어) 발음과 뜻이 다른 단어들이다. 이 단어는 '다른, 또 다른'을 의미하는 *hetero*-와 소리를 의미하는 -*phone*이 합쳐져 만들어졌다. *bow*(활)('*owe*'와 각운을 이루어 [bou]로 발음)와 *bow*(고개를 숙이다)('*cow*'와 각운을 이루어 [bau]로 발음), *read*('읽다'는 뜻인 *to read*의 현재 시제)([ri:d]로 발음)와 *read*(*to read*의 과거 시제)([red]로 발음)가 동자이음어다.

 **농담(Jokes)**

말장난은 동음이의어(*homonyms*), 동형이의어, 이형 동음이의어(*homophone*)와 동자이자어를 이용한다. 영어 유머에 관한 부분을 참고하라(268-278쪽). 예시를 몇 개 들면 다음과 같다.

What do auctioneers need to know?
경매인들은 무엇을 알아야 하는가?

답은 *Lots**!이다.

이 문장은 이형 동음이의어(*homophones*)와 동형이의어가 있는 말장난이며 답은 *many facts*(많은 사실) 또는 *a set of items to be auctioned*(경매용 품목들)를 의미할 수 있다. 이 말장난은 글로도 말로도 할 수 있다.

'I'd like to see your mother, please,' said the teacher when Alice opened the door.
'너희 어머니를 뵙고 싶구나.' 앨리스가 문을 열었을 때 선생님이 말했다.
'She ain't 'ere miss,' Alice replied.
'여기 안 계세요.'라고 앨리스가 대답했다.
'Why, Alice, where's your grammar**?' the teacher asked.
'앨리스, 네 문법은 어디로 갔니?' 선생님이 물었다.
'She ain't 'ere neither, miss,' said Alice.
'그분도 여기 안 계세요.'라고 앨리스가 말했다.

---

* Lot이라는 단어는 '많은'이라는 의미도 될 수 있고 '경매용 품목'이 될 수도 있기에 온 말장난이다.
** '문법'을 뜻하는 grammar와 '할머니'를 뜻하는 grandma가 발음이 비슷한 데서 온 말장난이다.

이 장난은 이형 동음이의어(*homophones*)와 동자이음어를 포함하고 있지만 '*grandma*'라는 단어가 실제로 쓰여 있지는 않다. 이 장난 역시 글로도 말로도 할 수 있다.

연습 문제 (답은 제공하지 않음)

- 단어 **wine**과 **whine**을 소리 내서 말해보라. 발음했을 때 이 둘은 이형 동음이의어인가?
- **byte**와 **sight**라는 단어의 이형 동음이의어를 찾아보자(각각 두 개씩). **shovel**의 동의어와 **immigration**의 반의어도 알아보자.
- **soil**(토양)의 이형 동음이의어와 **beat**(때리다)의 동형이의어를 찾아보자.
- 알고 있는 농담에서 특정 말장난이 어떻게 작용하는지 분석해보자. 말과 글 둘 다 잘 통하는가?

21장: 비즈니스 글쓰기

 **서론**

    비즈니스 글쓰기를 전혀 하지 않더라도 우리는 비즈니스 글을 받는 경우가 있기 때문에, 이러한 글을 이해해야 한다.

    비즈니스 글쓰기의 주요 목적은 **소통**이기에 담백하고 단순한 단어를 쓰는 것이 가장 좋다. 안타깝게도 비즈니스 글쓰기에 직면하면 사람들은 담백한 일상 언어가 존재하지 않았던 것처럼 행동한다.

    중요한 점은 **내용을 모으고 정리**하는 것이다. 내용이 불충분하면 내용을 '메워 넣어야' 한다. 반대로 내용이 너무 많을 경우에는 이 모든 내용을 전부 담아내는 일에 압도될 수 있다.

    중요한 원칙은 다음과 같다.

명확함-단순함-간결함

    만약 당신의 글이 '이상하고 멋진' 글이라면 쉽게 이해하기에 **명확**(clear)하지도, **단순**(simple)하지도 않을 것이다. 내용이 길어지면 좋은 글쓰기의 필수 요소인 **간결함**(brevity)이 사라질 것이다.

 **시작하기**

시작을 도와줄 몇 가지 아이디어들이다.

- **머릿속에 아직 정리되지 않은 생각들을 떠올려라.** 표현하고 싶은 생각들이 머릿속에서 명확하게 정리되지 않기 때문에 우리는 글을 시작하지 못하는 경우가 많다. 생각이 '끓어오르도록' 시간을 충분히 가져야 한다. 하지만 글쓰기를 미루기 위한 핑계로 사용하지는 말라.

- **다른 사람들에게 당신의 생각에 관해 이야기하라.** 생각과 계획을 논의하는 것은 새로운 아이디어를 떠올리고, 생각을 더 명확하게 하는 것에 도움이 된다.

- **생각을 쏟아내어 써라.** 시작을 위해 종이나 화면에 정리되지 않은 방식으로 모든 생각을 쏟아내라. 생각이 흘러나오게 두라. 쓸 게 거의 남아 있지 않을 정도로 생각을 간단한 메모 형식으로 덜어내라. 그 뒤에 지금까지 쓴 내용을 살펴보라. 이 내용을 기반으로 정리되고 논리적인 개요를 만들어라.

- **시각적으로 써라.** 순서도(플로우 차트), 스케치, '마인드맵' 등의 도식을 활용해 생각을 나타내는 것도 도움이 된다. 종이에서 아이디어를 얻는 방법에 단어만 있는 것이 아니다. 이 '시각 자료'를 훑어보고, 쓰고자 계획한 것을 위한 정리된 개요를 만드는 데 사용하라.

- **써라. 편집하지 마라.** 문법, 구두점, 철자는 처음 단계에서 중요하지 않다. 아이디어를 끌어내는 것이 첫 번째 단계이다. 글을 다듬는 것은 나중에 하라.

 **문체**

모든 글은 읽기 쉬워야 하고, 흥미로워야 하며 메시지를 명확하고 모호하지 않게 전달해야 한다.

크라이슬러의 전 CEO 리 아이아코카(Lee Iacocca)는 문체로 깊은 인상을 주려는 것을 명확히 반대했다. 이를 보여주는 매우 적절한 문단이 그의

자서전에 있다.

'영어로 짧게 하라. 어느 날은 이해하기 힘든 15장짜리 글을 읽은 적이 있다. 글쓴이를 불러 그가 쓴 긴 글이 무슨 내용인지 설명해달라고 했다. 글쓴이는 2분 만에 설명을 끝냈다. 회사에서 무엇을 잘못하고 있는지, 고치기 위해 무엇을 할 수 있고 어떤 방안을 추천하는지 밝혔다. 말이 끝나자 나는 왜 방금 말한 것처럼 글을 쓰지 않았느냐고 물었다. 남자는 답하지 못했다. 그가 한 말의 전부는 "그런 식으로 배웠습니다."였다.'

아이아코카의 지혜는 모든 글쓴이들을 위한 지침이다. 단순하게, 짧게 쓰라.

주요 문체는 세 가지로 나눌 수 있다.

- **격식 있는 문체:**
The newly inaugurated copying system has enjoyed a most favourable reception.
새로 도입된 복사 시스템이 매우 큰 호평을 받았다.

- **친근한 문체:**
Our new copying system is just great.
우리 회사의 새 복사 시스템이 매우 훌륭하다.

- **익숙한 문체:**
Our new copying system has become very popular with the departments that use it.
우리 회사의 새로운 복사 시스템이 그것을 사용하는 부서들에게 아주 인기가 많다.

격식을 차린 문체일수록 덜 익숙한 단어를 쓰고, 수동태처럼 덜 단순한 동사 형태를 쓸 가능성이 크다. 반대로 익숙한 문체에는 속어나 불완전한 문장이 끼어들기도 한다.

문체 선택은 개인의 선호, 조직의 관행, 그리고 가장 중요하게는 읽는 사람(들)의 요구와 기대에 달려 있다. 오늘날 비즈니스 글을 읽는 사람들은 더 짧고 읽기 쉬운 글을 선호한다. 친밀한 문체가 아마 가장 좋을 것이다.

이제 피해야 하는 흔한 실수를 보자.

불필요한 단어

아무 데도 필요 없거나, 이미 제시한 의미를 반복하는 단어를 추가하는 일이 쉽게 일어난다. 예를 보자.

- *'staff of suitable **calibre** and **quality**'*

  적절한 역량과 자질의 직원 (필요 없는 강조와 의미 혼란)

- *'I **personally** believe …'*

  나는 개인적으로 믿는다… (다른 믿는 사람은 또 누가 있을까?)

또 다른 흔한 실수는 불필요한 형용사와 부사의 사용이다.

- ***true** facts*

  진짜 사실 (사실이라면 이미 진실한 것이다.)

- ***actively** investigate*

  능동적으로 조사하다. (수동적으로 조사할 수 있을까?)

- *I **would** suggest*

  나는 제안하려고 한다. (의도한 것이라면 왜 머뭇거리는가?)

- ***completely** fatal*

  완전히 치명적인 (뭔가가 반쯤만 치명적일 수도 있나?)

이러한 시시한 것들은 수정해야 한다.

멋져 보이려는 표현

의미 없는 용어 사용을 피하라. 많은 표현이 우리가 생각 없이 사용하는 클리셰(180쪽 참고)이다.

- 'further to the above'
    위로 더

- 'the aforementioned'
    앞서 언급된

- 'at this moment in time'
    지금 이 순간

- 'at the end of the day'
    오늘 하루 막바지에

- 'in the not too distant future'
    머지않은 미래에

이러한 표현이나 비슷한 표현을 찾아내어 지워라.

모호하고 추상적인 단어와 구절

장황한 구절을 쓰면 글이 모호해진다. 구체적으로 써라. 아래와 같이 쓰지 말라.

It was suggested that consideration be given to the possibility of improvement in our facilities for conferences with the object of elimination of noise and provision of adequate ventilation.

소음 제거와 적절한 환기 공급을 염두에 두고 회의를 위한 시설의 향상 가능성을 고려하는 것이 제안되었다.

위의 문장은 이렇게 쓸 수 있다.

We need a better place to meet. This room is hot and noisy.
더 좋은 회의 장소가 필요하다. 이 회의실이 덥고 시끄럽다.

더 직접적으로 자신을 표현할수록 독자들이 더 좋아할 것이다.

'얼버무리기'

저자들이 '아마(perhaps)', '어쩌면(probably)', '비교적(comparatively)' 등의 단어를 확신을 피하기 위해 사용한다. 이게 의도라면 괜찮다. 하지만 의도하지 않고 쓴다면 이 단어들은 확신을 파괴한다. 구체적인 수치, 날짜, 시간 등을 쓸 때에는 '상당한(appreciable)', '많이(substantial)', '곧(soon)'과 같은 모호한 형용사와 부사를 피하라. 이 예시에서 **볼드체** 단어들이 '얼버무리기'이다.

*Additional evidence **suggests** that the difference in the midrange of the curves **may possibly indicate** a curve form that our hypothesis **may not adequately** encompass.*
추가 증거가 곡선들 중간 범위의 차이가 우리의 가설이 적절히 포함하지 않을 수도 있는 곡선 형태를 가리킬 수도 있다는 점을 암시한다.

근접 규칙

수식하는 단어와 구를 수식되는 단어나 구 가까이에 두지 않으면 의미가 불분명해진다. 다음의 예를 보자.

A discussion was held on overtime working in the office.

사무실에서 무슨 일이 있었는가? 토의인가, 야근인가? 아니면 토의가 직원들이 야근하는 동안 이뤄진 것인가? 의미를 명확하게 해야 한다. 문장이 약간 더 길어지더라도 다시 쓰고 구두점을 사용하라. 아래의 문장을 보자.

A discussion, on overtime working, was held in the office.
야근에 관한 논의가 사무실에서 있었다.

이렇게 쓰지 마라.

*The work area needs **cleaning badly**.*

하려던 말은 이것이다.

*The work area **badly needs** cleaning.*
작업장에 청소가 무척 필요하다.

잘못 놓인 수식어로 웃을 수는 있겠지만, 글을 쓴 사람을 바보처럼 보이게 할 것이다.

The fire was extinguished before any damage was done by the fire brigade.*

불은 소방대가 피해를 입히기 전에 꺼졌다.

*He told her that he wanted to marry her **frequently**.***

그는 그녀와 자주 결혼하고 싶다고 말했다.

대명사 오용

다른 명사에 적용될 수 있는 대명사를 사용하지 않도록 조심하라. 예를 보자.

*Mary told Susan **she** was being promoted.*

메리는 수잔에게 그녀가 승진한다고 말했다.

승진하는 사람은 누구일까?

*The car collided with the van at the crossroads. **It** had to be towed away to avoid a traffic jam.*

그 차는 교차로에서 밴과 충돌했다. 그것은 교통 체증을 피하기 위해 견인되어야만 했다.

무엇이 견인되어야 했을까?

여러 의미를 가진 단어

두 개 이상의 의미를 가진 단어는 의미와 관련해 독자들을 의심에 빠뜨

---

* 원래 의도는 '불은 피해를 입히기 전에 소방대에 의해 꺼졌다'이다. The fire was extinguished by the fire brigade before any damage was done이 옳다.

** 원래 의도는 '그는 그녀와 결혼하고 싶다고 자주 말했다'이다. He frequently told her that he wanted to marry her이 옳다.

릴 수 있다. 예를 보자.

> We **dispense** with accuracy.
> 우리는 정확하게 제공한다 (또는) 우리는 정확도를 없앤다(생략한다).
>
> It is **practically** done.
> 그것은 사실상(거의) 행해졌다 (또는) 그것이 실제로(현실적으로) 행해졌다.
>
> His action was **sanctioned**.
> 그의 행동은 제재되었다 (또는) 그의 행동은 허가되었다.

내용은 글쓴이가 의도한 의미에 관한 단서일 때가 많다. 가능하면 모호함 없이 동의어를 쓰라. 예를 들면, 두 번째 예시에 *practically* 대신 *almost*(거의)를 쓰는 것이다.

이중 부정과 부정 구조

부정보다는 긍정적인 방식으로 메시지를 전하도록 하라.

> A decision should not be delayed.
> 결정이 미뤄져서는 안 된다.

위 문장 대신 이렇게 쓰자.

> A decision should be made.
> 결정이 내려져야 한다.

다음과 같은 다수의 혼란스러운 부정형 사용을 피하라.

> There is no reason to doubt that it is not true.
> 그것이 사실이 아니라고 의심할 이유가 없다.

 **메모**

목적

메모의 목적은 빠른 행동이 뒤따를 수 있도록 가능한 간략하게 소통하는 것이다.

메모의 중요성

메모는 대부분의 조직에서 필수적이다. 이 사람이 저 사람에게 메시지를 보내거나, 지시를 하거나, 정보를 요청하거나, 조정 내용을 확인하기 위해 메시지를 보낸다.

특정한 목적의 경우, 메모가 전화나 얼굴을 맞대는 소통보다 더 낫다. 예를 살펴보자.

- 여러 명에게 정확히 같은 정보를 전달할 때
- 다수의 사람에게 회의 시간, 날짜, 장소를 확인해줄 때
- 회의나 컨퍼런스의 정보나 규정, 또는 내려진 결정을 기록할 때
- 기록을 위해 결정 사항이나 협의를 확정할 때
- 개인에게 정보나 규정, 지시를 전달할 때

주제

메모는 **한 가지 주제**만 갖고 있어야 한다. 한 메모에 여러 주제의 메시지를 쓸 경우 어떤 것들은 상대방이 못 보고 지나칠 수도 있다. 우리는 선택적으로 주의를 기울이며 우선순위를 매기기 때문이다.

순서

메모는 읽는 사람이 이해하기 쉽게 그리고 논리적인 순서로 정보를 나

타내야 한다. 다음을 확인하자.

- 목적을 명시하는 도입 문장이나 문단
- 숫자나 글머리표를 이용하며, 단순하고 직접적인 문장으로 제시하는 요점. 다소 긴 메모라면 문단을 명확하게 나눠 쓰고, 각 문단은 주제의 특정한 면을 다뤄야 한다.
- 읽는 사람이 언제 어떤 행동을 취해야 할지 밝히는 결론 문장이나 문단

모든 메모에는 다음 사항이 있어야만 한다.

- 날짜와 (적용할 수 있는 경우)인용 번호 명시
- 발신인과 수신인
- 주제를 밝힌 제목
- 나눠진 각 문단에서 각 요점 다루기
- 어떤 행동이 필요한지 분명하게 말하기
- 일을 수행하는 책임자 명시

서신

서신은 '재래식 우편 제도'로 종이에 써서 보낼 수도 있고, 팩스를 보낼 수도 있다. 심지어 '문자', 또는 전자 '이메일'을 보내는 등 글로 쓴 언어를 전달하는 데는 다양한 방법이 있다. 어떤 방법을 사용하든 좋은 글쓰기의 원칙은 항상 적용되며 이는 빠르게 배울 수 있다. 메시지는 **할 수 있는 한 명확하게 쓰라**.

서신은 받는 대상이 누구인지 정해져 있으므로 그 사람에게 맞추어 문체를 선택할 수 있다. 구식의 젠체하는 '관공서 용어'로 쓰인 편지를 받았을 때, 비슷한 문체로 답하지 않아도 된다. 의미가 분명한 대화체 답장을 씀으로써 좋은 예시가 무엇인지 보여줘라! 읽는 사람이 누구인지 알고 그

반응을 살펴보라.

좋은 서신 쓰기의 열쇠는 정중함이다.

- 서신을 받았을 때에는 항상 즉시 답장하라.
- 연락을 주고받는 사람의 이름과 직함을 정확히 숙지하라.
- 상대를 배려하는 진솔한 모습을 보여라.

다섯 가지 원칙(5C)

명확해야 한다(Be clear). 모호함을 피하라. 올바른 구두점을 써라. 형용사와 부사를 옳은 맥락에 사용하라.

간결해야 한다(Be concise). 간결함이야말로 옳은 단어를 선택한다는 뜻이다. 진부한 클리셰로부터 나오는 '덧대기'를 빼라. 전문 용어와 '통신문 용어'를 쓰지 마라!

정확해야 한다(Be correct). 사실과 수치, 자료와 세부 사항, 모든 정보가 정확한지 확인하라. 문법과 구두점, 특히 철자가 맞는지 확인하라.

완전해야 한다(Be complete). 읽는 사람과 편지를 쓰는 목적 둘 다를 만족시키기 위해 모든 정보를 다 제공하라. 만약 첨부할 것이 있다면 첨부하라!

정중해야 한다(Be courteous). 따뜻하고 읽는 사람에게 도움을 주며 관심을 가진 사람이라는 '이미지'를 전달할 알맞은 문체를 만들기 위해 단어를 선별하라.

팩스

의미를 효과적으로 전달하려면 팩스의 길이가 짧아야 한다. 기나긴 팩스 종이는 읽기에 방해만 될 뿐이다. 메모처럼 항상 팩스 윗부분에 제목과 수신인의 이름을 명시하라. 맨 왼쪽 상단에 이름과 주소를 놓을 필요는 없다.

시작 인사와 내용, 끝맺음 인사는 보통의 서신 쓰기 규칙을 따른다. 팩스 형식은 정보 전달로 바로 들어갈 수 있는 기회를 준다. 간결하지만 퉁명스럽지 않게, 비즈니스 서신에서 자주 볼 수 있는 구식의 '상업 통신문 용어'를 배제하고 써라.

이메일

비즈니스 소통은 메시지를 명확하고 프로페셔널하게 전하는 것이다.

보통의 비즈니스 서신을 쓰는 것처럼 이메일을 쓴 뒤 스스로에게 물어보라. '이 메시지를 받으면 나는 기분이 어떨까?'

이메일은 의견과 정보 교환을 빠르게 할 수 있는 기회를 제공한다. 이러한 경우, 이메일을 주고받을 때 정중한 인사말과 마무리를 생략할 수 있다. 특히 상대편이 먼저 생략했다면 우리도 생략하면 된다.

이메일로 협상을 할 경우 서로에 대한 이해가 있는지 확인하는 것이 무엇보다 중요하다. 이메일 교환은 양쪽이 수용할 만한 동의에 다다랐을 때 둘 다 만족할 때까지 빠르게 계속할 수 있다.

이메일은 글로벌하게 쓰이지만, 아직 비즈니스 에티켓의 장벽을 무너뜨리지는 못했으므로 'Hi there(안녕하세요)!'라고 시작하는 대신 정중하게 'Dear Mr X(Mr·X 님께)'라고 시작하라. 개인적인 관계를 충분히 쌓았다고 생각하기 전까지는 절대 상대방을 이름으로 부르면 안 된다. 기타 서신이나 전화에서도 마찬가지다. 이메일만으로 사업을 논의하는 것은 인간적이지 않다고 느껴질 수 있으므로 전화로도 연락하는 것이 서로 관계를 다지는 좋은 방법이 될 수 있다.

이메일에는 즉시 답장하라. 빠르게 "*I'll get back to you(곧 답변 드리겠습니다)*"라고 답장하는 것이 침묵보다 낫다.

> 이메일은 사적이지 않다는 점을 기억하라. 적어도 상대방에게 암호화하지 않고 보냈을 때는 그러하다. 기밀이거나 민감한 내용이 있다면 개인 서신이 더 나을 것이다. 만약 이메일을 누가 읽을지 확실하지 않다면 이메일에 기밀이나 보안 알림을 덧붙여라.

첨부 자료가 있다고 명시되어 있지만 사실 그 자료가 빠져 있는 이메일을 받으면 무척이나 짜증나기 마련이다. 의도한 첨부 문서가 제대로 전부 첨부되었는지 다시 한 번 확인하라.

 실수 찾기 연습

이 연습 문제는 한 회사의 실제 비즈니스 서류에 약간 기반을 두고 있다. 서류에 명시된 이름과 전화번호는 바꾸었다. 실수나 누락된 부분을 찾아내라. 요약문서 등에서 '*the*'와 같은 단어가 빠진 점은 신경 쓰지 않아도 된다.

B. Z BUILDING SERVICES

U.K

TEL 0800 914 7913 MOB 0790067785

CUSTOMERS DETAILS

DESCIPTION OF WORK

1. To take out lose bricks on back of property were needed.

2. To supply and lay new bricks maching in with old.

3. To supply and coat bricks with p.v.a.

4. To repair guttering where needed.

5. To re coat walls with t.m.c. fine textured wall coating where windows have been replaced. Colour of coating waterlily

7. New step to be re built

TOTAL £ 3.500

DEPOSIT £ 1.500 RECIEVED

OUSTANDING £ 2.000

All work as been carried out to customers satisfaction

ALL WORK CARRYS A 15 YEAR GUARANTEE FROM DATE OF COMPLETION

실수 찾기 연습 해석 및 정답

해석

B. Z 빌딩 서비스

영국

전화 번호 *0800 914 7913* 휴대 전화 *0790067785*

고객 세부 사항

작업 설명

1. 건물 뒤편의 유실된 벽돌 제거
2. 기존의 것과 일치하는 새로운 벽돌 공급 및 배치
3. PVA 접착제로 벽돌 코팅
4. 필요한 곳의 홈통 장치 수리
5. 창문이 교체된 벽에 TMC 세립질 마감재로 덧칠. 수성 컬러
7. 새로 세우기 위한 새로운 단계

총 *3.500*파운드

착수금 *1.500*파운드

미지불 *2.000*파운드

고객 만족도에 따라 모든 작업이 수행되었습니다.

작업 완료일로부터 15년 보증

- 이 서류에는 작성자의 주소와 이름이 빠졌다. 어떻게 전화번호 하나로 보증을 할 수 있겠는가?
- 이러한 서류에서는 정관사 또는 부정관사의 생략은 상관없다.
- 첫 두 줄의 경우 두 번째 알파벳 뒤에 마침표가 빠졌다. UK와 같은 두문자어는 각 철자마다 뒤에 마침표를 찍거나 아예 빼야 한다.
- 휴대전화 번호의 마지막 숫자가 빠져 있어 전화를 걸 수 없었다.
- CUSTOMERS 뒤에 아포스트로피가 빠져 있으며(CUSTOMERS'), DESCIPTION이라는 단어에는 'R'이 빠졌다. DESCRIPTION이 맞다.

- 1. lose → loose / were → where
- 2. maching → matching
- 5. re coat → recoat / fine textured → fine-textured
- 5번과 7번 문장에는 마침표가 빠져 있다.
- 7. → 6. / re built → rebuilt

- 세 금액에 쉼표 대신 마침표가 들어가 있어 액수가 1,000분의 1이 되었다. £3,500 £1,500 £2,000로 수정해야 한다.

- RECIEVED → REC**E**IVED
- OUSTANDING → OU**T**STANDING
- as → **h**as
- customers → customers'
- CARRYS → CARR**IE**S
- 15 YEAR → 15-YEAR

22장: 외국어 단어와 표현, 억양 사용

    누군가 썼을 때 당황하지 않도록 자주 사용되는 **외국 단어와 표현**을 이해하는 것이 중요하다. 만약 외국어 표현을 쓴다면 읽는 사람들이 이해할 만한 표현만 쓰도록 하자. 그렇지 않으면 허세처럼 보일 것이다.

    때로는 외국 단어나 표현이 영어보다 생각을 더 잘 표현하기도 한다. 이것은 특정한 *cachet(위신)*을 부여하는 *mot juste(가장 적절한 단어)*이지만 사용은 *de rigueur(에티켓으로 요구되는)*가 아니다.

    영어는 라틴어, 그리스어, 프랑스어, 독일어, 아시아어를 포함하여 많은 언어에서 파생한다. 오늘날에도 다른 언어에서 단어를 가져오고 있기에 '외국 단어'란 무엇인지에 대한 의견이 다를 수 있다.

    《콜린스 영어사전(The Collins English Dictionary)》의 6호판은 외국에서 온 단어와 표현, 예를 들면 *kindergarten(유치원)*(독일어), *esprit de corps(함께 느끼는 자부심과 목적)*(프랑스어)가 영어에 동화되었다는 점을 보여주기 위해 보통 글씨로 표기하는 한편, *Schadenfreude(다른 이의 불행을 보며 기뻐함)*(독일어) 등의 단어는 아직 영어에서 정식으로 자리를 잡지 않았다는 듯 앞에 대문자를 쓰고 이탤릭체로 표기하고 있다. *Attaché(담당관)*와 *café(카페)*는 동화된 것으로 나오지만 영어에서 그 억양을 필요로 한다.

발음 구별 부호(diacritical marks)는 발음과 모음 소리의 길이, 음절의 강세를 가리키기 위해 알파벳의 위나 아래에 주어진 표시 또는 음절이다. 예를 들어 é에 있는 **아큐트**(´), è에 있는 **그레이브**(`), ê에 있는 **서컴플렉스**(^), ç에 있는 **세딜라**(,) 등의 **억양**을 포함한다. ñ에 있는 **틸드**(˜)는 'n' 소리를 'ny' 소리로 바꾸기 때문에 스페인어인 mañana(내일이나 아침)는 'manyana' [mænˈjɑːnə]로 발음된다.

분음 부호표(diaeresis)는 해당 모음이 따로 발음된다는 것을 가리키기 위해 둘이 연속으로 같이 있는 모음들의 두 번째 모음 위에 오는 표시(¨)이다. 프랑스어인 naïve(순진한, 소박한)가 그 예로 'nigh-eve'[naɪˈiːv]로 발음된다. 이러한 단어는 때때로 워드프로세스 프로그램에서 옳은 발음 부호를 자동으로 넣어주기도 한다.

프랑스어의 아큐트와 그레이브는 모음의 소리를 바꾸고, 서컴플렉스는 보통 빠져 있는 알파벳 s를 가리킨다. 따라서 forêt는 forest(숲)를 의미하며 hâte는 hate가 아니라 haste(서두름)를 의미한다. ä나 ü와 같은 독일어의 **움라우트**는 모음의 소리를 바꾼다. Frau(결혼한 여성)는 'frow'[fráu]라고 발음하지만 Fräulein(결혼하지 않은 여성)은 'froy-line'[frɔ́ilain]으로 발음한다.

시에서는 모음 위에 그레이브 강세처럼 보이는 것이 오기도 한다. 이는 해당 모음이 발음되어야 한다는 것을 가리킨다. time's wingèd chariot(날개 달린 시간의 마차)에서 wingèd는 'wingd'가 아니라 두 음절의 'wing-ed'로 발음되어야 한다. 시에서 사용되는 다른 기호에는 강세 있음(´)과 강세 없음 **브리브**(˘)가 있다.

영어 단어를 외국어 단어와 구분하기 위해 억양이 반드시 필요한 경우가 있다. Pâté(음식)와 pate(정수리, 특히 머리털이 없는)를 비교해보라. 한 학생은 나에게 Resume(재개하다)이라는 제목의 문서를 제출했다. '이력서'인 Résumé를 의미한 것이었다.

외국어 단어임을 표시하기 위해 이탤릭체로 쓸 때에는 강세를 넣거나 또는 독일어 명사의 경우 맨 첫 글자를 대문자로 쓰는 등 그 외국어에서 쓰이는 대로 표기하라. 영어로 동화된 단어로서 이탤릭체를 쓰지 않고 표기할 때 *crèche*(놀이방), *fiancé*(약혼자), *protégé*(도움을 받는 후배), *cliché*(클리셰), *blasé*(심드렁한), *risqué*(위태로운) 등의 일부 단어는 여전히 강세가 필요하다.

외국어에서 어떤 단어가 하나 이상의 강세를 갖고 있다면 전부 표기하거나 아예 모두 빼야 한다. *tête-à-tête*(말 그대로 머리와 머리를 의미 하여 두 사람의 친근한 만남을 뜻함)(프랑스어)는 억양 세 개를 다 넣거나 아예 빼야 하며, 세 개를 다 쓰는 것이 더 좋다. 한 신문은 이탤릭체 표기 없이 희한한 독일어-영어 혼합 단어를 실었다.

'*über-fresh*', 이 표현은 ultra-fresh(매우 신선한)를 의미한다. 젊은 사람들은 때때로 *über cool* 같은 표현을 쓰기도 한다.

외국어 표현에 이탤릭체 표기가 어떤 차이를 만드는지 다음 두 문장을 통해 보자.

> He has been called the **enfant terrible** of the violin.
> He has been called the ***enfant terrible*** of the violin.
> *그는 바이올린의 이단아라고 불렸다.*

첫 문장은 영어로 하듯 '*en-fant terribull*'로 읽을 수 있지만 두 번째 문장은 곧바로 프랑스어 발음인 '*on-fon tereeble*'이라고 읽어야 함을 알 수 있다.

e.g.(*exmpli gratia*, 예)와 *i.e.*(*id est*, 즉)는 흔히 쓰는 라틴어 줄임말이다. 한때는 외국어로서 이탤릭체로 표기되었지만 이제 그런 일은 드물다. 이상한 짧은 단어가 아니라 줄임말이라는 것을 보이기 위해 마침표를 두 개 가지고 있어야 한다. 일부 신문은 마침표 두 개를 생략하기도 한다. 마지막 마침표만 찍는 건 심지어 더 끔찍하다. *For example, an elephant,*(예를 들어, 한 코끼리,)에서처럼 *for example* 뒤에 쉼표를 넣을 때는 *e.g.*나 *i.e.* 뒤에도 쉼표

를 넣으라.

마이크로소프트 윈도우의 **워드프로세스 문서**에서 외국어 강세가 필요할 때에는 시작〉모든 프로그램〉액세서리〉시스템 도구〉문자표에서 확장된 문자표를 찾은 뒤 필요한 폰트를 선택하고 원하는 문자를 찾아 스크롤을 내리면 된다. 선택, 복사(Ctrl C), 붙여넣기(Ctrl V)도 가능하다. 많은 알파벳을 위한 유니코드 시스템이 있으며 문자표의 Help(도움말)에 설명되어 있다. 강세를 계속 써야 한다면 문자표를 화면에 놓고 원하는 크기로 최소화하거나 최대화하여 쓰면 된다. 이미 사용한 강세 알파벳을 복사해서 붙일 수도 있다.

Num Lock을 켜고 ALT를 누르고 오른쪽의 숫자패드에서 해당 숫자를 입력할 수도 있다. á는 0224, å는 0225, â는 0226, è는 0232, é는 0233, ê는 0234, ñ는 0241, à는 0228, ä는 0235, ë는 0239, ö는 0246, ü는 0252, ô는 0244, û는 0251이다. 그리스, 키릴, 아랍, 히브리, 신할라, 페르시아, 힌디 문자와 그 외의 문자들도 쓸 수 있지만 다른 언어의 경우 키보드의 위치가 다를 수 있다.

일부 휴대용 컴퓨터 장치나 노트북에는 Num Lock이나 오른편의 숫자패드가 없다. 이때에는 **Ctrl키**를 사용해서 외국어 강세를 쓸 수 있으며, 이는 다른 컴퓨터에서도 가능하다. Ctrl+'(아포스트로피)+알파벳을 누르면 á, é, í 와 같은 아큐트 강세가 입력된다. Ctrl+`(키보드 맨 윗줄 왼쪽 끝)+알파벳을 누르면 à, è 등의 그레이브 강세가 입력된다. Ctrl+Shift+^를 누른 뒤 알파벳을 치면 â, ô가 나온다. Ctrl+Shift+:(콜론)을 누른 뒤 알파벳을 입력하면 ä, ü가 나온다. Ctrl+Shift+~(틸드)는 ñ, ã이 된다. 대문자 알파벳의 경우 Shift를 한 번 더 입력하면 쓸 수 있다. 예를 들어 Ctrl+Shift+:(콜론)+Shift+u를 누르면 Ü가 된다. Ctrl+,(쉼표)+c는 ç가 된다.

알아둘 만한 일부 외국어 단어와 표현을 적었다. 이 목록이 전부는 아니다.

프랑스어: *à la mode*(패셔너블한), *au fait* [with](~에 익숙한, 정통한), *au revoir*(안녕), *badinage*(농담), *beau monde*(사교계), *décolletage*(여성의 옷에서 깊게 파인 네크라인), *double entendre*(이중적 의미를 갖는 어구(보통 그 한 가지가 성적인 것와 관련됨)), *femme fatale*(남자에게 나쁜 영향을 미치는 유혹적인 여성), *né*, *née*(각각 남성과 여성을 의미하며 '태어난'이라는 의미, 여성의 경우 서류에서 결혼 전 성 앞에 쓰기도 함), *protégé*(여성일 경우 *protégée*, 후견인의 도움을 받는 사람); *raison d'être*(존재 이유), *recherché*(세련된, 고상한, 전문가에게만 알려진); *risqué*(아슬아슬한, 거의 야한); R.S.V.P.(*répondez s'il vous plaît*, 회답 주십시오).

독일어: 영어에 동화되어 첫 철자를 대문자를 쓰지 않는 전쟁 관련 단어들이 있다. 예를 들면 *flak*(대공포, 맹공격), *blitzkrieg*(기습 공격) 등이다. *U-boat*(독일 잠수함 U보트)는 대문자를 그대로 쓰며 *Strum und Rang*(질풍노도)도 마찬가지다. 대문자를 그대로 써야 하는 다른 단어들은 *Doppelgänger*(도플갱어, 똑같은 사람이 두 명), *Übermensch*(초인), *Zeitgeist*(시대 정신) 등이다. 음악 용어에는 *Lieder*(노래)가 있다.

그리스어: *hoi polloi*(일반 대중)

Hoi Oligoi
(과두제)

Hoi Polloi
(일반 대중)

이탈리아어: *pizza*(피자), *al dente*(씹히는 맛이 있는), *lento*(천천히) 등 음식과 음악에 관련된 용어가 많으며 *piazza*(광장)도 있다. 이 단어들 중 *al dente*만 보통 이탤릭체로 쓰며 나머지는 영어에 동화된 것으로 간주한다.

라틴어: *ad hoc*(특정한 목적을 위해, 예를 들면 기념일 축하 행사를 기획하는 위원회), *annus horribilis*(끔찍한 해, 엘리자베스 2세 여왕이 씀), *bona fide*(진실된), *carpe diem*(현재를 즐겨라), *caveat emptor*(매수자 위험 부담 원칙), *CV (curriculum vitae*, 이력서), *mea culpa*(내 탓이다), *pro bono* 또는 *pro bono publico*(공익을 위해, 예를 들면 변호사가 무료로 자선 단체를 도움), *tempus fugit*(세월은 유수와 같다).

외국어 단어의 복수형을 쓰는 것은 어렵다. 원래 언어의 복수형을 쓰는가, 영어의 복수형을 취하는가? 한 사전에서 *gâteau*(과자, 케이크)의 복수형은 *gâteaux*이다. 하지만 *château*(성)는 *châteaux*와 함께 비록 많은 사람들이 거부하지만 *châteaus* 또한 복수형이 될 수 있다. *femme fatale*(팜므 파탈)의 복수형은 *femmes fatales*이다. 이는 복수형 명사와의 일치를 위해 형용사도 변화한다는 점을 보여준다.

여왕의 영어 지지자들은 언어와 관련된 모든 것에서 정확함을 열망해야 하며 이는 영어로 외국어를 사용하는 것에 있어서도 마찬가지다. 시간이 흐르며 강세 사용이 줄어들 것으로 예상한다. *crêpe*(크레이프)나 *crèche*(놀이방) 등의 단어는 강세 부호 없이 더 자주 사용되겠지만, 적어도 지금은 강세 부호를 계속 사용하라는 것이 내 조언이다.

23장: 새 단어, 새 의미와 변화

 **새 단어**

접두사와 **접미사**, **어원**(192-213쪽)의 사용을 더 잘 이해할수록 새로운 단어가 무슨 뜻인지 더 잘 이해할 수 있으며, 심지어 스스로 새 단어를 만들 수도 있다. 새 단어는 **신조어**(neologism)라고 한다. 이 말은 '새로운'을 의미하는 *neo*-와, '단어'를 의미하는 *logos*에서 온 -*logism*이 결합된 것이다.

속어와 기술 분야에서 사용되는 단어가 빠르게 생겨나고 변화한다. 오늘날 매스미디어를 통해 새 단어나 새 단어 사용이 영어를 사용하는 나라들에서 빠르게 확산되고 있다. 아이들이 사용하는 속어와 '길거리 속어'는 빠르게 변화한다. 이것들을 사용하는 사람들과 마주할 때에만 그 변화에 뒤처지지 않으려고 노력해야 한다.

> 기술 분야의 변화는 사람들에게 각기 다른 정도의 영향을 미친다. 컴퓨터 사용자들은 *mouse*(마우스), *cursor*(커서), *surfing*(서핑), *browser*(브라우저), *web*(웹), *wizard*(위자드), *hacking*(해킹), *cookies*(쿠키), *icon*(아이콘) 등의 전문적 사용을 알아야 하며, 이 단어들은 모두 보통 때 쓰는 의미와 아주 다르다.

저널리스트들은 새로운 단어 사용과 새로운 단어, 새로운 인용구를 무척 좋아하며 자신의 글이 신선하고 시대에 발맞춘 것처럼 보일 수 있기를 바란다.

《왕립 의학 학회(JRSM)》의 어느 호에서는 'Wii 문제'에 관한 글을 실었다. 이 글은 닌텐도의 'Wii'로 인해 생겨난 새롭고 놀라운 의학 용어들을 인용했다. 이 기계를 너무 열정적으로 사용하다 입은 부상은 *Nintendonitis*(닌텐도니티스), *Playstation 2 Thumb*(플레이스테이션 2 엄지), *Wii knee*(Wii 무릎), *i*가 드물게 셋이나 들어가는 *Wiiitis*(위티스)라고 불린다.

라디오와 TV가 있기 전, 아이들은 아마 지역 방언과 사투리를 쓰는 부모님, 지역 사람들의 영어를 듣고 자랐다. 이제 아이들은 '베이비시터'로 자주 사용되는 TV, 영상, DVD를 통해 많은 미국 영어를 포함하는 방송으로 아주 다양한 형태의 영어에 노출된다. 많은 방송이 여왕의 영어와는 거리가 멀며 문법은 엉망이고 어투와 발음이 형편없다. 이러한 잘못을 따라할 필요는 전혀 없다.

영어 어휘의 핵심은 엄청나게 천천히 변화한다. 200년 전 쓰인 대부분의 작품을 쉽게 읽을 수 있으며, 1611년의 킹 제임스 성경이 그렇듯 그 이상으로 거슬러 올라갈 수도 있다. 오늘날 생겨나는 새로운 단어는 기술로부터 비롯된다. 우리는 여전히 외국에서 단어를 수입하며 이는 미국과 호주에만 국한되지 않는다.

외국에서 기원한 일부 단어는 영어에 완전히 동화되어서 이들이 어디로부터 왔는지 명백하지 않다. 예를 들면 *skipper*(선장, 주장), *landlubber*(풋내기 선원), *boom*(호황), *sloop*(범선), *nitwit*(멍청이) 등은 모두 네덜란드에서 왔다. 이보다 최근에 쓰이기 시작한 단어들은 때때로 출신지와 크게 관련이 있는 채로 남아 있기도 하다. 예를 들어 *samizdat*(지하 출판), *perestroika*(페레스트로이카), *glasnost*(정보 공개)는 러시아에서 온 것들이다. 외국 단어와 구에 관해서는 253-258쪽을 참고하라.

품사의 변화

한 미국인은 '동사화될 수 없는 명사는 없다'고 주장했다. 셰익스피어는 한 문장에서 다수의 명사를 '동사화'했다. 《리어 왕(King Lear)》의 1막 1장에서 리어 왕은 딸 코델리아를 이렇게 묘사한다.

Unfriended, new-adopted to our hate.
Dower'd with our curse, and stranger'd with our oath.
친구가 없고, 우리의 증오에 새로이 맞아들여
우리의 저주를 받았고 우리의 맹세로 사이가 소원해진

셰익스피어는 명사인 *stranger(낯선 사람)*를 동사로 사용하여 *to estrange(사람을 떼어놓다, 멀어지게 하다)*와 같은 의미로 사용하였으며 과거분사 형태를 썼다.

이제는 사람들이 품사를 더 서로 바꿔 가며 쓴다. 특히 부사가 필요한 곳에 형용사를 쓰는 경우가 많다. 축구팀 매니저들이 자주 쓰는 *The boys done good*이라는 문장은 *The boys did well*(그 소년들이 잘 했다)이 되어야 한다. 이런 엉성한 사용은 여왕의 영어가 아니다. 명사는 다양한 허용 범위에서 계속 '동사화'되고 있다. *access*는 주로 '입장, 접근'이라는 뜻의 명사로 쓰였지만 도서관과 정보 과학, 전산에서는 *to access(접속하다, 이용하다)*라고 동사로 쓰인다. 이는 허용 가능하며 괜히 길기만 한 에두르는 표현을 피하게 해준다.

'구글(google)'은 인터넷 서치 회사의 고유명사이나 이제는 '동사화'된 버전인 *to Google*, 즉 '인터넷을 검색한다'는 뜻의 표현이 만들어졌다. 대문자가 있는 동사는 극히 드물다. 구체적인 특정 브랜드나 상표로 시작된 단어가 종종 일반화되기도 한다. *To hoover*는 Hoover*뿐만 아니라 어느 기계 브

---

* 진공청소기, 세탁기, 드라이어 등의 브랜드

랜드든 상관없이 '청소기를 돌린다'는 뜻으로 사용된다. 할리우드 영화계는 사람들이 형용사 *blonde(금발인)**를 명사로 사용하게 했다.

 의미 변화

어떤 단어는 시간이 흐르며 의미가 급격하게 바뀌어서 오래된 책에서 뜻을 잘못 해석하게 될 수도 있다. 예를 들어 찰스 2세는 새로 지어진 세인트 폴 대성당을 '*awful, artificial and amusing*'이라고 묘사했다. 오늘날 우리가 쓰는 단어로 하면 '*awe-inspiring, artistic and amazing*(경외감이 들게 하는, 예술적인, 멋진)'**이라는 의미다. (이누피아크어에서 온)*anorak*은 '모자 달린 방수 재킷'이라는 뜻 외에 이제 뒤쳐진 유행을 추구하는 '후줄그레한 사람'을 의미한다.

---

* 영화 《금발이 너무해(Legally Blonde)》가 그렇다.
** 현재는 '끔찍한, 인공적인, 멋진'으로 해석된다.

의미 타락(pejoration)은 단어가 경멸적인 의미를 갖게 되는 것이다. 제인 오스틴의 《오만과 편견(Pride and Prejudice)》에서 미스터 콜린스는 *to demean oneself*(오늘날의 표현으로 '자신의 위신을 떨어뜨리다')라는 표현을 썼다. 당시에 이것은 '처신하다*(to conduct oneself)*'라는 뜻으로 의미 타락의 개념은 전혀 없고 단지 *demeanour*(처신, 태도), 즉 행동 개념에 맞춰 쓴 것이었다. *obsequious*라는 단어는 *compliant*(순응하는)라는 뜻이었지만 이제는 *servile*(아부하는, 굽실거리는)을 의미한다. *officious*는 *dutiful, trustworthy*(충실한, 믿음직한)라는 뜻이었지만 이제는 *pompously overbearing*(거들먹거리는)이라는 뜻이다. 한때 *silly*는 *absurd*(바보스러운)가 아니라 *blessed*(축복 받은)를 의미했다.

의미 향상(amelioration)을 통해 단어는 경멸적 의미를 벗는다. *meticulous*라는 단어는 과거에 *pernickety, over-zealous*(옹졸한, 지나치게 열성적인)라는 뜻을 갖고 있었지만 이제는 *careful, conscientious*(조심스러운, 양심적인)를 의미한다. *sophisticated*는 *corrupted, falsified*(부패한, 꾸며낸)에서 *elegant, cultured, polished*(우아한, 세련된)라는 뜻으로 바뀌었다. *enthusiast*는 더 이상 *fanatic*(광적인 사람)이 아니라 '열정을 보이는 사람'이다.

단어는 **의미 좁히기**(narrowing)를 거칠 수도 있다. *corpse(시체)*는 한때 산 사람의 몸과 죽은 사람의 몸 둘 다를 의미했다. *deer(사슴)*는 모든 종류의 동물이었으며 그러한 의미로 셰익스피어가 썼다. *venison(사슴고기)*은 모든 종류의 고기였으며 *fowl(가금류)*은 모든 종류의 새였다. *wife(아내)*는 모든 여성, 심지어 결혼하지 않은 여성까지 의미했다.

어떤 단어는 의미가 **더 일반적으로** 변했다. *arrive(도착하다)*(river와 닮았다는 점을 눈여겨보자)는 한때 강둑이나 기슭으로 온다는 의미였고 *nausea*는 모든 종류의 메스꺼움이 아니라 '배멀미'를 의미했다.

 **단어의 다른 변화**

더 **짧은 형태**로 사용하려는 강한 경향이 있다. 다음의 예를 보자.

photography-photo(사진)
public house-pub(펍)
bicycle-bike(자전거)
influenza-flu(인플루엔자, 독감)
brassiere-bra(브레지어)

사람들은 자주 자기 이름의 짧은 버전을 사용한다. *Alex*(알렉스)는 여성의 경우 *Alexandra*(알렉산드라), 남성의 경우 *Alexander*(알렉산더)이다. 비슷하게 *Sam*(샘)은 여성의 경우 *Samantha*(사만다), 남성의 경우 *Samuel*(사무엘)이다.

Chairman(의장)은 성 중립적으로 부르기 위해 때때로 *Chair*로 줄여 부르지만 절대 *chair*라고 쓰면 안 된다. 여왕의 영어 협회에는 여성 용어를 받아들이기 위해 남성 용어를 취하여 기꺼이 *Chairman*이라고 불리겠다는 두 명의 여성이 있으며 두 사람 모두 무생물인 *Chair*나 *chair*로 불리는 데 강하게 반대했다.

1939년 《더 데일리 텔레그래프》는 *aero*가 생략되었다는 사실을 보이려고 *plane* 앞에 아포스트로피를 붙여 '*plane*이라고 썼으며 *to-morrow*, *to-day*와 같이 일부 연금 수령자의 경우를 제외하면 더 이상 쓰이지 않는 곳에 붙임표를 넣었다. 같은 신문은 *Royal Air Force*를 쓸 때 한 기사에서는 *R.A.F.*라고 썼다가 다른 기사에서는 *RAF*라고 썼다. 일관적으로 쓰는 것이 가장 중요하다.

최근의 변화

24/7은 '하루 24시간, 일주일 7일'을 의미하는 흔한 표현이 되었다. 나는 *presents*(선물)를 *pressies*라고 쓰거나 명사 *invitation*(초대) 대신 *invite*를 쓰는 것, *football*(축구) 대신 *footie*라고 하는 것을 싫어한다. *WAGs*(*wives and girlfriends-of sportsmen*, 운동선수들의 부인과 여자친구), *DINKY*(*double income, no kids yet*, 자식이 없는 맞벌이 부부) 등의 두문자어, *metrosexual*(메트로섹슈얼)이나 *mockney*같은 이상한 조합도 있다.

언어 변화는 **정치적 움직임**에 종종 영향을 받는다. 나는 언론의 자유를 강하게 지지하며 영어를 사랑하는 모든 사람이 정치적 올바름에 의한 영어의 무력화에 반대해야 한다고 생각한다.

새 단어와 새 단어 사용은 언제부터?

개인적인 것이므로 자기 뜻대로 하면 된다. 내용과 독자 또는 듣는 사람을 고려하라. 유행에 민감한 사람처럼 보이고 싶은가, 아니면 전통적으로 보이고 싶은가. *Good*(좋은)을 의미하기 위해 *wicked***를 쓰는 것처럼 새 단어 사용이 혼란을 불러올까? *homosexual*(동성애자)을 의미하기 위해 *gay****라는 단어를 쓰는 것이 최근의 변화이지만 이는 여전히 혼동과 부끄러움을 야기할 수 있다.

좋고 쓸모 있는 새 단어가 있고, 재미있는 새 단어가 있고, 나쁜 새 단어와 새 단어 사용이 있다. 나쁜 것들은 특히 의미의 혼란을 일으키는 것들이

---

* mock+cockney, 런던 토박이 말투를 흉내낸 말투를 의미한다.

** '사악한'을 의미하지만 속어로 '아주 좋은, 죽여주는'을 의미하기도 한다.

*** '동성애자'와 함께 '명랑한', '(색채가)화려한'과 같은 뜻도 있다.

다. 어떤 단어를 쓸지 주의하라.

 사전과 새 단어/뜻 용인

사전의 신판이 나오면 출판사들은 저널리스트들이 인용해주길 바라는 이상한 단어들을 포함하여 새로운 단어의 일부를 세부적으로 공개하는 공식 발표를 한다.

사전에 실리는 새 단어는 주로 속어와 기술 분야에서 온 것들이거나 채택된 외국어들이며, 어느 신판에서든 단어의 극히 적은 분량을 차지한다. 언어 변화에 관한 책을 저술하는 사람들은 영어가 급격히 변화하고 있다고 우리를 설득하려 하지만 대부분의 단어는 거의 같은 채로 남아 있으며 그래서 우리가 수백 년 전 쓰인 책을 이해할 수 있는 것이다.

사전은 단어에 관한 논란이 일어나면 심판으로 쓰일 수 있는 평판이 좋고 책임감 있는 권위자로 대우 받는다. 나는 **사전이 영어와 영어 사용자들에게 책임을 지고 있다**고 믿는다. 사전은 **의미의 명확함**을 유지하도록 노력해야 한다. 사전이 특정한 단어 사용은 틀리고 다른 것은 옳거나 선호된다고 표시하여 **권위적**이어야 한다고 믿는 사람들이 있지만, 대부분의 사전 편집자는 사전을 **기술적**인 존재, 즉 언어가 실수를 포함해 실제로 어떻게 사용되는지 보여주는 존재로 생각하는 쪽을 선호한다.

사람들이 지리학, 역사, 또는 수학에서 자주 실수를 하여 뉴질랜드의 수도로 웰링턴이 아니라 오클랜드라고 쓴다면 그 실수가 지리학 책에서 용인될 만한 것일까? 당연히 아니다. 하지만 왜 영어 사용에서 일어나는 실수는 많은 사람들이 하는 실수라고 해서 사전 편집자들이 용인될 만한 것이라고 여기는 것일까? 예를 들자면 *infer*(추론하다)와 *imply*(넌지시 나타내다,

암시하다)의 경우 *imply*가 *infer*의 의미 중 하나로 열거된다*. 나는 서로 다른 의미들을 모호하게 만드는 일은 잘못되었다고 생각한다.

   만약 우리가 단어들의 차이점을 잃어버린다면 오해가 발생하고 정확함을 잃게 될 것이며 형편없고 기능이 떨어지는 언어를 갖게 될 것이다. 나는 사전이 권위적이어야 한다는 의견을 강하게 지지한다.

---

* infer와 imply는 서로 반대되는 의미를 갖지만, 최근에는 동일한 의미로 사용되고 있다.

24장: 유머와 재치를 위한 영어 사용

영어는 그 절묘함 덕분에 **유머**와 **재치**에 무척 적합하다. 일부 농담은 부끄러운 상황에 기대기도 하지만 대부분이 언어를 이용한 것이다. 영국의 훌륭한 유머 작가들은 영어에 관한 깊은 지식을 갖고 있었기에 영어를 사용해 멋진 장난을 칠 줄 알았다. 많은 농담이 말장난과 문자 그대로 관용구나 비유적 표현을 해석해서 일어난다. 아래의 예를 보라.

On an icy day, how do you stop your mouth from freezing?
You grit* your teeth.

얼음이 어는 날에는 입이 얼어붙는 것을 어떻게 막지?
이를 악문다.(이에 소금을 뿌린다)

이 장에서 소개하는 **농담의 종류**가 다는 아니다. 여기 실린 농담의 3분의 1은 작가들이 쓴 것이며 나머지는 책과 인터넷에서 찾았다.

각 다른 종류의 유머가 다양한 사람들에게 어필하므로 농담을 할 때는 듣는 사람을 고려하라.

---

* grit은 '악문다'는 뜻도 되고 '소금을 뿌린다'는 뜻도 된다.

 ## 두운법(Alliteration)

두운은 단어 시작의 소리가 비슷한 경우다. 이 수수께끼(riddle)는 보통 글이 아닌 말로 하며 많은 세대의 어린이를 즐겁게 해왔다. 두운과 각운, 잘못된 발음(글일 경우 잘못된 철자)과 발음 생략을 포함한다.

Why couldn't the viper viper nose? *

Because the adder adder 'ankerchief! **

 ## 의사 농담(Doctor jokes)

이 농담에는 의사와 환자 또는 신비한 질병 사이의 오해가 자주 등장한다.

Woman: 'Doctor, doctor. I've been pregnant for two years and don't know who the father is.'

여자: '선생님, 선생님. 제가 2년간 임신 중인데 아이 아버지가 누군지 모르겠어요.'

Doctor: 'The milkman comes early, so it must be the postman. His deliveries*** are always late.'

의사: '우유 배달부는 일찍 오니 우체부가 분명해요. 그 사람의 배달이 항상 늦거든요.'

Boy: 'Doctor, that cream you prescribed makes my arms smart****.'

소년: '선생님, 처방해주신 크림이 제 팔을 쓰리게 해요.'

---

* =Why couldn't the viper wipe her nose?(왜 그 독사는 그녀의 코를 닦아주지 못했는가?)

** =Because the adder had her hankerchief!(그 살무사가 그녀의 손수건을 갖고 있었으니까!)
: 뜻에 의미를 두는 농담이 아니라 발음으로 말장난을 하는 농담이다.

*** '배달'을 뜻하는 delivery에 '출산, 분만'이라는 뜻도 있다.

**** '쓰리게 하다'는 뜻의 smart는 '똑똑한'이라는 뜻도 있다.

Doctor: 'Then try rubbing some on your head, sonny.'

의사: '그럼 머리에도 좀 바르렴, 얘야.'

 수상한 정의(Dodgy definitions)

이들을 만드는 것은 아주 재미있는 일이다. 철차 차이는 상관없다.

Alternatives*: change the indigenous inhabitants.

대안: 토박이 거주민들을 바꾼다.

Bumbling**: flashy jewellery to decorate the posterior.

벌이 윙윙댐(엉덩이를 흔드는 움직임): 엉덩이를 장식하기 위한 화려한 보석

Coffee***: the person coughed upon.

커피: 다른 사람들이 대고 기침하는 사람

Deliverance****: surgical removal of the liver.

구제: 간을 수술로 제거

Step-ladder*****: a device for climbing family trees where many parents with children have remarried.

계단 사다리: 아이가 있는 많은 부모들이 다시 결혼한 족보를 오르는 장치

---

* '토박이'라는 뜻의 'native'가 'alternative'에 들어가 있다.

** '화려하다'는 뜻의 bling이 'bumbling'에 들어가 있다.

*** coffee와 '기침'을 뜻하는 cough의 발음이 비슷하다.

**** '간'을 뜻하는 liver가 'deliverance'에 들어가 있다.

***** step은 '계단, 발판'이라는 뜻도 있지만 '양어머니' '양아버지' 할 때도 step이라고 붙이므로 거기서 온 말장난이다.

Willy-nilly*: impotent

싫든 좋든: 무력한, 발기불능의

 실수(Errors)

의도치 않은 **실수**는 무척 재미있을 수 있다. 영국 학생 중 한 명이 *insemination of these cows at the age of 3 with their fathers seamen*(그들의 아버지 선원을 이용한 이 세 살짜리 소들의 정액 주입)에 관해 썼다. 아포스트로피가 빠진 것도 그렇고 이 실수는 *seamen*(선원)과 *semen*(정액)을 혼동한 끔찍한 사례이다.

다음 예시들은 의료 담당 비서들이 저질렀던 실수이다.

*On the second day the knee was better and on the third day **it**** had disappeared.*

둘째 날 무릎은 더 나아졌고 셋째 날에는 사라졌다.

Discharge status: Alive but without my permission***.

퇴원 상황: 살아 있지만 내 허락 없이

*Examination of the patient's genitalia reveals that he is **circus sized******.*

환자의 성기를 관찰한 결과 포경 수술을 했음.

---

* willy는 '남성의 성기'를 의미하는 속어이다.
** it이 무엇인지 확실히 밝히지 않아 무릎이 사라졌다는 것처럼 들린다.
*** alive but without my permission이라고 쓰는 바람에 '내 허락 없이 살아 있다'는 것으로 들린다.
**** '포경수술을 하다'는 의미인 circumcise를 circus sized(서커스 크기)로 잘못 썼다.

5행 희시 (Limericks)

일부 고루한 시인들은 시가 아니라고 부정하지만, 가벼운 시는 무척이나 큰 즐거움을 준다. **5행 희시**는 굉장히 많은 유머와 참신함을 단 다섯줄의 각운 행에 압축할 수 있다. 많은 전통 시인들이 섹시한 5행 희시를 써 서로 돌려보았다. 여기 문법을 주제로 한 나의 시가 있다.

The wrong conjugation
There was a young girl of Cadiz
Whose character bubbled with fizz,
But her terrible grammar
Continued to damn' er,
As she couldn't be cured of 'You is.'

틀린 동사 활용

카디스 출신의 어린 소녀가 있었다네

성격은 거품이 보글거리는 것 같았다네

하지만 그녀의 끔찍한 문법이

계속해서 그녀를 저주하여

그녀는 'You is'의 병에서 나을 수 없었다네.

 말라프로피즘(Malapropisms, 말의 익살스런 오용)

말라프로피즘은 약간 비슷한 단어들을 혼동하는 것이며 셰리단의 1775년 연극 《더 라이벌스(The Rivals)》에 등장하는 미세스 말라프롭에서 유래한 말이다. 셰리단은 그녀의 입을 빌어 다음과 같이 말했다.

*an **allegory*** on the banks of the Nile.*
나일 강둑에 있는 풍자

*a nice **derangement**** of epitaphs!*
묘비명의 멋진 착란

*He is the very **pine-apple***** of politeness!*
그는 매우 공손함의 파인애플이야!

---

* '우화, 풍자'를 의미하는 allegory와 '악어'를 의미하는 alligator의 발음이 비슷한 데서 온 말장난이다.

** arrangement of epigrams라고 하면 '짧은 경구의 멋진 배열'이 된다.

*** pinnacle이라고 썼다면 '그는 공손함의 정점이야!'라는 뜻이 된다.

'He is the very pine-apple of politeness!'
(그는 공손함의 정점이야!)

 **잘못 들은 말(Misheard words)**

Jemima: 'On Valentine's Day I proposed to five different men without avail.'

제미마: '발렌타인 데이에 다섯 명의 남자에게 고백했지만 보람이 없었어.'

Fiona: 'Try wearing **a veil** next time.'

피오나: '다음엔 베일을 써봐.' (a veil)

 역설(Paradoxes)

상식에 반하거나 스스로 말이 안 되는 말들은 재치 있고 흥미로우며 재미있다. 이 예시는 오스카 와일드의 연극 《하찮은 여인(A Woman of No Importance)》에서 가져온 것이다.

The history of women is the history of the worst form of tyranny the world has ever known. The tyranny of the weak over the strong. It is the only tyranny that lasts.

여성의 역사는 이 세계가 지금껏 알았던 독재 중 가장 최악인 독재의 역사이다. 강자를 지배하는 약자의 독재. 지속될 수 있는 유일한 독재는 이 독재뿐이다.

 말장난(Puns)

말장난은 단어의 의미를 가지고 장난치며, 소리가 비슷한 단어나 철자는 같지만 의미는 다른 단어를 이용한다. 231-232쪽을 참고하라. 말장난은 수준 낮은 재치로 취급되지만 예상치 못한 것이거나 아주 별난 것일 경우 엄청나게 웃기다.

French frontier officer: 'Name, date and place of birth?'
프랑스 국경 장교: '이름, 태어난 날과 장소는?'
German: 'General Fritz Schmidt, 14 May 1922, Berlin.'
독일인: '프릿츠 슈미트 장군, 1922년 5월 14일 베를린.'
*Frenchman: '**Occupation**?'*
프랑스인: '직업은?'
German: 'Nein, not zis time. Just a visit.'
독일인: '아니, 이번엔 아니오. 그냥 방문하러 온 거요.'

이 말장난은 *occupation*이라는 단어가 '직업'과 '점령'이라는 두 의미를 갖고 있음을 이용한 것이다.

여기 산타클로스에 관한 세련된 말장난이 있다.

Santa's *helpers are subordinate* **clauses**[*].
산타의 도우미들은 종속절들이다.

각운(Rhymes)

각운을 사용한 시와 연극, 오페레타나 오페라에서 각운 패턴이 주는 기대는 희귀하거나 지어낸 단어를 사용하거나, 각운을 만들기 위해 문법을 파괴하거나, 터무니없이 쥐어짠 각운 등으로 충족되거나 아예 그 기대를 충족하지 않는 방식으로 유머러스하게 이용될 수 있다.

오페라《미카도(The Mikado)》에서 길버트는 *Lord High* **Executioner**(지체 높으신 사형 집행인)를 *very imperfect* **ablutioner**(매우 불완전한 목욕가)와 *Of your pleasure a* **diminutioner**(기꺼이 감소하는 사람)로 각운을 맞춘다. 이 단어 둘 다 사전에는 없지만 목욕(ablution)과 감소(diminution)를 인용하고 있다는 점은 명백하다.

수수께끼(Riddles)

수수께끼는 짧은 질문과 답변으로 이루어진다. 대부분 말장난을 수반한다.

What is a bachelor?
독신남이란 무엇인가?

---

* Santa Claus와 clause가 발음이 비슷해서 온 말장난이다.

A man who never Mrs a lady*.

여자를 놓치지 않는 남자 (또는) 여성에게 '결혼한 여성'을 의미하는 *Mrs*를 붙이지 않는 남자

철자/발음 어긋남(Spelling/pronunciation mismatches)

많은 성과 장소명이 철자와 다르게 발음된다. 내가 지은 5행 희시에서 *Leicester*[léstər]는 *Lester*로 들리고 *Norwich*[nɔ́ridʒ]는 *Norridge*처럼 들린다.

There was a young lady of Leicester
Who said that that city Depreicester -
When taken to Norwich
And nurtured on Porwich
Her spirits soon Reposseicester***!*

레스터에서 온 젊은 아가씨가 있었네
디프레세스터라는 그 도시라고 말하던-
노리치로 가서
포위치를 먹자
그녀의 기운은 다시 회복됐다네!

---

* Mrs와 misses의 발음이 비슷한 데서 온 말장난이다.

** -cester와 -wich를 가지고 한 말장난이다.

두음전환(Spoonerisms)

두음전환은 *a well-oiled bicycle(기름칠이 잘 된 자전거)* 대신 *a well-boiled icicle (푹 삶은 고드름)*이라고 말하는 것처럼 두 단어의 첫 철자를 뒤바꿔 쓰는 실수를 자주 한 성직자 W. 스푸너로부터 이름 붙여졌다. 작은 철자 차이는 상관없다.

What's the difference between a church bell and a thief?
One peals from the steeple and the other steals from the people.
교회의 종과 도둑의 차이점이 무엇일까?
하나는 첨탑에서 크게 울리고 다른 하나는 사람들에게서 훔친다.

25장: 연설: 설득과 열정, 말투

이 장은 사람들에게 하는 계획된 연설을 다루며 다음 장(283-288쪽)에서는 즉흥적인 평범한 대화를 다룬다.

 **말투 정하기**

이 조언의 일부는 연설뿐만 아니라 글쓰기에도 적용된다. 청자에게 어느 정도 격식을 차리는 것이 어울릴지를 정하라. 연설을 위해 **격식 있는 어조**를 잡기 위해 깔끔하게 차려 입고 연단 뒤에 서서 관객들을 '신사 숙녀 여러분(Ladies and gentlemen)'이라고 부를 수도 있다. **격식 없는 말투**를 위해서는 편한 옷을 입고 관객들을 '친구 여러분(Freinds)'이라고 부를 수도 있다. 어떤 극단적 방식 또는 중도적 전략을 취할지는 행사와 관객, 개인적 선호에 달려 있다.

만남의 목적을 깊이 생각해보라. 강의를 하는 것처럼 관객에게 정보를 주기 위해 그 자리에 있는가, 아니면 즐거움을 주려고 있는가? 중요한 결정을 내려야 하는 회의의 의장을 맡았는가, 아니면 당신에게 투표하라고 사람들에게 부탁하고 있는가?

> **관객과 자신을 동일시**하는 것이 좋다. '우려하는 노리치 주민 여러분'이라고 말한 뒤에는 '우리'라는 대명사를 많이 쓰는 것처럼 말이다. '함께'라는 느낌이나 공통점, 같은 목적을 심어주는 것이 사람들을 설득하는 일에 무척 효과적이다.

 연설과 담화, 강연하기

- **연설하는 방법**이 중요하다. 이 방법이 말투를 결정하고 관객이 받는 인상에 영향을 준다. 편안하고 자신감 있어 보이도록 애쓰라.
- 노트 없이, 누가 보기에 즉흥적으로 전달하는 연설은 한 글자 한 글자 읽어 내려가는 연설보다 더 흥미 있고 설득력 있다. 중요한 요점이나 필수적인 수치를 잊어버리는 게 두렵다면 중요한 항목들을 한 장의 종이에 커다랗게 프린트하라.
- **파워포인트** 강의를 하거나 오버헤드 프로젝터, 사진 슬라이드를 많이 사용한다면 간단하게 만들어라. 관객이 너무 많은 세부 내용을 읽어야 할 경우 효과가 떨어질 수 있다.
- **기술 장비**를 사용할 경우 가능하면 미리 시험해보자. 스스로 조명과 프로젝터 등의 컨트롤 장치를 사용해야 할 경우 모두 어디에 있는지 숙지해둬야 한다.
- 방은 큰데 목소리가 크지 않을 경우, 가능하다면 **마이크를 사용하라**. 일부 관객은 청각이 좋지 않을 수도 있으며, 특히 나이 든 어르신이라면 더욱 그렇다.

- 뒷줄에 앉은 누군가에게 말하는 것처럼 의식적으로 **목소리를 크게 내라**. 노트를 내려다보며 말하거나 화면을 쳐다보며 말하지 말라.
- 관객들과 **자주 시선을 마주치는 것**이 가장 중요하다. 관객들을 쳐다보지 않고 관객을 인지하지 않는 것처럼 보이는 연설자는 실력 없는 자다.
- 당신에게는 의미가 있지만 관객에게는 의미가 없는 **불필요한 세부 사항은 잘라 내라**.
- 단순하고 이해하기 쉬운 언어와 주장을 사용해 **할 수 있는 한 메시지를 직접적이고 명확하게 전달하라**. 긴 연설의 경우 시작할 때 이 연설이 무엇에 관한 것인지, 왜 관객과 관련이 있는지, 그리고 당신이 다룰 주요 요점들이 무엇인지 먼저 밝혀라. 마지막에는 그냥 끝내지 말고 주요 요점을 요약하라.
- 적절한 경우라면 마지막에 **질문을 받아라**. 관객을 위해 질문을 반복해주고 그러는 동안 답변을 생각하라.
- 알지 못하는 정보에 관한 질문이 들어올 때에는 간단하게 모른다고 답하거나, 만약 질문자가 세부 사항을 줄 수 있다면 나중에 알아내어 답변을 주겠다고 하라. **관중 전체에게 답변하라**.

열정 혹은 균형?

잘 했다는 가정하에 매우 **열정적인 연설**은 균형 잡힌 연설보다 훨씬 더 설득력 있다. **관객을 설득하기 위해서는** 윤리가 어떠하든 완전히 편향된 프레젠테이션이 가장 큰 효과를 발휘한다.

반면 공정해야 하는 의장이라면 어떠한 발의의 찬성과 반대를 요약할 때 양쪽의 사실을 억압하지 않고 균형을 잡아야 하며 감정을 드러내지 않아야 한다.

일반적 사항

- **최대의 효과**를 위해 연설은 잘 조직되어야 하며, 논리적으로 전개되어야 하고 명확하고 매끄럽게 전달되어야 한다. **구두 발표**를 듣는 사람에게는 연설자가 요점을 반복해서 말하지 않는 이상 내용을 이해할 기회가 한 번밖에 없다.
- **관객의 흥미**와 관심, 지식을 **인지**하고 있다는 것을 보여라. 만약 사람들의 수준이 서로 크게 다를 경우 '많은 분이 이미 이 점을 아실 거라고 생각하지만, 모르는 분들을 위해……'와 같은 말을 할 수 있다.
- 연설을 하는 방식은 **목적**에 크게 좌우된다. 예를 들어 시험을 목적으로 수업을 가르친다면 적절한 속도로 말해야 한다. 노트 필기를 위해 조명도 충분히 밝아야 한다.
- 강의 내용을 정리하고, 강의 진행을 관객이 따라올 수 있도록 돕기 위해 **요점에 번호를 붙이는 방법**을 사용할 수 있다. 연설이 평범한 서술의 연속처럼 보인다면 질문하고 답하는 방법으로 다양함을 더하라.
- 단조로움을 피하기 위해 **속도와 말투, 전달을 다양하게 하라**. 요점을 강조하려면 약간 느리게 말하라. 시간이 없다면 빠르게 말하는 대신 내용을 잘라내어 더 이상 세부 사항으로 말할 수 없는 것들을 요약하라.
- **시간**이 문제라면 시간 조절을 위해 스스로 리허설을 해보거나 친구나 동료에게 건설적인 비판을 해달라고 부탁하라.
- 커다란 **수치**를 이해하는 것은 듣는 사람들에게 어려운 일이다. '육십팔만 삼천구백팔십사'라는 숫자 뒤에 이 정도로 큰 숫자들이 일곱 번 더 나온다면 쉽게 따라갈 수 있겠는가? 이러한 수치는 인쇄물로 나눠주거나 화면, 보드나 차트에 보여주도록 하라.
- **매너**는 공격적이거나 방어적이지 않아야 하며 당연히 관객을 신경 쓰는 따뜻하고 친절한 모습을 보여야 한다. 감정을 전달하기 위해 표정과 손동작을 활용하라.
- **방해되는 버릇을 조심하라**. 이러한 버릇에는 머리카락이나 안경, 옷, 포인터나 필기도구를 만지작거리는 행동이 포함된다. 이러한 버릇이 있는지 친구나 동료에게 알려달라고 부탁하라. 말하기와 글쓰기의 모든 요소에서 **건설적 비판**은 무척 귀중하다.

26장: 즉흥적 말하기

이 장은 25장에서 다룬 준비된 말하기(279-282쪽)와 달리 대화나 방송 인터뷰 등 대본이 없는 즉흥적 말하기에 관한 것이다.

 **말하는 영어와 쓰는 영어의 차이**

말할 때는 글에서라면 썼을 단어를 자주 생략한다.

Are you coming to the cinema with me tonight?
오늘 밤 나랑 같이 극장에 갈 거니?

이 문장은 말로 할 경우 이렇게 짧아질 수 있다.

Coming to the cinema tonight? 또는 *Cinema tonight?*

말할 때에는 정확한 단어를 찾기 위해 잠시 멈춘 사이 자주 음, 오, 아 등의 **감탄사**를 끼워 넣는다. 문장을 말하기 시작한 뒤 생각을 표현할 더 좋은 방식이 떠오르면 다시 돌아가서 처음부터 말할 수도 있다.

BBC의 전 사장 마크 톰슨은 짐작컨대 평소에는 아주 유창하게 말하는 사람이었을 것이다. 2009년 12월 톰슨은 작가인 P. D. 제임스가 기획한 《투데이(Today)》에서 인터뷰를 했고 제임스의 질문은 톰슨을 거의 앞뒤가 전혀 맞지 않는 상태까지 끌고 갔다. 다음은 언론과 인터넷에 널리 보도된 그의 답변 중 두 문장이다.

> Well, though, I think that, that if, like, like, you know, oth-, other walks of life, I think most people will accept that if you want to have the, um, the best people, um, er, working, er, for the BBC, delivering the best programmes, the best services and if you also accept that that means, particularly at a moment in broadcasting history where people can move freely from the BBC to other broadcasters and back, the BBC has to bear to some extent in mind the external market, now, um, you know, if you take, you know, someone who's going to be the controller of, of, of BBC1, they're going to be spending about a billion pounds a year, um, on television programmes for that channel.
>
> We, we, the, it ... the private broadcasters, as you know, are, um, ITV, er, Channel 4 ...

음, 하지만, 저는 생각합니다, 만약, 음, 음, 그러니까, 다- 삶의 다른 걸음에서, 만약 하고 싶다면 대부분의 사람들이 받아들일 거라고 생각합니다, 음, 최고의 사람들, 음, 어, 일하는, 어, BBC를 위해, 최고의 프로그램을 만드는, 최고의 서비스와, 만약 그 의미를 또한 받아들인다면, 특히 다른 방송사에서 BBC로 자유롭게 왔다 갔다 할 수 있는 방송계의 역사에서, BBC는 이제, 외부 시장을 어느 정도 염두에 두어야 하고, 음, 아시겠지만, BBC1을, 을, 통제하는 사람으로 그들은 일 년에 십억 파운드 가량을 쓸 것이고, 음, 그 채널을 위한 프로그램들에.

우리, 우리, 그, 그것…… 민영 방송, 아시겠지만, 음, ITV, 어, 채널 4……

이 예시는 특히 압박을 받았을 때 말에서 나타날 수 있는 반복과 감탄사, 화자의 주장과 문장 끊김을 보여준다.

이번에는 위의 **즉석 영어 말하기** 예시와 비교하여 **치밀하게 준비된 말**

하기 예시를 보자. 1940년 6월 4일 윈스턴 처칠 경이 영국에 방송한 내용이다. 처칠의 전시 연설들은 웅변적 효과를 증대하기 위해 사전에 전부 글로 쓰인 뒤 몇 차례 수정되어 즉석에서 말하기에서 나올 수 있는 실수를 피했다. 이 마음을 뒤흔드는 방송에서 처칠은 효과를 쌓아 올리려고 의도적으로 말을 반복한다.

> We shall go on to the end. We shall fight in France, we shall fight on the seas and oceans, we shall fight with growing confidence and growing strength in the air, we shall defend our island, whatever the cost may be. We shall fight on the beaches, we shall fight on the landing grounds, we shall fight in the fields and in the streets, we shall fight in the hills; we shall never surrender.
>
> 우리는 끝까지 갈 것입니다. 우리는 프랑스에서 싸울 것이고, 바다와 망망대해에서 싸울 것이고, 자라나는 자신감과 강인함을 가지고 싸울 것이고, 어떤 희생을 치르든 우리나라를 지킬 겁니다. 해변에서도 싸울 것이고, 상륙한 땅에서 싸울 것이고, 들판에서도, 거리에서도 싸울 것이고, 언덕에서도 싸울 겁니다. 우리는 절대 항복하지 않을 것입니다.

우리는 말할 때 무의식적으로 많은 일을 한다. 다음 문장들을 소리 내어 읽어보라.

> *The banana and the apple tasted good.*
> 바나나와 사과가 맛있었다.
>
> *The donkey and the ox were eating hay.*
> 당나귀와 소가 건초를 먹고 있었다.
>
> *The energetic archer picked up the bow and arrow.*
> 그 에너지가 넘치는 궁수가 활과 화살을 들었다.

자음으로 시작하는 단어 앞의 *the*와 모음으로 시작하는 단어 앞의 *the*를 발음할 때의 차이를 눈치 챘는가? 다시 위의 문장들을 읽어보라. 영국에서 거의 가르치지는 않지만 우리는 자음 앞의 *the*를 짧은 모음 소리의 '*ther*'[ðə]로 발음하고, 모음으로 시작하는 단어 앞의 *the*는 긴 모음 소리인 '*thee*'[ði:]로 발음하는 경향이 있다. 세 문장 중 마지막 문장에서 *energetic*의 마지막 철자인 *c*를 *archer*의 처음과 이어서 발음했는가, 또 마지막 세 단어를 '*bo a narrow*'로 발음했는가?

말할 때 우리는 사이에 틈이 없게 **단어를 뭉뚱그리지만** 듣는 사람의 뇌는 감각과 문법과 예상을 통해 보통 정확하게 우리가 의도한 바를 알아낸다. 라디오 방송인이 작곡가 *Jacques Ibert*(자크 이베르)를 언급할 때면 자주 '*Jacky Bert*'라고 들린다.

우리는 모음으로 시작하는 **부정관사** 앞에 *a*가 아니라 *an*을 쓴다. *an arrow*(화살 하나), *an old man*(노인 한 명), *a gun*(총 한 자루), *a young man*(젊은 한 남자)이다. 기식음(묵음이 아니라 숨소리가 섞여 소리가 나는 것) *h* 앞에는 *an*이 아니라 *a*가 온다는 점에 유의하라.

a hotel(호텔)
a historic moment(역사적 순간)

an hour(한 시간)은 *h*가 묵음이기 때문에 *an*을 붙인다.

억양

사람들은 각기 다른 인상을 주기 위해 **말하는 방식을 바꾼다**. 2010년 1월 노동당의 부대표인 해리엇 하맨은 1970년대에 자신이 마치 '다이애나 전 왕세자비'가 말하는 것 같았다고 하며 노동당 동료들과 어울리는 말을 쓰기 위해 '1950년대 상류층의 억양'을 조용히 버렸다고 밝혔다.

조지 버나드 쇼가 자신의 연극 《피그말리온(Pygmalion)》의 서문에 쓴 내용이다.

> *It is impossible for an Englishman to open his mouth, without making some other Englishman despise him.*
> *한 영국인이 다른 영국인이 자신을 증오하게 하지 않고 입을 열기란 불가능하다.*

이 말은 꽤나 사실이다. 사람들은 자신보다 덜 또는 더 '우아한' 억양을 가진 이들이나 다른 억양을 가진 이들을 깔보는 경향이 있다.

당신이 *third*(셋째의)를 '*turd* [tɜːrd]로, *South London*(남부 런던)을 '*Sard Lun'n*'[sáːrdlʌn]으로 자연스럽게 발음하게 됐거나 그렇게 발음하기로 결정했다고 해서 그 누구도 당신이 여왕의 영어를 학대한다고 체포하지 않을 것이다. 같은 방식으로 말하는 사람들은 당신을 좋아할 것이고, 그렇지 않은 사람들은 당신을 무시할 수도 있다. *Butter*(버터)를 예로 들자면, 중간에 있는 자음을 생략해 *bu'er*로 발음하는 **성문 폐쇄음**이 일부 지역과 사회 계층에서 흔하다.

Queen Victorial(빅토리아 여왕)이나 *listen to the radiol*(라디오를 듣다)처럼 자음을 끝내기 위해 '*l*'을 더하는 것이 옛 전통이라고 쓴 브리스틀 지역의 사람처럼 **지역 억양**에 관한 책들이 있다. 이러한 책의 저자들은 책 한 권을 만들기 위해 많은 예시들을 모으지만, 이 중 절반이라도 쓰는 지역 사람은 극소수이다. 오늘날 얼마나 많은 사람이 런던에서 완벽한 런던 토박이말을 하겠는가?

 **말의 명확함**

말을 얼버무리거나, 듣는 사람을 보지 않고 손을 보며 이야기하지 않는 것, **발음을 명확하게 하는 것**이 중요하다. 명확하게 말하기 위해 '우아하게' 말하지 않아도 된다. 지역에서 사용하는 말은 다른 곳에서는 통하지 않을 수 있다는 점을 기억하라. 말을 전하는 대상을 쳐다보는 것이 예의바른 행동이다. 사람들의 반응을 보면 말을 이해하는지 아닌지 알 수 있다. 사람들이 알아듣지 못하는 것 같다면 말의 속도를 늦추라.

예시가 되는 명확한 말하기를 듣고 싶다면 BBC 라디오3의 아침 뉴스를 들어보라. 이곳의 방송인들은 거의 모두가 '표준 발음', 'BBC 영어', '옥스퍼드 영어'라고 불리는 억양 없는 훌륭한 영어를 한다. 하지만 많은 라디오와 TV 프로그램에서는 형편없는 말하기의 끔찍한 예시를 볼 수 있다.

27장: 추가 자가 진단

다음에서 실수를 찾아낸 뒤 어떻게 고쳐야 할지 생각해보라. 대부분은 실제 있었던 실수이며 일부는 진단을 위해 만들었다. 생물학 문항 또한 전문적인 생물학 지식이 없더라도 영어 관련 실수가 있다는 점을 명백히 알아차릴 수 있을 것이다.

1. The compound breaks down with time and looses its inhibitory effect.
2. We filled new barrels completely with cold water (about 220C) for 24 hours to let the staves re-hydrate.
3. Storing barrels on purpose made racks or even 3 on a pallet is very handy as you can move them about with a palate truck or fork lift.
4. The warp and weft of curriculum design is meshed through a competency based, holistic view of student learning.
5. I couldn't believe it when they sent me an email telling me that my Dad's Army board game could insight violence and hatred.'
6. Neither sport has featured at the Albert Hall for around a decade, and the management failed to include them when it reapplied for

a license following a change in the law in 2005.

7. This is particularly evident in Praa Sands, East of Penzance, where the geology and erosion has earned the area Site of Special Scientific Interest status.

8. Although there are many complicating factors (such as the affects of new ICT), teachers know that more than a decade of teaching to the test and prescriptive literacy and numeracy strategies have left students overschooled and undereducated.

9. Principals of treatment of exacerbations associated with emerging resistant bacteria. [A heading]

10. With just a roll of sticky white labels (£1.99 for 500 from most stationary stores) you can reuse every envelope which comes through your door.

11. The numbers of errors in each generation was more, not less, than what went before.

12. He travelled extensively and visited the courts in Europe were he was offered a wealth of opportunities.

13. His father, a lawyer, died when he was ten years old.

14. One bacteria and two fungus were plated on three mediums as seperate colonies.

15. The price that a breeder might get for his cow would depend on how many prizes he had got and not on his siring ability.

16. This book is based on lectures and clinical demonstrations of venereal diseases which the author has been giving to undergraduates for many years.

17. His first law states that he thought characters where past on from generation to generation by particulate factors.

18. The male fruit fly possesses sex combs on its front legs. These are not present in the female.

19. Short plants will only be produced in the absence of tall genes.
20. The fact of having sexes infers the process of sexual reproduction.
21. To finish we had figs roasted with port, nuts, coffee, and petit fours.
22. It was a similar winter, some years ago, that convinced Sid he needed a live in farm hand.
23. Continental breakfast was served in the Orangery, again peering down on a mist shrouded Thames.
24. Today Sparrow's Vancouver based company, Saltworks Technologies Inc. is on the final development of a saltwater powered battery.
25. I was literally dead with fatigue.
26. People, who live in glass houses, shouldn't throw stones.
27. Personally, I think that English scholars often disagree with each other.
28. He was confidant that his affectations for her would soon illicit her love.
29. In the currant circumstances, it is essential to insure that you meet all our criterions.
30. It was pelting down with rain, the roads were soon running like rivers in spait.

해석 및 정답

1. 화합물은 시간이 흐르면서 분해되어 억제 효과를 상실한다.

   looses(헐거워진, 느슨하게 풀다) → *loses*(잃다)

2. 우리는 새 통에 찬물(약 22도)을 24시간 동안 완전히 채워 나무에 다시 수분을 공급하도록 했다.

   220C → 22°C

3. 전용 선반에 통을 보관하거나, 팔레트에 3개씩 보관하면 팔레트 트럭이나 포크리프트로 옮길 수 있어 매우 편리하다.

   purpose made racks → *purpose-made racks*(전용 선반) (복합형용사)

   3 → *three*

   palate truck → *pallet truck*(팔레트 트럭)

4. 커리큘럼 설계의 날실과 씨실은 학생 학습에 대한 역량 기반, 총체적 관점으로 촘촘하게 엮여 있다.

   *The warp and weft of curriculum design*이 복합 주어이기 때문에

   is → *are*

   competency based → *competency-based*(역량 기반)

5. 그들이 나의 '아빠의 군대'라는 보드게임이 폭력과 증오를 조장한다는 이메일을 보냈을 때 믿을 수가 없었다.

   insight(통찰력) → *incite*(조장하다)

6. 알버트 홀(*Albert Hall*)에는 약 10년 동안 어떠한 스포츠 경기도 등장하지 않았으며, 경영진은 2005년 법률 개정으로 면허를 다시 신청할 때 이를 포함시키지 못했다.

   license(허가하다) → *licence*(면허)

7. 이는 특히 펜잔스 동쪽 프라 샌즈(*Praa Sands*)에서 명백한데, 지질학과 침식이 자연보호협회 특별 지정 지구(*SSSI*) 지위 부문을 획득했다.

East of Penzance → east of Penzance

geology and erosion has earned → *geology and erosion have earned*

8. 복잡한 요소(새로운 ICT의 영향 등)가 많지만, 교사들은 시험, 읽고 쓰는 능력과 수리 감각에 대한 규범적인 전략 교육이 10년 이상 이루어지며 학생들이 과한 교육을 받았지만 수준 미달의 상태로 남게 했다는 것을 안다.

affects(영향을 미치다) → *effects*(영향들)

9. 신생 내성 박테리아와 관련된 악화 치료의 원리 [제목]

제목에서 정동사 부재는 괜찮다.

Principals(학장들) → *Principles*(원칙들, 원리들)

10. 스티커식 흰색 라벨 한 롤(대부분의 문구점에서 500개에 1.99파운드)만 있으면 문으로 들어오면서 모든 봉투를 재사용할 수 있다.

stationary(움직이지 않는) → *stationery*(문구류)

11. 각 세대의 오류 수는 이전보다 많고 적지 않았다.

was more → *were more*

not less → *not fewer*

12. 그는 광범위하게 여행했으며 유럽의 법원을 방문하여 풍부한 기회를 얻었다.

were → *where*

13. 변호사인, 그의 아버지는 그가 10살일 때 죽었다.

누가 열 살에 죽었는가? 대명사 *he*가 모호하다.

14. 박테리아 한 마리와 곰팡이 두 마리를 별도의 군락으로 세 개의 배지(배약액)에 플레이팅했다.

bacteria(박테리아, 복수형) → *bacterium*(박테리아, 단수형)

fungus(균류, 단수형) → *fungi*(균류, 복수형)

mediums(영매들) → *media*(배지(배양액))

seperate → *separate*(분리된)

15. 사육사가 소에 대해서 받을 수 있는 값은 그가 얼마나 많은 상을 받았는지에 달려 있지, 그의 열정적인 능력에 달려 있지 않을 것이다.

혼란스럽다! cow는 보통 암소를 의미한다. 그러므로 he는 농부가 된다. 학생은 아마 암소(cow)가 아니라 황소(bull)를 의미했을 것이다. cow → bull

16. *이 책은 저자가 수년간 학부생들에게 전한 성병 강의와 임상실험을 바탕으로 했다.*

    의미가 모호하다. 저자가 학생들에게 성병을 옮겼는가? 두 문장으로 재구성해야 한다.

17. *그의 첫 번째 법칙은 그가 미립자 요인에 의해 대대로 성격이 전해진다고 생각했다고 말한다.*

    법칙은 '누군가가 생각한다'고 말하지 않는다.

    where → *were*

    past(지나간) *on* → *passed on*(전해주었다)

18. *수컷 과일파리는 앞다리에 성즐을 가지고 있다. 이들은 암컷에게는 부재한다.*

    대명사 These는 앞다리(front legs)가 아니라 성즐(sex combs)과 연결되어야 한다.

    Its → *his*

19. *키가 작은 식물은 키가 큰 유전자가 없는 경우에만 생산될 것이다.*

    키가 크도록 하는 유전자이지 키 큰 유전자가 아니다. *tall genes* → *genes for tallness*

20. *성별을 갖는다는 사실은 성적 재생산의 과정을 시사한다.*

    infers(추론하다) → *implies*(넌지시 나타내다)

21. *마무리하기 위해 포트와인, 견과류, 커피, 프티 푸르, 무화과를 볶았다.*

    무화과(fig)를 뒤에 오는 다른 것들과 같이 볶은 것인가? 추가적인 구두점이나 단어가 필요하다.

    petit fours → *petits fours*(프티 푸르). 복수 명사와 시제를 맞추기 위해 형용사를 수정해야 한다.

22. *시드가 입주해서 사는 농장 노동자가 필요하다고 확신한 것은 몇 년 전 비슷한 겨울이었다.*

    live in → *live-in*(입주해서 사는)

    farm hand → *farmhand*(농장 노동자)

23. 오랑제리(*Orangery*)에서 유럽식 아침 식사가 제공되었다. 안개 낀 템스 강을 다시 내려다보면서.

    *peering*은 주어가 없는 현수구(*hanging phrase*)이다. 무엇이 템스 강을 내려다보고 있는지 나와 있지 않다.

    mist shrouded → *mist-shrouded*이다.

24. 최근 스패로우 사의 밴쿠버 소재 회사인 솔트워크 테크놀로지가 해수 동력 배터리를 최종 개발 중이다.

    Vancouver based → *Vancouver-based*(밴쿠버 소재의)

    Inc. → *Inc.*,

    saltwater powered → *saltwater-powered*(해수 동력의)

25. 나는 말 그대로 피로로 인해 죽었다.

    literally(말 그대로)를 잘못 사용했다.

26. 유리 집에 사는 사람들은 돌을 던져서는 안 된다.

    쉼표 두 개 다 틀렸다. 쉼표 두 개가 있으면 그 안은 비제한적 절이 된다. 하지만 이 문장은 제한적이 되어야 한다. 모든 사람이 유리 집에서 살지는 않기 때문이다.

27. 개인적으로 나는 영어(또는 영국) 학자들이 서로 의견 불일치한다고 생각한다.

    뒤에 I think라고 했으므로 Personally는 불필요하다.

    *English scholars*는 의미가 모호하다. 영어(*English*) 관련 학자들인가, 아니면 잉글랜드에서 온 학자들인가? *English*는 둘 다 의미할 수 있다.

28. 그는 그녀를 향한 자신의 애정이 곧 그녀의 사랑을 이끌어낼 것이라는 자신이 있었다.

    confidant(친구) → *confident*(자신 있는)

    의미상 *affectations*(가장, 꾸밈) → *affections*(애정)

    illicit(불법의) → *elicit*(끌어내다)

29. 현재 상황에서는 귀하가 당사의 모든 기준을 충족시키도록 하는 것이 필수적입니다.

    currant(건포도) → *current*(현재의)

    맥락상 *insure*(보험에 들다) → *ensure*(확실히 ~하게 하다)

    criterions → *criteria* ('기준'을 의미하는 *criterion*의 복수형은 *criteria*이다)

30. 비가 억수같이 내리고 있었고, 도로는 곧 삽시간에 강물처럼 흐르고 있었다.

spait → *spate*

rain 다음에 오는 쉼표는 틀렸다. 두 분리된 문장을 연결하려면 쌍반점(;) 또는 쌍점(:)이 필요하다.

여왕의 영어 협회

목적

여왕의 영어 협회는 좋은 영어를 알리고 나쁜 영어를 방지하는 것을 목표로 한다. 사람들이 영어를 더 알고, 즐기고, 효율적으로 쓰도록 장려한다.

쓰고 말하는 영어, 특히 영국 영어에 관한 지식과 이해, 공감을 알리는 것이 목적이다. 우리는 의미의 명확함이나 소리의 아름다움에 해를 끼치는 그 어떠한 것이라도 막고, 옳고 우아하며 효율적인 언어 사용에 관해 대중 교육을 장려하고자 한다. 방대한 어휘가 있으며 표현력 넘치는 언어를 갖게 된 것은 우리의 특권으로서 영어는 무척 섬세한 의미 차이가 가능하다. 필요에 따라 깊고 우아하거나 직설적이고 담백할 수 있다.

우리는 많은 학업 수료자와 학교 졸업자의 영어 수준이 얼마나 끔찍할 정도로 낮은지, 미디어와 상업 속에서 보이는 영어 글쓰기와 말의 기준이 얼마나 형편없는지에 관해 대중과 미디어의 주의를 끌고자 한다. 언론과 라디오, TV에서 광범위하게 보도된 설문들을 통해 이 일을 진행해왔다. 일부 설문 결과는 교육부 장관과 상원이 인용하기도 했다.

우리는 자격증 및 교육 과정 위원회의 일에 기여하고, 정부의 문의에 반응하여 국가 교육 과정의 영어 체계 세부 내용에 문법과 철자, 구두점이 더 포함되도록 장려했다. 체계는 이론적으로는 상당히 만족스럽지만, 서류상으로 영어 자격을 갖춘 수료자들의 영어를 봤을 때 학교에서 충분히 잘 시행되지 않는 것으로 판단된다. 기준을 향상하기 위해 교사들과도 일하게 되길 바란다.

관련 주제를 놓고 때때로 전국적으로 회의를 개최하기도 한다. 우리의 몇 가지 목적을 함께 공유하는 다른 국가 협회와도 협약하고 있으며, 이 기관들에는 참교육 캠페인(Campaign for Real Education), 기도서 협회(the Prayer Book Society)와 평문 위원회(Plain Language Commission) 등이 있다. 우리는 또한 No.27290으로 정부에 등록된 자선 단체이다.

배경

여왕의 영어 협회는 어떠한 자격이나 전문성도 요구하지 않으며 영어에 관심을 가지고 우리의 목표에 공감하는 누구에게나 열려 있다. 협회 회원들은 무척 다양한 교육과 지리적 고향, 인종, 문화와 직업, 정치, 나이와 억양 배경을 갖고 있다. 우리는 특히 교육과 독서 분야 전문가들을 많이 보유하고 있다. 작고한 조이스 모리스 박사(대영제국 4등 훈장 수훈자)도 우리 협회의 후원자 중 한 명이었다.

협회에 속하기 위해 '표준 발음'으로 말하지 않아도 된다. 우리 협회에는 다른 나라와 다른 대륙에 있지만 영어에 관심을 가진 회원들도 있다.

현직 혹은 전직 교사들과 대학교 강사, 과학자, 의사, 연극과 예술, 비즈니스 관련 종사자, 방송인과 저널리스트, 사서, 관리인, 비서, 회계사, 컴퓨터 전문가, 언어학자, 번역가, 시인, 작가와 주부, 학생, 호텔 직원, 운수 노동자 등의 회원들이 있다. 일부 회원들은 우리가 1년에 3회 출간하는 잡지

《퀘스트(Quest)》와 신문을 받아 보는 것만으로도 만족한다. 다른 회원들은 런던에서 전국적으로 열리는 여름 오찬과 연간 총회에 참석하거나 런던과 서섹스에서 열리는 지부 회의에 참석하기도 한다.

역사와 업적

여왕의 영어 협회는 옥스퍼드 졸업생이자 교사인 조 클리프턴이 1972년 설립했다. 클리프턴이 영어 수준 하락을 한탄하며 지역 신문사인 《더 웨스트 서섹스 가젯(the West Sussex Gazette)》에 보낸 편지를 읽고 정말로 많은 사람들이 공감하는 편지를 보냈다. 이에 클리프턴은 격려를 받아 이 문제를 어떻게든 해결하기 위한 단체를 설립하게 되었다.

새롭게 설립된 협회의 회의는 아런델에서 열렸다. 회원들은 신문사에 글을 썼으며, 어떤 이들은 실수와 잘못 사용된 영어의 예시를 지적하는 인쇄물 제작을 맡았다. 방송인들의 잘못될 발음에 관한 우려도 나타냈으며, 잘못 말한 영어의 예는 다시 반복되지 않길 바라는 마음에서 강조되었다.

협회는 항상 아이들의 교육에 깊은 관심을 가졌다. 기준은 영향력을 가진 사람들이 얼마나 영어 교육을 잘 받았는지, 영어에 얼마나 관심이 있는지에 달렸다. 1988년, 대부분의 학교가 영어를 충분히 잘 가르치지 못한다는 점이 명확해지자 협회는 케네스 베이커 교육/과학 국무장관에게 탄원서를 제출해 '학교 커리큘럼에 어구와 문장 분석을 포함하여 필수로 정식 문법 교육'을 도입할 것을 촉구했다. 이는 많은 사람들에게 지지를 받았고, 새로운(그리고 저명한) 회원들이 대거 가입하게 되었다.

우리는 국가적으로, 그리고 세계적으로 주목을 받은 네 번의 주요 조사를 했다. (1992년 게재한)첫 번째 조사는 영국 학부생들의 영어 수준 연구였으며 두 번째(1994년)는 산업과 상업에 갓 뛰어든 사람들의 커뮤니케이션 능력 조사였다. 조사가 게재된 당일, 두 번째 조사의 저자는 17개의 라디오와 TV 인터뷰를 했다. 세 번째 조사는 1997년 게재되었으며 11-18세의 학생들에 관한 영어 교사들의 의견과 관행에 대한 것이었다. 이 세 조사는 도서로 출판되었으며, 책을 쓰는 작가들은 영어의 표준에 관해 이 도서들을 인용했다.

마지막 네 번째 조사는 협회의 저널인 《퀘스트》에 2009년 11월 발행되었다. 이 조사는 임페리얼 칼리지 런던의 국내 학부생들이 외국 학생들보다 영어에서 세 배나 더 많은 실수를 함을 드러냈다. 중국과 싱가폴, 인도네시아에서 온 학생들에 비해 영국 학생들의 문법과 철자 실력이 더 낮았으며 단어 혼동과 아포스트로피, 다른 구두점 사용은 더 형편없었다. 이 결과는 국내 학생들이 노렸을지 모르는 일회성 시험만을 목적으로 한 영어가 아니라 학위를 목적으로 한 영어 사용에서 나온 것이다.

조사는 다시 한 번 세계적인 주목을 받았다. 이 연구는 영국에서 가장 유망한 세 개 학교 중 하나에 다니는 무척 똑똑한 국내 학생들도 부족한 영어 실력으로 공부를 마친다는 점을 보여주었다. 난독증 학생들이 아닌데도 어떤 실수는 놀라울 지경이었다. '평범한' 종합 중등학교의 평균적인 졸업생 또한 영어 수준이 훨씬 낮았다.

협회의 활동 중 하나는 영어에 관련된 뉴스를 위한 언론의 인터뷰 요청에 응하는 것이다. 주제는 교육에서 시, 아포스트로피에서 철자, 문자까지 다양하다.

협회는 조사 저서뿐만 아니라 회의 공식 기록, 실용적인 구두점 안내와 《퀘스트》에서 선별한 기사를 모은 책도 출간했다. 자세한 목록은 다음과 같다.

주요 출간물

Quest, the journal of the Queen's English Society, now published three times a year, alternating with the newsletter.
B. C. Lamb, A National Survey of UK Undergraduates' Standards of English, 1992.
B. C. Lamb, A National Survey of Communication Skills of Young Entrants to Industry and Commerce, 1994.
B. C. Lamb, The Opinions and Practices of Teachers of English: A National Survey of Teachers of English to 11-18-year-olds, by the Queen's English Society, 1997.
B. C. Lamb, The Queen's English Society's Practical Guide to Punctuation, 2008.
B. C. Lamb, 'British undergraduates make three times as many errors in English as do those from overseas.' Quest 103, pp. 12-18, 2009.
Shakin' the Ketchup Bot'le: An English Language Sauce Book, 2009. [Collected items from Quest.]
The Queen's English Society Silver Jubilee Conference: Controversial Issues in English, edited by J. M. Morris, 1997.

웹사이트

www.queens-english-society.org

이 웹사이트는 여왕의 영어 협회의 목적과 가입 방법을 비롯한 협회 관련 일반 정보를 제공하며, 영어의 다양한 점에 관해 조언하는 유용한 기사도 다수 제공하고 있다. 회원이 늘수록 캠페인과 개인적 연락을 통해 영어 수준에 영향을 끼칠 기회가 더 많아질 것이다.

언어 사용을 관장하고 문학적 유산의 수호자로 활동하는 일에 있어 프랑스의 아카데미 프랑세즈(Académie française)나 스페인의 왕립 언어 학술원(Academia Real de la Lengua Española)에 필적할 만한 영어 협회는 없다. 영어 아카데미가 오늘날 쓸모 있는지의 여부는 논쟁의 여지가 있으며, 여왕의 영어 협회는 권위자보다는 안내자 역할을 맡으려 한다. 이 책과 웹사이트는 그러한 안내를 위한 우리의 주요 창구이다.

여왕의 영어 협회 웹사이트는 정확한 영어에 관한 지식과 이해, 사용을 넓히기 위해 만들어진 내용으로 서서히 확장되고 있다. 사람들이 자주 어려워하고 실수하는 문법, 구두점과 철자에 관한 항목들도 있다. 앞으로 이 책에 실린 것과 비슷한, 정답이 첨부된 자가 테스트를 그 사이트에서 제공할 계획이다. 영어의 다양한 부분에서 지식을 시험하는 것은 향상이 필요한 영역이 어디인지 아는 데 무척 유용하기 때문이다.

감사의 말

마이클 오마라 출판사에 감사를 전합니다. 특히 이 책을 제안해주신 마이클 오마라 씨, 격려해주신 토비 부챈 씨, 통찰력 있게 편집해주신 애나 막스 씨께 정말 감사드립니다.

비즈니스 글쓰기 장은 비즈니스 관련 작가인 시드니 캘리스 씨가 친절하게 제공해주셨습니다.

여왕의 영어 협회 회원 가운데 특히 귀중한 조언을 많이 주신 마틴 에스티넬, 빌 볼, 켄 톰슨, 도움을 주신 레이 와드, 마이클 고어맨, 마이크 플럼, 브렌드 램, 레아 윌리엄스, 존 램, 말콤 스켁스, 팻 브라운, 앤 셸리와 프루 레이퍼 씨에게 감사드립니다. 책에서 실수가 발견된다면 그것은 저의 책임입니다.

어니스트와 재클린 램 부부, 즉 저의 부모님은 독서를 사랑하는 것을 비롯해 삶에서 무척 유용한 가르침을 많이 주셨습니다. 조앤 머레이 심슨이 리치몬드에서 시작한 글쓰기 모임에서 건설적인 비판을 수용하는 법을 배웠고, 무척이나 많은 글쓰기와 마감 지키기 연습을 할 수 있었습니다. 루파 윅라마라트니 박사님은 철자를 틀리지 않도록 도움을 주셨고, 또한 저의 스크래블 글자 게임 실력을 키워주셨습니다.

The Queen's English
by Bernard C. Lamb
Copyright © Bernard C. Lamb 2010, 2015
All rights reserved.
Korean Translation Copyright © 2020 by DongleDesign
The Korean translation rights arranged with Michael O'Mara Books Limited.

이 책의 한국어판 저작권은 Micahel O'Mara Books Limited사와의
독점계약으로 동글디자인에서 소유합니다.
저작권법에 따라 한국 내에서 보호를 받는 저작물이므로
무단 전재와 복제를 금합니다.

영국식 표준 영어, 퀸즈 잉글리시
| 바르고 정확한 여왕의 영어 사용법 |

초판발행 2020년 11월 16일
1판 2쇄 2022년 9월 7일

지은이 베르나드 C. 램
옮긴이 이유정
발행처 동글디자인
발행인 현호영
편 집 최윤지
마케팅 이해미
디자인 이가민
주 소 서울시 서대문구 신촌역로 17, 207호
이메일 dongledesign@gmail.com
팩 스 070-8224-4322
인스타그램 @dongledesign

ISBN 979-11-963947-5-2